D1985020

Ontdek

IJsland

anwb

Reisinformatie, adressen, websites

Kennismaking – Feiten en cijfers, achtergronden

Onderweg in IJsland

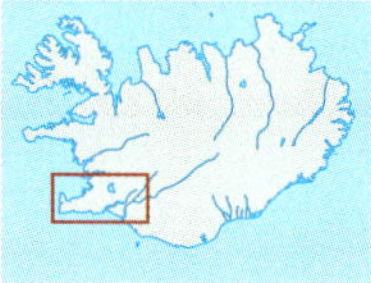

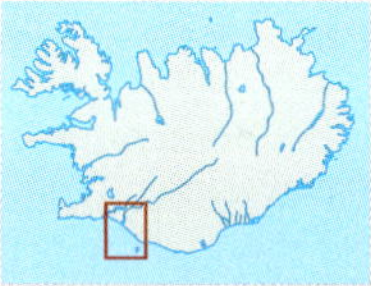

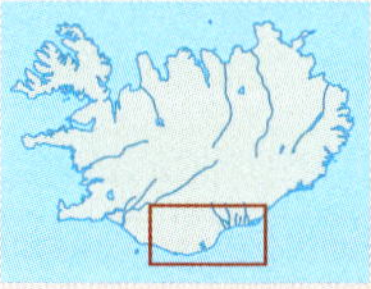

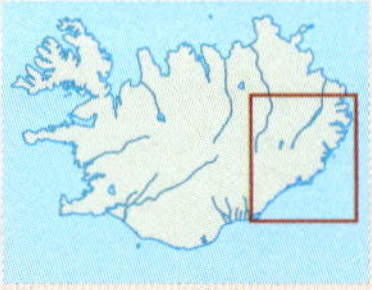

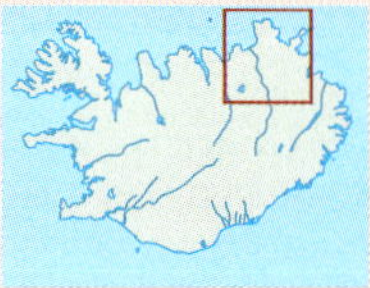

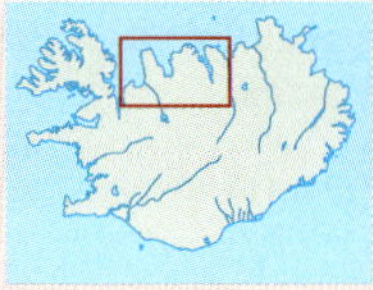

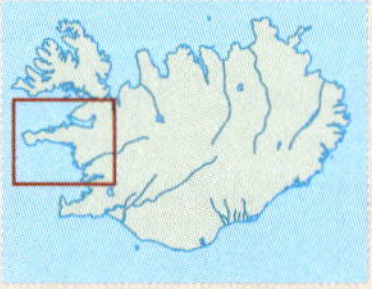

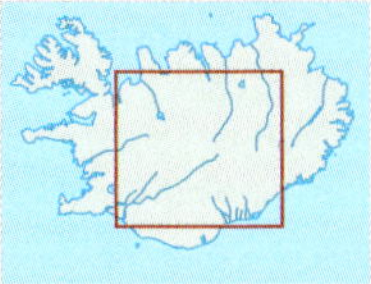

Op ontdekkingsreis

Ásolfsskáli in de winter, met op de achtergrond de Eyjafjallajökull

Kaarten en plattegronden

Stadsplattegronden

Kaarten

▶ Dit symbool verwijst naar de uitneembare kaart

Honderden watervallen kenmerken het landschap van IJsland, hier de Seljalandsfoss

IJsland – veelgestelde vragen

Maar weinig tijd? – Een eerste kennismaking met IJsland

Een dag in **Reykjavík** met een bezoek aan het Nationaal Museum, een broodje garnaal in de haven of een kopje koffie op Austurvöllur biedt u een eerste ontspannen kennismaking met IJsland. Reykjavík is niet alleen de hoofdstad, maar ook een uitstekende uitvalsbasis om het hele jaar door dagtochten te maken. Het nabijgelegen schiereiland Reykjanes lijkt met zijn lavavelden en het geothermische gebied **Krýsuvík** al wat op het IJslandse hoogland. In het kleine vissersstadje **Grindavík** kunt u kennismaken met de gezouten vis, een typisch IJslandse manier om vis te conserveren. Voor de ontspanning rijdt u naar de **Blue Lagoon** om te relaxen in het meest bizarre bad van IJsland. Als u de **Vatnajökull** in het oosten wilt zien, vliegt u naar **Höfn** om van daaruit een gletsjertocht te maken en 's avonds gaat u weer terug naar Reykjavík.

Welke bezienswaardigheden mag u niet missen?

Naast **Reykjavík** zijn de vulkanische landschappen van IJsland voor de meeste bezoekers de reisbestemming. Bijzonder indrukwekkend zijn die te zien op de volgende locaties: via **Þingvellir** dat op de Werelderfgoedlijst van

Eerste kennismaking met IJsland

De hoogtepunten van IJsland

UNESCO staat, kunt u de geisers in **Haukadalur** bereiken. Als u een rondreis maakt, gaat u verder naar het zuiden, naar de vulkaan **Hekla**, en stopt u in **Skógar** bij de 60 m hoge waterval Skógafoss en aan de voet van de Vatnajökull-gletsjer bij **Jökulsárlón.**

In het oosten ligt het mooie dorp **Seyðisfjörður** met zijn oude huizen ingebed in een schilderachtig berglandschap, dat zeker een omweg waard is. Tor de natuurlijke hoogtepunten van het noorden behoren het meer **Mývatn** en de kloof **Jökulsárgljúfur** met de machtige Dettifoss. Natuurlijk gaat u naar **Akureyri** met zijn musea. Op weg naar het westen komt u voorbij de voormalige bisschopszetel **Hólar**, waar u kunt stoppen bij de lokale opgravingen en de kerk. In het noordwesten, het gebied van de Vestfirðir, behoren de kliffen van **Látrabjarg** tot de top-bezienswaardigheden van IJsland. Het zijn de hoogste kliffen en ze zijn zeer vogelrijk. In het westen lokt het schiereiland Snæfellsnes met de gletsjer **Snæfellsjökull** en de prachtige stranden in het gelijknamige nationaal park. Het hoogland is een must, en als u weinig tijd hebt, dan kunt u als een indrukwekkende dagtrip vanuit Mývatn een bezoek brengen aan de lavawoestijn **Ódáðahraun** rondom de berg Herðubreið .

Drieteenmeeuwen op de kliffen

Wat is een goede uitvalsbasis?

Als reiziger zult u meestal aankomen op de internationale luchthaven van Keflavík, en daarna rijdt u waarschijnlijk door naar **Reykjavík.** De hoofdstad is niet alleen een toeristische bestemming, maar ook een uitstekende uitvalsbasis, want veel attracties en karakteristieke landschappen in het westen en zuiden van IJsland liggen op slechts een uur rijden. Zelfs Snæfellsnes kan worden verkend vanuit Reykjavík.

Wie met de veerboot aankomt, gaat in Seyðisfjörður in het oosten aan land. Vanaf hier zijn bijvoorbeeld Höfn en Akureyri in ieder geval slechts een dag rijden weg. In het noorden is **Akureyri** een ideale locatie voor uitstapjes naar Mývatn of Húsavík. Verrukkelijk zijn ook boottochten naar Hrisey of Grimsey – hier kunt u de poolcirkel bereiken. Bovendien biedt Akureyri in de onmiddellijke omgeving ook wandel- en sportmogelijkheden.

Wie liever in een minder stedelijke omgeving verblijft, kan **Hólar** als uitvalsbasis gebruiken en er een huisje in

Sneeuw ontmoet warm water – het indrukwekkende landschap van Kerlingarfjöll

de buurt huren om daarna tochten of wandelingen door het dal te maken.

Welk wandelgebied is het mooiste?

Voor wie alleen dagtochten wil maken adviseer ik het natuurgebied **Skaftafell** en de berg **Kerlingarfjöll.** De wandelingen variëren van twee uur 'wandelen' tot dagtochten. Wie langere tijd met rugzak, tent en voldoende leeftocht op weg wil gaan, gaat naar het hoogland en wandelt van **Snæfell** in het oosten naar **Lónsöræfi.** Deze gevarieerde trektocht biedt gletsjers, kloven met watervallen en ten slotte een van de mooiste, in alle kleuren glinsterende ryolietbergen. Bijna legendarisch is **Hornstrandir** in het noordwesten met veel interessante baaien, warmwaterbronnen en ideale kampeerplekken.

Welke warmwaterbronnen zijn aan te bevelen?

Natuurlijk zijn de **Blue Lagoon** bij Grindavík en **Nature Bath** bij Mývatn iets bijzonders, maar in het land van het warme water en de hete bronnen zijn er veel meer – zoals de **Grettislaug** bij Reykir of het zwembad in **Húsafell** met zijn prachtige uitzicht. In **Reykjavík** kunt u de zwembaden in de buitenwijken bezoeken (zie blz. 101), u zult er beslist weinig andere toeristen tegenkomen. Wie per se in zee wil zwemmen, gaat naar het strand van **Nauthólsvík.**

Mooie wandelgebieden en warme bronnen

Het logo van de Saga Trail

Wie wat anders wil – het andere sightseeing

IJsland is van oudsher een eiland geweest van vissers, maar ook van schapenhouders. De wol heeft een relatief hoog vetgehalte en dus zijn de klassieke IJslandse truien de ideale outdoor kleding. Volg een vierdaagse **workshop breien**! U leert onder begeleiding breien en u komt tegelijk veel te weten over het land en de mensen. Excursies maken deel uit van het programma (www.cultureandcraft.com).

Of lees de **saga's** en ga met de kaart in de hand op zoek naar de locaties van de gebeurtenissen. Als u ernaar vraagt, zult u merken dat men u er graag over vertelt. U leert het land als geheel kennen – historisch, cultureel en landschappelijk. Op sommige plaatsen kunt u ook een beroep doen op gidsen (www.sagatrail.is).

Waar is het mooi waar bijna geen toeristen komen?

Aan de noordelijke kust van het land met het kleine vissersdorp **Raufarhöfn** hebt u in totale afzondering een prachtig weids uitzicht op de Noordelijke IJszee. In de herfst en winter kunt u hier het prachtige noorderlicht het beste

Buiten de ringweg is een 4x4 onmisbaar

Onder de vrije hemel groeit de wol voor een warme IJslandse trui

zien. De **Melrakkaslétta** is een gebied ten zuiden van Raufarhöfn waar nog weinig toeristen zich laten zien.

Zijn er steden met een erg goed cultureel aanbod?

Reykjavík – in 2000 Culturele Hoofdstad van Europa – is met theaters, opera, danstheaters, concerten, musea, galeries enz. de culturele metropool van IJsland. Er is voor ieder wat wils en hier vinden vaak festivals en evenementen plaats. Breed georiënteerd is ook **Akureyri** met het culturele centrum Hof en een actieve kunstscene. Ook de kleinere steden en gemeenten bieden interessante evenementen in plaatselijke musea of cafés.

Bus of jeep – hoe reist u het beste?

De reguliere bussen – in lijndienst of als excursiebus – zijn uitstekend in de zomermaanden. Ze rijden naar alle uithoeken van het eiland, en omdat u in IJsland heel flexibel kunt in- en uitstappen is reizen met de bus zeer aangenaam. Meestal is er een reisbegeleider mee, maar in ieder geval een cd, zodat u gewezen wordt op de vele belangrijke plaatsen en hun verhalen. Wie liever zelf rijdt en het eiland in alle opzichten onafhankelijk en op eigen hand wil verkennen, is natuurlijk goed bediend met een huurauto. Om in het hoogland te komen, hebt u beslist een jeep nodig. Let op: in het hoogland vergen de wegen veel van u. Liever even aarzelen en voorzichtigheid betrachten dan in een ijzige rivier belanden...

Wat gebeurt er in IJsland?

IJsland is uitgegroeid tot een aantrekkelijke bestemming voor het hele jaar, en daarom bieden meer en meer kleine bedrijven speciale excursies en workshops aan. Ze zijn te vinden op www.iceland.is of www.visiticeland.is. En het aantal 'groene' bedrijven in het land groeit gestaag, ook al hebben die nog steeds geen gemeenschappelijk label. Helemaal trendy zijn boerderijen die groenten of eieren in de directe verkoop aanbieden.

Bij de vuurtoren van Grótta – daar waar de horizon de zee raakt. Zie blz. 106.

Ontdekkingsreis – het museum van Garðskagi. Zie blz. 128.

Favorieten

De reisgidsen van de ANWB worden geschreven door auteurs die hun boek voortdurend actualiseren en daarom dezelfde plekken telkens opnieuw bezoeken.
Op die manier ontdekt iedere auteur zijn hoogst persoonlijke lievelingsplekken. Dorpen die buiten de toeristische mainstream liggen, een heel bijzondere baai, plekken waar u zich helemaal kunt ontspannen, een stukje oorspronkelijke natuur – kortom, favoriete plekken waarheen u steeds wilt terugkeren.

Op bezoek bij de elfjes – Bakkagerði. Zie blz. 194.

Tuinkunst van strandvondsten in Raufarhöfn. Zie blz. 202.

Jacuzzi met weids uitzicht – Hótel Rangá. Zie blz. 146.

Het rode strand van het noorden – Rauðasandur. Zie blz. 238.

Een plaats om van te dromen – Siglufjörður. Zie blz. 229.

Dyrhólaós – zwart-witte droom. Zie blz. 168.

In vogelvlucht

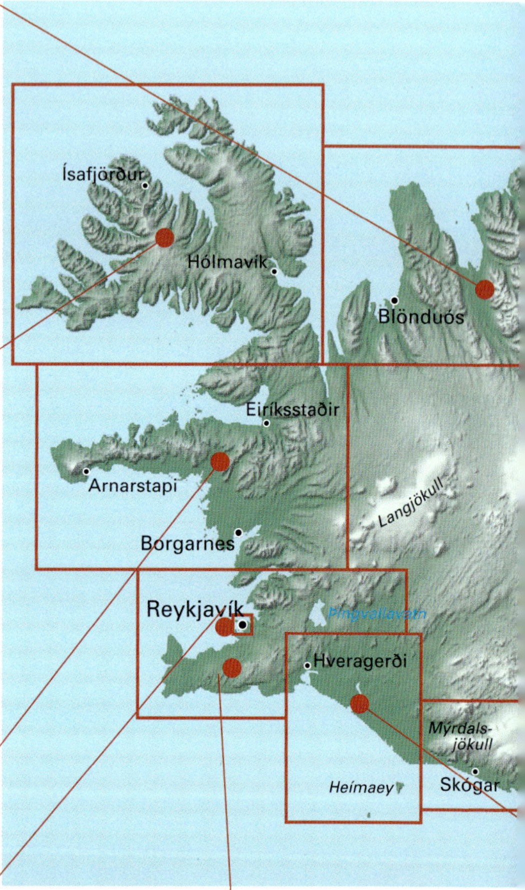

Het noorden
Levende cultuur en geschiedenis in Hofsós of Hólar, Akureyri, de parel van het noorden, visrijke kusten met prachtige dorpen, zoals Siglufjörður, brede groene dalen in het achterland, en vooral paarden, schapen en zeehonden – dat alles vindt u in het noorden van IJsland. Zie blz. 216.

De Vestfirðir
De hoogste kliffen, zoals Látrabjarg, de diepste fjorden, steile tafelbergen, verborgen kleine dorpen en een bloeiende stad, Ísafjörður, zijn kenmerkend voor de Vestfirðir. De vele verlaten boerderijen in Hornstrandir zijn overwoekerd door weelderige vegetatie, een prachtig landschap met veel verborgen schatten. Zie blz. 234.

Het westen
In het uiterste westen torent de magische gletsjer Snæfellsjökull boven Snæfellsnes uit, ver in de zee, en in het oosten reiken vruchtbare gebieden tot aan het hoogland. Een streek vol verhalen en geschiedenis met charmante kustdorpen, omgeven door groene weilanden. Fascinerende lava en rode stranden, een ideaal gebied voor wandelaars. Zie blz. 252.

Reykjavík en omgeving
De levendige hoofdstad biedt niet alleen veel attracties, musea en een bruisend cultureel leven, maar ook veel winkels en pubs. Zie blz. 78.

De Gouden Cirkel en Reykjanes
Twee prachtige gebieden – zowel geologisch als historisch – kunnen worden onderzocht als dagtocht. Þingvellir en Geysir behoren tot de must-dos. Zie blz. 110.

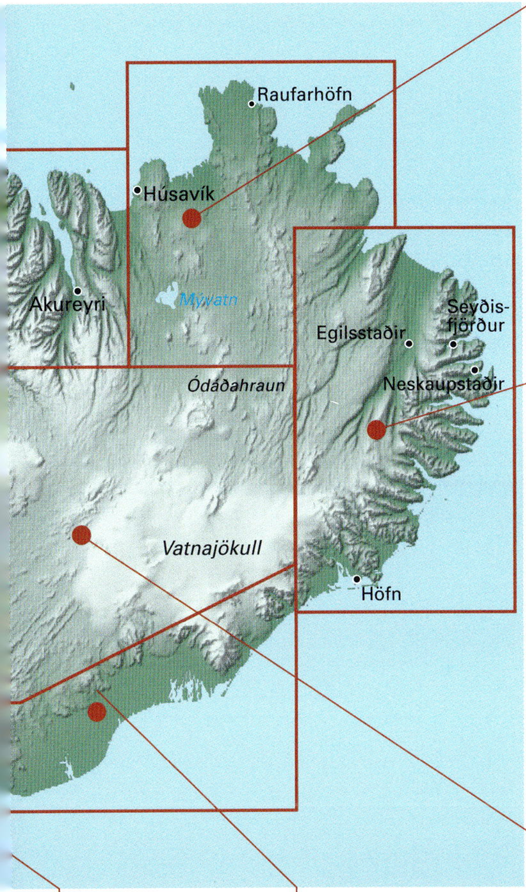

Het noordoosten
Afgelegen plaatsen rond de vlakte Melrakkaslétta nodigen uit tot ontdekkingsreizen. Donderende watervallen, geothermische gebieden met sissende en dampende zwavelputten en vooral het unieke vulkanische landschap rond het meer Mývatn kenmerken het noordoosten van IJsland. Zie blz. 198.

Het oosten
De grootste gletsjer van IJsland, Vatnajökull, domineert het landschap hier. Een boottocht tussen de turkooisen ijsbergen op het gletsjermeer Jökulsárlón, een sneeuwscootertocht op de machtige ijskap of gletsjertochten te voet zijn enkele van de mogelijkheden. Langs de oostkust strekt zich een gevarieerd fjordenlandschap met kleine vissersdorpjes uit. Zie blz. 178.

Het hoogland
Een van de fascinerendste regio's van IJsland met zijn weidsheid, bizarre lavasculpturen, groene wetlands, grote gletsjers en eenzame tafelbergen. Een mysterieus landschap vol verhalen over trollen, elfen en bannelingen. Zie blz. 276.

Het zuidwesten
Een weids, groen land, ideaal voor de landbouw, tussen ondiepe kustwateren en indrukwekkende vulkanen, ook het toneel van de beroemde Njáls Saga. Zie blz. 134.

Het zuidoosten
Spannende gletsjers, waaronder vulkanen liggen, en eindeloos brede zandvlaktes, verspreide boerderijen en indrukwekkende watervallen. Zie blz. 160.

Reisinformatie, adressen, websites

Voor IJslanders een belangrijke plaats uit de geschiedenis: Þingvellir

Informatie

Internetadressen

Het merendeel van de websites in IJsland is ook in het Engels. De volgende internetadressen bieden informatie over het hele land met de nadruk op reizen.

www.iceland.is

Dit is de officiële site waarop IJsland zich presenteert: natuur, cultuur, economie, politiek enz. De site is vernieuwd en is Engelstalig.

www.island.is/en

Wie wil werken in IJsland vindt op deze website alle informatie over de voorwaarden, belastingen enz.

www.ontdekijsland.nl

Goede en actuele website over IJsland met veel achtergrondinformatie over de natuur en cultuur van het land en tips over boeken en muziek.

www.visiticeland.com

Officiële website van het IJslandse toeristenbureau. Goede reisinformatie en vooral prachtige foto's.

www.avontuurinijsland.nl

Biedt veel informatie over het land, met de nadruk op de pracht van de natuur en de activiteiten die u daar kunt ontplooien. Compleet overzicht van alle touroperators die reizen naar IJsland aanbieden.

www.grapevine.is

De gelijknamige krant kunt u hier downloaden. Hij biedt niet alleen informatie voor het reizen en verblijven in IJsland, maar toch vooral informatie voor jongere reizigers (alleen in het Engels).

www.vegagerdin.is

Alle informatie over het weer en de toestand van de wegen; een samenvatting is beschikbaar in het Engels. Bovendien kunt u hier voorlichtingsbrochures over autorijden in IJsland downloaden. Ook kunt u op deze website de webcams *(vefmyndavélar)* langs de wegen bekijken.

www.island-forum.com

Voor degenen die ervaringen willen delen met 'insiders', met suggesties en aanbevelingen. Weliswaar in het Duits, maar heel wat actiever dan vergelijkbare Nederlandse fora.

www.nat.is

Wat rommelige reis-website in het Engels die echter een schat aan informatie biedt over het gebied, sommige artikelen met boekingsopties enz. U moet af en toe dus doorklikken, maar het is een goed begin, vooral dankzij de aanbiedingen.

Toeristenbureaus

Toeristische informatie

De **Íslandstófa** is verantwoordelijk voor het promoten van IJsland als toeristische bestemming. Er zijn helaas geen verkeersbureaus meer in het buitenland en alles gaat via het internet: www.iceland.is.

Toeristenbureaus in IJsland

Bij het grootste toeristische informatiecentrum in Reykjavík zijn over het algemeen ook alle regionale brochures en informatiebronnen beschikbaar, zodat u de reis vanaf daar goed kunt organiseren. In het hoofdstuk Onderweg in IJsland worden bij iedere plaats de ge-

gevens van het lokale toeristenbureau vermeld. Het personeel spreekt meestal goed Engels.

Leestips

Kristín Marja Baldursdóttir: Hart van vuur en ijs. Amsterdam 2010. Het aangrijpende levensverhaal van de getalenteerde kunstenares Karitas Jónsdóttir speelt zich af in IJsland, Parijs en Rome.
Jan Gerritsen: IJsland ontploft, Rotterdam 2010. Een interessante verhandeling over IJsland na de financiële crisis van 2008.
Hallgrímur Helgason: 101 Reykjavík, Amsterdam 2002. De 33-jarige Hlýnur, werkloze thuiszitter en tv-verslaafde, zwerft 's nachts door Reykjavík op zoek naar betekenis en vrouwen. De huiselijke idylle met zijn moeder wordt enigszins verstoord door hun nieuwe metgezel Lolla. Een cultroman, niet in het minst door de verfilming.
Halldór Guðmundsson/Dagur Gunnarsson: Wij zijn allemaal IJslanders,de internationale financiele crisis in een notendop. Amsterdam 2009. Wie nog niet heeft begrepen hoe de wereldwijde financiële crisis van 2008 een land zo kon laten wegglijden en wat dit betekent voor de individuele IJslander, vindt in dit boek interessante discussies met belanghebbenden.
IJslandse saga's: The Sagas of the Icelanders, Londen/New York 2001. Een bundel met mooie en goed leesbare, moderne vertalingen van de belangrijkste saga's en enkele kortere verhalen. Het zijn spannende verhalen om te lezen en ze brengen het leven van de kolonisten in de middeleeuwen heel dichtbij.
Arnaldur Indriðason: Koudegolf, Utrecht 2006. In een meer even ten zuiden van Reykjavík wordt het lichaam van een dode man ontdekt. De waterspiegel is na een aardbeving drastisch gedaald waardoor het menselijk skelet zichtbaar is geworden. Erlendur, Elínborg en Sigurdur Óli worden met deze zaak belast. Hun naspeuringen leiden naar het naoorlogse Leipzig waar een tragische geschiedenis van liefde, verlies en ongekende wreedheid begon...
Sjón/Bernd Koberling: Gesang des Steinesammlers, Münster 2006. De tweetalige dichtbundel met aquarellen van Bernd Koberling is op vele manieren een feest. Sjón behoort met zijn fascinerende teksten tot de beste dichters van het land. Koberlings werk past daarbij zonder ze te illustreren.
Halldór Laxness: Atoomstation, Antwerpen 1957. De roman, waarvoor Laxness in 1955 de Nobelprijs ontving, weerspiegelt de onrust in IJsland toen het IJslandse parlement besloot de VS het vliegveld Keflavík als basis te geven.
Kristof Magnusson: Gebrauchsanweisung für Island, München 2011. Kristof Magnusson is niet alleen een bekende auteur en vertaler, maar ook half-IJslands, met een kritisch-liefdevolle blik van dichtbij en ver weg – een ideale introductie voor IJsland-liefhebbers.
Guðmundur Óskarsson: Bankster, Frankfurt 2011. Markús verliest door de financiële crisis zijn positie bij de bank. Als ook zijn vriendin Harpa werkloos wordt, stort het levensmodel van het paar in. Humoristisch en uit de eerste hand vertelt deze sympathieke roman over de IJslandse bankcrisis.
Steinunn Sigurðardóttir: De goede minnaar, Breda 2014. Een rijke zakenman, Karl Astason, perfectionist, vrijgezel, een sterke band met zijn te vroeg overleden moeder, kan zich na zeventien jaar nog steeds niet losmaken van zijn jeugdliefde, Una. In een opwelling keert hij terug naar IJsland om haar nog eenmaal te zien. Na een glimp van haar te hebben opgevangen, wordt hij door twijfels bevangen. Wat nu?

Weer en reisperiode

Klimaat

De uitdrukking 'Als het weer je niet bevalt, wacht dan maar even' is een typisch voorbeeld van de veranderlijke weersomstandigheden in IJsland, die worden beïnvloed door verschillende factoren: warme, vochtige, deels tropische luchtmassa's vanuit het zuiden ontmoeten de droge, koude luchtmassa's uit het Noordpoolgebied; de Irmingerstroom, een zijtak van de Golfstroom, met watertemperaturen tot 12 °C, omspoelt vanaf het zuiden komend de zuid- en westkusten, terwijl vanuit het noorden de koude Oost-Groenlandstroom in het noordwesten voorbijkomt; deze brengt polair, 0-3 °C koud water mee.

Ondanks de noordelijke ligging laat het eiland geen extreme temperaturen zien: de zomers zijn kort en relatief koel, de winters zijn lang, maar vrij mild. De overwegend zuidelijke en zuidwestelijke winden brengen wolken en een hoge luchtvochtigheid naar IJsland mee. Terwijl het koel en droog is in het noorden, regent het vaker in het warmere zuiden. Winden van gemiddelde sterkte zijn kenmerkend voor het IJslandse weer, maar in de winter zijn zware sneeuwstormen niet ongewoon.

Het klimaat in Reykjavík

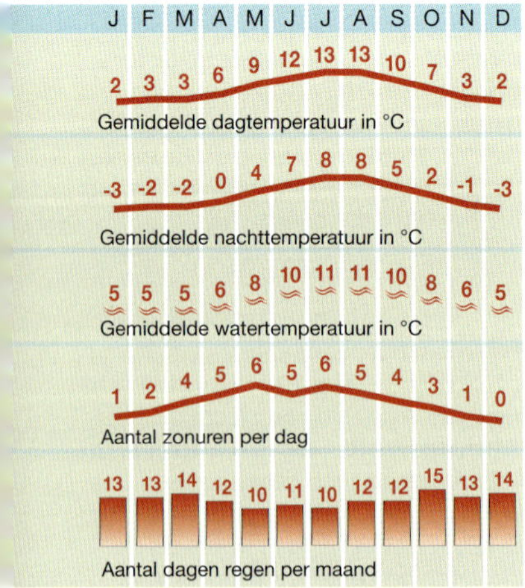

Reistijden

Zomer

Het hoogseizoen is nog altijd de zomer van juni tot augustus, maar dit begint zich langzaam uit te breiden, zoals ook blijkt uit de prijzen. De toeristische aanbiedingen zijn het gevarieerdst, de IJslanders het levendigst, de natuur het uitbundigst. In die periode zijn ook alle campings en hutten open en dus staat er weinig een actieve outdoorvakantie in de weg.

Herfst

Hij is kort, van september tot half oktober. Een ideale reistijd, ervaren offroadrijders kunnen zelfs het hoogland nog in. Verder hebt u het land – bijna – voor uzelf, ondergedompeld in warme, gouden hersfttinten. Bovendien worden nu de schapen bijeengedreven, wat een populair volksfeest is.

Winter

Het goedkoopst zijn de wintermaanden – met uitzondering van Eerste Kerstdag en Nieuwjaar – maar dan moet u het doen met vier uur daglicht. Toch: de sneeuw betovert het landschap en de vorst verandert de watervallen in ijssculpturen. De talrijke wintersportaanbiedingen zijn heel interessant, zoals gletsjertochten met superjeeps. In

In de zomermaanden draagt het alpensneeuwhoen een donker verenkleed

december zijn de straten in Reykjavík feestelijk verlicht en helemaal in kerstsfeer.

Lente

De maand mei met zijn lange, lichte dagen, de eerste bloemen en knoppen is zeer aantrekkelijk. Bovendien vindt dan het Reykjavík Art Festival plaats, en begint het leven buitenshuis.

Kleding en uitrusting

Goede regenkleding en zwemspullen, daarnaast zonnebrandcrème en een zonnebril onder handbereik. Verder zou uw kleding aangepast moeten zijn aan het veranderlijke weer. Het is daarom essentieel om fleecevesten of -truien en lichte T-shirts in te pakken. Zelfs een muts en handschoenen kunnen in de zomer nodig zijn. Belangrijk voor tochten in het hoogland – gemotoriseerd of te voet – zijn stevige schoenen en winddichte kleding. Voor het chique restaurant of een nachtclubbezoek in Reykjavik hebt u beslist de juiste garderobe nodig – IJslanders houden nu eenmaal van stijl.

Een tent, slaapzak en kookgerei geven u de vrijheid om in het hoogland te verblijven. Kamperen is overal, behalve op omheinde weiden en in natuurparken, toegestaan. Bespaar niet op de kwaliteit van de tent, want die moet ook stormen kunnen weerstaan. Voor wandelingen kunt u het best telescopische wandelstokken meenemen, want het terrein is niet altijd egaal. Vooral wanneer u een rivier moet doorwaden, zijn zulke stokken handig als stabilisatie, vooral omdat veel gletsjerrivieren een sterke stroming hebben. Wie langere wandelingen maakt, zou zeker waterbestendig schoeisel voor doorwadingen moeten inpakken, zoals trekkingsandalen of rubberlaarzen.

De bagage wordt ook tijdens busreizen soms blootgesteld aan water, stof en zand, daarom reizen de meeste toeristen met stevige rugzakken.

Reizen naar IJsland

Douane

Voor reizigers uit de Schengen-landen is er geen paspoortcontrole, maar het is raadzaam om een paspoort of identiteitskaart mee te nemen. Voor vreemdelingen met een verblijfsvergunning in Nederland of België is een paspoort wel noodzakelijk. Het paspoort moet na de terugreis nog minstens drie maanden geldig zijn. Sinds 26 juni 2012 moet elk kind dat naar het buitenland reist, ongeacht de leeftijd, een eigen reisdocument hebben. Het invoeren van vreemde valuta is onbeperkt (info: www.tollur.is).

Douanebepalingen

Belastingvrij mag per volwassene (voor alcohol minimaal 20 jaar) worden geïmporteerd: 1 l alcohol tot 47%, 1 liter wijn tot 21% en 6 l bier, 200 sigaretten of 250 gram van andere tabaksproducten, voedsel tot 3 kg. Niet ingevoerd mogen worden dieren, roes- en verdovende middelen, vers vlees, verse zuivelproducten, eieren en wapens.

Met eigen auto

Bij de invoer van een auto moeten worden getoond: een paspoort, een internationaal rijbewijs, het kentekenbewijs en een internationale verzekering. De groene kaart of een ander verzekeringsbewijs is verplicht, zonder voldoende bewijs dient u bij aankomst een aansprakelijkheidsverzekering af te sluiten. Bij aankomst in IJsland wordt het voertuig gecontroleerd en wordt er een tijdelijke invoervergunning (sticker) verleend voor één maand. De maximale breedte is 2,5 m en de maximale lengte is 13 m. Voertuigen voor vijftien of meer personen mogen geen aanhangwagen trekken (info: www.tollur.is) .

Met sportuitrusting

Hengelsportartikelen en paardensportkleding en -uitrusting die buiten IJsland werden gebruikt, moeten van tevoren worden gedesinfecteerd door een dierenarts en daarvan moet een overeenkomstig officieel certificaat aanwezig zijn bij het inreizen. Anders worden de voorwerpen bij binnenkomst op uw kosten alsnog gedesinfecteerd.

Reizen naar IJsland

… met het vliegtuig

Uit Nederland en België zijn er nonstop vluchten naar de internationale luchthaven van Keflavík, vanaf daar gaat de zogenoemde Flybus naar Reykjavík. Die reis duurt ongeveer 45 min. en de tickets kunnen worden gekocht bij de balie in de aankomsthal. Op weg naar Reykjavík stopt de bus ook in Hafnarfjörður. Op het busstation in Reykjavík BSÍ kunt u overstappen op de shuttlebus van uw hotel. Meer informatie: www.flybus.is.

Het hele jaar door vliegen de twee IJslandse luchtvaartmaatschappijen op Keflavík. Interessant is de samenwerkingen van WOW air met andere budgetmaatschappijen. Tijdens de zomermaanden – van juli tot half september – bieden andere luchtvaartmaatschappijen vanaf nabijgelegen vliegvelden in Duitsland soms ook vluchten aan tegen aantrekkelijke prijzen. Omdat dit jaarlijks kan veranderen, kunt u het best via de website van de luchthaven (www.keflavikairport.is) checken welke luchtvaartmaatschappijen vliegen.

Icelandair: NL: 020 521 39 55, BE: 0800 76 029, www.icelandair.nl.
WOW air: Callcenter tel. 020-262 36 60, http://wow-air.nl/.

De veerboot Norröna ligt in Seyðisfjörður aan de kade

... met de boot

De veerboot 'Norröna' van de Smyril Line vaart bijna het hele jaar vanuit Denemarken naar Seyðisfjörður, ook autorondreizen (inclusief accommodatie). Bijzonder aantrekkelijk is de mogelijkheid om een paar dagen door te brengen op de Faeröer. Meer informatie:
Smyril Line Nederland: Rotterdamseweg 191, 3332 AH Zwijndrecht, tel. 0 78-619 85 25, fax 0 78-619 85 10, www.smy rilline.nl.

Reizen in IJsland

Vliegtuig

Air Iceland vliegt vanuit Reykjavík en is de belangrijkste luchtvaartmaatschappij. Bestemmingen zijn Akureyri, Egilsstaðir, Ísafjörður en Heimaey. Vanuit Akureyri zijn er verbindingen naar Grímsey, Þórshöfn en Vopnafjörður. Bovendien biedt Air Iceland dagtochten aan, ook verbindingen met Groenland en de Faeröer. Deze vluchten gaan uit van de luchthaven in Reykjavík. Reserveren en informatie: www.airiceland.is.

Eagle Air vliegt verschillende keren per week naar Bíldudalur, Gjögur, Sauðárkrókur, Heimaey, Húsavík en Höfn. De luchtvaartmaatschappij biedt ook chartervluchten en rondvluchten aan. Voor meer informatie: www.ernir.is.

Bus

Het busnetwerk is uitstekend en uitgebreid, bovendien worden in de zomer verschillende buspassen aangeboden. Losse kaartjes kunnen worden gekocht bij de chauffeur. Instappen is op elk punt van de route mogelijk.
Reykjavik Excursions: lijnbussen rondom IJsland via de ringweg, evenals dagtochten en tochten door het hoogland. Info: www.re.is.
SBK: heeft lijndiensten naar Reykjanes en Keflavík. Info: www.sbk.is.
SBA: excursies in het noordoosten, in het bijzonder hooglandroutes. Info: www.sba.is.

Strætó: de busmaatschappij van Reykjavík exploiteert tevens routes rond het eiland. Info: www.straeto.is.
Sterna: rond IJsland en in het bijzonder verbindingen in het westen, buspassen. Info: www.sternatravel.com.
Informatie over rondritten, prijzen, tijdschema's, buskaartjes: Destination Iceland, BSÍ-terminal, Vatnsmýrarvegur 10, 101 Reykjavík, tel 562 10 11, www.bsi.is.

Veerboten

De volgende bestemmingen kunnen alleen worden bereikt met veerboten: Stykkishólmur-Flatey-Brjánslækur, Landeyjarhöfn-Vestmannaeyrar en Akureyri-Dalvik-Grimsey. Er is ook een verbinding van Ísafjörður naar Hornstrandir. Dienstregeling o.a. op www.nat.is.

Huurauto

In de meeste grote plaatsen kunt u een auto huren. Icelandair en Wow air werken samen met alle verhuurbedrijven, zodat u vlucht en auto gemakkelijk samen kunt reserveren. Boeken via internet is altijd voordeliger. Vooral boekingen via portals zijn bijzonder gunstig. Een extra vergoeding is verschuldigd als u een auto huurt in Reykjavík en die op de luchthaven wilt inleveren. Dit geldt ook voor andere plaatsen. De laagste prijs is tijdens de zomermaanden ongeveer ISK 15.000 per dag (onbeperkt aantal kilometers). Een creditcard is vereist voor het huren. De bestuurder moet minstens 20 jaar oud zijn – voor auto's met vierwielaandrijving 23 jaar – en moet een jaar een rijbewijs hebben. Wie met een gewone personenauto het hoogland (F-wegen) in gaat, moet rekening houden met hoge boetes.

Tanken: Afgezien van het hoogland is het netwerk van tankstations relatief dicht. In Reykjavík en in de grotere steden zijn de stations meestal 24 uur open. Met een creditkaart kunt u ook buiten de openingstijden en bij onbemande stations tanken. Houd tijdens het autorijden beslist rekening met de afstand tot het dichtstbijzijnde tankstation. Een actuele kaart met de tankstations kunt u vinden op de websites van de benzinemaatschappijen: www.n1.is/en/locations/, www.olis.is/english/stations.

Verkeersregels

De maximum snelheid bedraagt binnen de bebouwde kom 50 km/u, op autowegen binnen de stad 60 km/u, buiten de bebouwde kom 80 km/u op onverharde wegen en 90 km/u op asfalt. In woonwijken vaak slechts 30 km/u.

Tal van wegen zijn onverhard, maar de ringweg en de wegen in de steden zijn bijna geheel geasfalteerd. De wegen en bruggen in het hoogland zijn vaak smal (één rijstrook). Hier geldt dat degene die het dichtst bij de brug is voorrang heeft, de anderen wachten langs de weg. Onoverzichtelijke plekken worden meestal aangegeven met een waarschuwingsbord met de tekst 'Blindhæð'.

Loslopende schapen hebben voorrang – rijd langzaam langs de dieren. Overdag dient u dimlicht te voeren – dat geldt ook voor motoren. Voor alle passagiers geldt de gordelplicht. Kinderen moeten in geschikte kinderzitjes zitten. Rijden onder invloed is uiteraard verboden. Voor de F-wegen in het hoogland dient u te beschikken over een auto met vierwielaandrijving en de nodige rijervaring met zo'n auto. Controleer voor het doorwaden van een rivier de waterdiepte, want elk jaar weer raken automobilisten in problemen door te diep of te snel stromend water. De routes mogen pas worden bereden als ze zijn vrijgegeven (tel. 17 77, www.vegagerdin.is). Het is ten strengste verboden om buiten de rijstroken te rijden.

Overnachten

Wie in IJsland uitsluitend in hotels, pensions of op boerderijen wil verblijven, moet daar in zijn budget wel rekening mee houden. Arrangementen van reisorganisaties zijn doorgaans voordeliger. Buiten het zomerseizoen zijn de prijzen ongeveer 30% lager, maar de meeste Edda-hotels, campings en een aantal hostels zijn dan gesloten. De prijzen voor een overnachting in een gemiddeld pension of een klein hotel beginnen bij ISK 18.000 (2 pk incl. ontbijt).

Hotels

De meeste hotels zijn van gemiddeld niveau en hebben kamers met douche/wc. Hotels vanaf vier sterren bieden een vrij hoog niveau. Hotelketens zijn er in IJsland eigenlijk niet, maar individuele hotels hebben wel de handen ineengeslagen en bouwen hun 'keten' voortdurend uit, zoals KEA. Van de internationale hotelketens zijn er slechts twee vertegenwoordigd in het land: Radisson Blu en Hilton.

Ketens en samenwerkingen

Tot de **Icelandair Hotels** behoren in totaal negen hotels, die alle drie of vier sterren hebben. Ze zijn het hele jaar geopend en hebben meestal een relatief hoog niveau. In de vakantiepakketten van Icelandair zult u in het algemeen in die hotels worden gehuisvest. Reserveren en informatie: www.icelandair hotels.com.

Bij de Icelandair-familie behoren ook ook de twaalf **Edda-hotels**. Dat zijn allemaal zomerhotels, meestal ondergebracht in kostscholen, vaak met een zwembad, een restaurant en een eigen bar en in de kamers douche/wc. Sommige hotels bieden ook slaapzakaccommodatie aan in slaapzalen. Via het internet kunt u vaak gebruikmaken van aanbiedingen. Reserveren en informatie: www.hoteledda.is.

De hotelketen **Fosshótel** telt nu dertien hotels, die voldoen aan de standaard van een toeristenhotel en meestal vrij prijzig zijn. Sommige van de hotels zijn het hele jaar geopend. Ook hier vindt u scherper geprijsde aanbiedingen via internet: www.fosshotels.is.

KEAhotels heeft nu zeven hotels, waarvan vier in Reykjavík, zoals Hótel Björk en het traditionele Hótel Borg, en ook een bij Mývatn, Hótel Gígur. Deze variëren van twee tot vier sterren met een geheel eigen prijsopbouw en afwijkende voorzieningen. Informatie: www. keahotels.is.

Andere zogenaamde ketens bestaan uit verschillende hotels, die eigendom zijn van één eigenaar, een familie of een bedrijf, of behoren tot een samenwerkingsverband met een gemeenschappelijke website, zoals www.centerho tels.com.

Pensions en particuliere kamers

In bijna elk dorp en elke stad in IJsland zijn er zulke overnachtingsmogelijkheden (*gistiheimili, gistihusið*). Pensions bieden vaak ook de mogelijkheid van slaapzakaccommodatie. Het is echter geenszins een categorie met een uniforme overnachtingsstandaard. Zo variëren de voorzieningen van kamers met twee smalle bedden, twee stoelen en wat kledinghaakjes tot echt comfortabele accommodatie. De prijzen zeggen ook niet per se iets over de kwaliteit en het niveau.

Veel accommodaties in IJsland liggen midden in het fantastische landschap

Vakantie op de boerderij

Onder de naam 'Icelandic Farm Holidays' bieden de bij een overkoepelende organisatie aangesloten boerderijen en pensions naast overnachtingen vaak een hele reeks andere activiteiten aan, zoals paardrijden, vissen, jagen, zwemmen en schapen drijven. Overnachtingen (ook slaapzakaccommodatie) met ontbijt worden aangeboden ofwel in de boerderij zelf, in vrijstaande gebouwen of in zomerhuisjes. De boerderijen zijn onderverdeeld in verschillende categorieën, van zeer eenvoudige kamers met badkamer op de gang tot landhotels met alle comfort. De overkoepelende organisatie zorgt voor een zekere kwaliteitscontrole en een aantal accommodaties hebben ook een Green Globe, wat wil zeggen dat er milieubewuste keuzes worden gemaakt in termen van maaltijden, meubilair, tourpakketten enz. De zomerhuisjes kunt u per dag of per week huren. Daarnaast kunt u ook zogenoemde Self-Drive Tours boeken, ook buiten het zomerseizoen een ideale vorm om IJsland te leren kennen. Brochures, lijsten van de huidige leden en meer informatie:
Icelandic Farm Holidays, Síðumúla 2, 108 Reykjavík, tel. 570 27 00, Fax 570 27 99, www.farmholidays.is.

Vakantiehuizen

Er zijn verschillende manieren om een zomerhuis of een vakantiehuisje te huren. In de eerste plaats horen de vakantiehuisjes er – in de vorm van een Scandinavische hut – bij sommige boerderijen of pensions gewoon bij. Relevante informatie kunt u vinden in de brochures 'Discover Iceland' (www.farmholidays.is/about-us/brochures) en 'Áning' (http://heimur.is/2006/04/12/our-guides-iceland). Ten tweede verhuurt een aantal IJslanders hun huis als vakantiewoning. Sommige touroperators bieden deze huizen aan, maar deze moet u vaak wel voor minstens een week boeken, bijv. www.katlatravel.is. In IJsland is ook een flink aanbod bij de aanbieder Viator te vinden (www.viator.is).

Hostels

Verschillende van de 34 hostels (of jeugdherbergen) zijn niet alleen in de zomermaanden open en allemaal staan ze open voor iedereen, ongeacht zijn of haar leeftijd. Het aanbod van kamers en activiteiten is divers. De kamerprijs bedraagt voor HI-leden ISK 3850 via internet, anders ISK 3400-3900, voor niet-leden rond ISK 4550 via internet, anders ISK 4100-4600. De hostels in Reykjavík zijn duurder. Met een flinke prijstoeslag kunt u in plaats van in gemeenschappelijke ruimten ook in tweepersoonskamers – indien beschikbaar – overnachten. Omdat hostels een betaalbare vorm van accommodatie zijn en populair zijn bij gezinnen, moet u in de zomer vroeg reserveren. Informatie over en beschrijvingen van alle hostels en voor boekingen:

Bandalag Íslenskra Farfugla, Borgartún 6, 105 Reykjavík, tel. 575 67 00, fax 553 05 35, www.hostel.is.

Camping

Er zijn ongeveer 170 campings met verschillende uitrustingsniveaus, waarvan de meeste open zijn van juni tot augustus. De standaard is zeer gevarieerd. Gemiddeld betaalt u per persoon en nacht rond ISK 2000 (plus een bedrag voor de tent).

In de buurt van campings, in de nationale parken en op in cultuur gebrachte gronden, zoals weilanden, is kamperen verboden. Wie meerdaagse wandeltochten onderneemt, kan zeker wild kamperen, maar het spreekt voor zich dat u de plaats verlaat zonder daarbij afval achter te laten.

Berghutten

De IJslandse hutten worden geëxploiteerd door verschillende wandelverenigingen en hun regionale afdelingen. Ze staan open voor iedereen, en als u niet vooraf hebt betaald, wordt verwacht dat u het bedrag op de daarvoor bestemde plek in de hut achterlaat. De prijzen zijn in de hutten te vinden. Informatie:

Ferðafélag Íslands, Mörkin 6, 108 Reykjavík, tel. 568 25 33, fxax 568 25 35, www.fi.is.

Útivist, Laugavegur 178, 105 Reykjavík, tel. 562 10 00, www.utivist.is.

Camping Card

Inmiddels hebben 42 campings zich aangesloten bij de Camping Card. Na de aankoop van de Camping Card voor ISK 15 .900 (28 dagen) per nacht kunt u er met twee volwassenen en max. vier kinderen (tot 16 jaar) kamperen. Afhankelijk van de reis een echt voordelig aanbod. Info: www.camping card.is.

Eten en drinken

Traditionele lamsgerechten

IJsland is het land van schapen en vissen en uiteraard zijn alle daarmee bereide gerechten van harte aan te bevelen. Vooral tijdens het barbecueseizoen in de zomer wordt lamsvlees voordelig aangeboden, omdat men ruimte moet maken voor de najaarsslacht.

Hangikjöt (gerookt lamsvlees) was oorspronkelijk een speciale maaltijd in IJsland en wordt door traditiebewuste IJslanders nog steeds bij feestelijke gelegenheden geserveerd. Traditioneel eet men het met een witte saus, gekaramelliseerde aardappelen en erwten. Tegenwoordig is het een van de alledaagse gerechten, zoals die worden aangeboden in cafetaria's. Koud kan het als broodbeleg worden gegeten, bijv. op *flatkaka*, een flinterdun roggebrood. Andere traditionele gerechten zijn *svið* (geschroeide lamskoppen) en *saltkjöt* (gepekeld lamsvlees), beide eet men zowel warm als koud met aardappelen of rapen. Vooral in de tijd van de *þorrablót*, de periode aan het einde van de winter, liggen de schaapskoppen in de schappen. *Slátur* (worst gemaakt van schaapsingewanden) wordt geproduceerd tijdens de slachttijd in september en oktober. Het wordt drie uur gekookt en gegeten met aardappelen of bietenpuree.

Tip

Beslist het proberen waard!

Ook IJslandse jongeren hebben een lievelingsgerecht: *pylsur*, bij ons bekend als hotdog. Ze worden geserveerd met verschillende sauzen en gebakken uitjes en wie alles wil hebben, bestelt *með öllu* (met alles). Hotdogfans beweren dat de IJslandse hotdogs meer dan uitstekend zijn.

Verse vis

Vis in alle variaties, gekookt, gegrild, gestoomd, gerookt of pikant ingelegd, staat het hele jaar op het menu en hoort ook al bij het ontbijt. De meer exotische varianten zoals haai kunt u weliswaar aantreffen in een supermarkt, maar u moet er wel het enthousiasme van een IJslander voor kunnen opbrengen: 'Haai is als een goede wijn, hoe ouder hoe beter.' *Hákarl* (Groenlandse haai) wordt eerst gerookt en vervolgens na het rijpingsproces – wat inhoudt dat hij ergens voor langere tijd wordt begraven – gedroogd. Daarbij ontstaat een sterke ammoniakgeur en hij smaakt het best in combinatie met *brennivín* en *rúgbrauð*, een zoet, donker roggebrood, dat door sommmigen nog steeds wordt gebakken in gebieden met hete bronnen. *Harðfiskur* (gedroogde vis) wordt volgens een oude conserveringsmethode gedroogd en kan meer dan een jaar worden bewaard. U kunt het puur eten of met wat boter, als dessert of als kleine snack.

Kaas en gebak

Tot de traditionele zuivelproducten behoort *skyr*, een kwarkachtige zachte kaas, geserveerd met witte of bruine suiker en een mengsel van melk en room, maar soms op smaak gebracht met vruchten. *Mysa* is de wei, die overblijft na de bereiding van *skyr*. Dit wordt gebruikt om vlees in te leggen en bij het koken van vis in plaats van witte wijn. Tegelijkertijd is het ook een frisdrank.

Van de bakwaren moeten vooral taarten en gebak worden vermeld, omdat die 's middags bij het koffiebuffet worden geserveerd. Naast mierzoete slagroomtaarten zijn er *pönnukökur* (dunne pannenkoeken), *kleinur* (donuts) en *vinarbrauð* (Deens gebak).

Uit eten gaan

Het aanbod van restaurants is divers in Reykjavík en de andere grotere steden en het palet reikt van typisch IJslandse gerechten, zoals kreeft, papegaaiduiker of walvis, tot sushi en tapas. Bij een goed diner hoort eerst een aperitiefje, dat men drinkt aan de bar of in een gezellige lounge, terwijl ondertussen het voorgerecht wordt bereid. Daarna volgt het hoofdgerecht – wat dacht u van een rendierbiefstuk? – bij wijn en kaarslicht. Wie afziet van het dessert, bestelt in ieder geval koffie met cognac of likeur. Zulke weelderige avonden veroorloven IJslanders zich bij voorkeur in het weekend, en daardoor is reserveren noodzakelijk om nog een plaats in het restaurant van uw keuze te kunnen krijgen. De prijs zal rond de € 70 per persoon liggen, afhankelijk van de alcoholconsumptie.

Betaalbaarder zijn daarentegen de lunch- en dagschotels *dagsréttur* die sommige restaurants aanbieden (ongeveer € 15).

Actieve vakantie, sport en wellness

Fietsen

Fietsen is voor velen de populairste vorm van vervoer in IJsland. Wie het wil proberen, kan contact opnemen met de **IJslandse Mountain Bike Club** (Brekkustígur 2, 101 Reykjavík, tel. 562 00 99, www.fjallahjolaklubburinn.is). U kunt er ook informatie vinden over kleding en adressen van fietsreparatiebedrijven. Toeristenbureaus beschikken over de adressen van verhuurders van mountainbikes en touroperators.

Golf

Alle golfbanen staan open voor buitenlandse bezoekers, er wordt slechts een kleine dagvergoeding (greenfee) gevraagd. Golf is een populaire sport in IJsland. Sommige terreinen zijn werkelijk prachtig gelegen. **The Golf Union of Iceland**, Engjavegur 6, 104 Reykjavík, tel. 514 40 50, fax 514 40 51, www.golf.is.

Klimsport

Deze sport is spannend in IJsland, omdat u bijna nooit langs gezekerde routes gaat, maar hij is ook door het instabiele gesteente van veel bergen niet geheel ongevaarlijk. Voordat u begint met het beklimmen van een berg moet u de weersverwachting en de omstandigheden op berg controleren. Het is raadzaam ook een bericht achter te laten op daartoe geschikte plaatsen, zoals bij de huttenwacht. Het is belangrijk om bij plotseling verslechterend weer af te wachten en daarom behoort bij een bergwandeling altijd een nooduitrusting met een bivakzak en een aluminium deken. Alleen echt ervaren klimmers kunnen het misschien doen zonder lokale gidsen, alle anderen zouden zich beter kunnen voegen bij georganiseerde groepen. De wandelverenigingen geven informatie, zie blz. 27.

Marathon

Ieder jaar rond 20 augustus wordt de Reykjavík Marathon gelopen. Bij de Laugavegur Ultramarathon wordt de klassieke wandelroute van Landmannalaugar naar Þórsmörk van 55 km gerend. Bij de Suzuki Midnight Run in juni, die in Reykjavík wordt gehouden, zijn drie afstanden mogelijk: halve marathon, 10 km en 5 km. U kunt zich echter ook aanmelden voor alle drie de routes. Alle lopers krijgen op deze dag toegang tot het zwembad Laugardalslaug. Registratie: www.marathon.is.

Paardrijden

De mogelijkheden zijn divers, variërend van een uur durende rit voor beginners tot een enkele weken durende tocht door het hoogland. Informatie vindt u in de brochure 'Discover Iceland', www.farmholidays.is/about-us/brochures.

Wandeltips op internet

www.visiticeland.com: onder 'Hiking' vindt u IJslandse organisaties en boerderijen, die naast accommodatie (*farm holidays*) o.a. ook goede wandeltochten aanbieden.
www.ijslandspecialist.nl: reisaanbieder die mooie wandeltochten met of zonder gidsen organiseert.

Rafting

Deze populaire sport kan in veel delen van het land worden beoefend. Informatie bij toeristenbureaus en www.arcticrafting.is.

Vissen

IJsland is een paradijs voor zalm- en forelvissers. Een mooie, maar dure hobby, want de vergunningen moeten op tijd worden besteld en het meegebrachte, eigen visgerei moet bij aankomst zijn of worden ontsmet (zie blz. 22). Het hoofdseizoen voor zalmvissen loopt van 20 juni tot half september. Dat voor forelvissen varieert, afhankelijk van de rivier of het meer, en duurt meestal van mei tot eind september. In de winter wordt ijsvissen steeds populairder.

Visvergunningen voor forelwateren zijn ter plekke te koop bij de boerderijen en benzinestations in de buurt van de wateren. Verder bieden tal van boerderijen visgelegenheid aan. Diepzeevissen vindt plaats van mei tot augustus en is vanuit de meeste kustlocaties met een vissershaven mogelijk. Neem voor informatie contact op met:
Icelandic River Owners, Bændahöllinn, Hagatorg, 107 Reykjavík, tel. 563 03 08, www.angling.is. Hier koopt u ook de zalmvergunningen.

Wandelen

Wandelen in IJsland is niet zelden van bijna mythische proporties – eenzaamheid, ongerepte natuur en een onbeperkt zelfbewustzijn. Meerdaagse tochten moeten zeer zorgvuldig worden voorbereid en u kunt daarvoor het best advies inwinnen bij ervaren IJsland-wandelaars. Dat u kunt omgaan met kaart en kompas en GPS spreekt vanzelf, maar u kunt er nooit van uitgaan dat de kaart altijd gelijk heeft, zo verandert de loop van gletsjerrivieren soms. Een kwalitatief hoogwaardige uitrusting die bestand is tegen de wisselende weersomstandigheden, is een must. Meerdaagse zandstormen zijn niet ongewoon, en u moet altijd voorbereid zijn op plotselinge temperatuurdalingen of langdurige, zware regenval met harde wind. Bij wandelingen in het hoogland moet u vaak (gletsjer)rivieren oversteken met sterke stromingen en lage temperaturen. Doe dat niet zonder waadstok – telescopische wandelstokken zijn ideaal. Luister naar de waarschuwingen van IJslandse en andere ervaren wandelaars, omdat overmoed jaarlijks een aantal toeristen in levensbedreigende situaties brengt.

Populaire routes hebben meestal het voordeel dat ze gemarkeerd zijn. Wandelpaden, zoals u ze misschien van thuis kent, zijn er niet in IJsland. Wie door een lavawoestijn wil wandelen, moet zich geheel kunnen oriënteren op de kaarten. Informatie bij de wandelverenigingen, zie blz. 27.

Kaartmateriaal

Forlagið, Landakort: Bræðraborgarstíg 7, 101 Reykjavík, tel. 575 56 00, fax 575 56 01, www.forlagid.is. Wandelkaarten (Sérkort, 1 : 100.000), een kaart van het hoogland met GPS-coördinaten bij kruispunten en hutten van Íslands Atlas (1:100.000).

Ferðakort: Brautarholt 8, 105 Reykjavík, tel. 517 72 10, www.ferdakort.is. Wandelkaarten (Sérkort, 1:50.000).

Wellness

In Reykjavík en de Bláa Lonið (zie blz. 132) zijn er speciale wellnessaanbiedingen, maar IJsland is het land van de hotpots. Ieder zwembad, veel hotels en zomerhuisjes hebben zo'n relaxbad met een mooi uitzicht en soms ook bubbelend. Kan het nog lekkerder worden?

Een tocht te paard op het schiereiland Hornstrandir gaat door bloeiende weiden

Feesten en evenementen

In IJsland wordt graag en hartstochtelijk gefeest. Het zijn niet zo zeer de traditionele, religieuze feestdagen die de grootste rol spelen, al worden deze allemaal gevierd. Sommige van deze feesten zijn ontstaan uit volksgebruiken. Eén ding hebben al deze feesten in IJsland gemeen: een informele en spontane vrolijkheid en een ruime bier- en *brennivín*-consumptie.

Feesten en tradities

Þorrablót

Het einde van de winter – eind januari, begin februari – wordt gevierd met een grote maaltijd in de kring van vrienden en familie, daarbij worden gerookte en gezouten specialiteiten geconsumeerd. Gedroogde vis, geschroeide lamskoppen, gezouten lamsvlees en natuurlijk gerookte haai staan dan op tafel. Deze gerechten hoorden vroeger bij het IJslandse standaardvoedsel. Doordat ze zo werden geconserveerd, konden ze namelijk worden opgeslagen in de wintermaanden. Vanaf begin februari probeerde men weer vers voedsel te krijgen.

Sumardagurinn fyrsti

Sumardagurinn fyrsti, de eerste zomerdag, wordt altijd op de derde donderdag in april gevierd als verplicht straatfeest, ook al stormt of sneeuwt het op die dag. IJslanders wensen elkaar een vrolijke zomer toe en eventueel geven ze elkaar ook een klein cadeautje. De feestdag gaat terug op de oude IJslandse kalender, toen er nog slechts twee seizoenen onderscheiden werden: de zomer en de winter. De dag wordt in sommige plaatsen gevierd als een soort jaarmarkt.

Sjómannadagur

IJsland als vissersnatie herdenkt de 1e zondag van juni de zeelieden en vissers die op zee zijn gebleven. Alle schepen zijn dan voor de *Sjómannadagur* (dag van de zeelieden) in de haven en gepavoiseerd. Sommige kunnen dan ook worden bezocht. In de havens vinden verschillende wedstrijden plaats. Bovendien worden kransen gelegd bij monumenten voor verdronken zeelieden.

Nationale feestdag

Het hoogtepunt van het jaar is Onafhankelijkheidsdag op 17 juni. De officiele bijeenkomsten zijn meestal op het plein Austurvöllur voor het parlement, met een kranslegging bij het monument van Jón Sigurðsson en een optreden van van de bergvrouw 'Fjallkonan', de personifiactie van de IJslandse natie.

Bank holiday

Een van de belangrijkste feestdagen in de zomer is een zgn. bank holiday, op de eerste maandag in augustus. Als die dag op 2 augustus valt, zou u de indruk kunnen krijgen dat alle jonge IJslanders op Heimaey wonen, want daar vindt dan namelijk de tweede Nationale Dag voor de Vestmannaeyjar plaats.

Schapen bijeendrijven

In september begint het bijeendrijven van de schapen. Het is vermoeiend en zwaar werk, maar is uitgegroeid tot een toeristische attractie. Sommige bedrijven bieden het aan als een rijtocht, want soms moet u eerst naar het hoogland rijden om de dieren op te sporen. Als alle schapen bijeengedreven en verdeeld zijn over de boerderijen, begint het sociale deel met eten, drinken, dansen en zingen, meestal buiten, omdat IJslanders nooit rekening met het weer houden, want dat zou de sfeer kunnen verpesten.

Kerstmis

Elk jaar met Kerstmis, het belangrijkste familiefeest, komen de dertien kerstmannetjes, hun ouders Grýla en Leppalúði en de kerstkat tevoorschijn. Vanaf 12 december verzamelen ze zich om daarna weer een voor een te verdwijnen tot 6 januari. Het kerstseizoen begint officieel met het oprichten van de kerstbomen uit de zustersteden op 4 december. Kerstmarkten en verlichte decoraties in de straten creëren een feestelijke stemming. Op 24 december brandt men een kaars op de graven van familieleden. Winkelen hoort bij december en daarom zijn de winkels lang open.

Evenementen

Het aantal evenementen is in de afgelopen jaren gestaag toegenomen. Tijdens het lichtfestival eind februari in Reykjavík staat alles in het teken van licht en energie en wordt zowel het einde van de winter als het toenemende daglicht gevierd – met natuurlijk vuurwerk. In maart nodigt het kookfestival Food and Fun beroemde gastkoks en de beste IJslandse chefs uit voor een kookwedstrijd. De gerechten worden geserveerd in de deelnemende restaurants in Reykjavík, zie blz. 75. Van half mei tot en met juni wordt het internationale kunstfestival van Reykjavík gehouden, waarbij ook andere steden worden betrokken. Op het internationale golftoernooi Arctic Open, eind juni in Akureyri, kunt u in de middernachtszon golf spelen. Het jazzfestival van Reykjavík eind augustus en het filmfestival van Reykjavík in september zijn internationaal georiënteerd. Het muziekevenement Iceland Airwaves in Reykjavík in oktober wordt bezocht door de agenten van de grote internationale platenmaatschappijen die op zoek zijn naar nieuwe klanken en nieuw talent, zie blz. 73.

Feestagenda

Eind januari tot eind februari

Þorrablót: in restaurants in heel IJsland worden de traditionele gerechten geserveerd.

April

Sumardagurinn fyrsti: op de derde donderdag van de maand begroeten de IJslanders de lente, het meest uitgelaten in Reykjavík.

Juni

Sjómannadagur: 1e zondag. De gedenkdag voor zeelieden en vissers wordt in Akranes bijzonder mooi gevierd en is verbonden met het Feest van de Zee.

Nationale feestdag: 17 juni. Het officiële feest vindt plaats in Reykjavík op Austurvöllur.

Augustus

Feestdag: 1e maandag. In het weekend worden de geliefde plekken voor uitstapjes, zoals Húsafell, Þorsmörk en vooral Heimaey, goed bezocht.
Cultuurnacht: 3e zaterdag. Manifestaties in heel Reykjavík – lezingen, concerten, enz. – en als afsluiting vuurwerk.

December

Adventstijd: kerstmarkt in Hafnarfjörður.

Praktische informatie van A tot Z

Apotheken

Apotheken houden zich aan de algemene winkelopeningstijden – in Reykjavík is er ten minste één de klok rond open. De apotheken zijn te herkennen aan een kruis en het opschrift *Lyf og Heilsa*. Wie afhankelijk is van reguliere medicatie, moet een afgepaste voorraad meenemen. In IJsland zijn niet altijd dezelfde medicijnen als bij ons verkrijgbaar.

Belastingvrij

Buitenlandse bezoekers kunnen de btw die ze betaald hebben voor bepaalde in IJsland gekochte goederen terugvorderen, dat is tot 15% van de verkoopprijs. Het op de kassabon vermelde bedrag moet minimaal ISK 4000 zijn. Als het aankoopbedrag hoger is dan ISK 35.501, moet u zich met de goederen melden bij de douane. In de jaarlijkse 'Shopping Guide Iceland' zijn alle winkels, en de manier waarop de restitutie plaatsvindt, goed beschreven (zie voor meer informatie www.tollur.is).

Budget en prijzen

Omdat de prijzen voor accommodatie in IJsland voortdurend stijgen, moet u rekening houden met hogere kosten, waarschijnlijk hoger dan ze in deze gids worden vermeld. De verschillen tussen stedelijke en landelijke gebieden zijn ook relatief groot. De bedragen in het Onderweg-deel van deze gids dient u daarom eerder op te vatten als een leidraad, want sommige aanbieders zullen hun prijzen jaarlijks opnieuw vaststellen en die zullen dan zeker hoger zijn.

Daarnaast zijn veel aanbieders van accommodatie begonnen om hun prijzen in euro's aan te geven. Anderen noemen de geldende prijzen alleen op aanvraag. Het kan zelfs zo zijn dat de prijzen voor IJslanders en buitenlanders van elkaar verschillen, waarbij buitenlanders duurder uit zijn.

Voor minder geld

Goedkope aanbiedingen vindt u op internet bij zowel de vliegmaatschappijen als bij accommodaties. Verder geldt in het algemeen: bezoek IJsland in het laagseizoen (zie blz. 20). Voordelige supermarkten zijn Bónus en Krónan. In het geval dat u grotere aankopen wilt doen, bijv. modeartikelen, let er dan op of er een *útsala*, een uitverkoop, gaande is. Bij sommige boerderijen staan bordjes, dat er goedkope groenten worden verkocht, ideaal voor als u als kampeerder onderweg bent.

Consulaten

Nederlands consulaat-generaal
Kringlan 7, 13e verd. 103 Reykjavík, tel. 533 10 02, www.holland.is.

Belgisch ere-consulaat
Lyngháls 2, 110 Reykjavík, tel. 570 03 00.

Elektriciteit

De netspanning is in IJsland 220 volt. Voor Nederlandse en Belgische stekkers is daarom in het algemeen geen adapter nodig.

Feestdagen

1 januari: Nieuwjaar
Witte Donderdag, Goede Vrijdag, tweede paasdag
3e do. in april: 1e zomerdag
1 mei: Dag van de Arbeid
Hemelvaartsdag
Pinksteren
17 juni: Nationale feestdag
1e ma. in augustus: Bank Holiday
24 dec. vanaf 12.00 uur: kerstavond
25-26. dec.: Kerstmis
31 dec. vanaf 12.00 uur: Oudjaar

Fooien

Die zijn in IJsland in principe in de uiteindelijke prijs opgenomen, maar vooral buitenlanders geven vaak toch iets extra als ze tevreden zijn.

Fotograferen

Het fotograferen en filmen van nesten van bedreigde vogelsoorten, zoals zeearend, smelleken, giervalk, sneeuwuil en kleine alk, is verboden.

Geld

De IJslandse munt is de króna (kroon). Er zijn munten van ISK 100, 50, 10, 5 en 1 en biljetten van ISK 500, 1000, 2000 en 5000. Wisselkoers (februari 2017): € 1 = ongeveer ISK 117,10. Het gebruik van creditkaarten is zeer algemeen. Op veel plaatsen kunt u met een creditkaart of bankpas ook geld uit een geldautomaat halen. Bijna overal worden travellercheques geïnd. Wissel contant geld als u in het land bent, en niet direct op het vliegveld. Daar is de koers ongunstiger. Buiten de reguliere openingstijden van de banken (ma.-vr. 9.15-16 uur) kunt u bij de Change Group Iceland in Reykjavík, Keflavík/Airport en in Akureyri uw euro's omwisselen in IJslandse kronen.

Kinderen

IJsland is ideaal voor gezinnen, niet in het minst omdat de IJslanders dol zijn op kinderen. U krijgt overal korting voor kinderen tot 12 jaar, voor de allerkleinsten hoeft u vaak helemaal niet te betalen. Campings zijn meestal uitgerust met speeltuinen, in de steden en dorpen zijn mooie zwembaden. Boerderijvakanties en vakantiewoningen bieden veel afwisselende attracties voor kinderen.

Media

Op de radiozender Rás 1 (FM 92.4/93.5) wordt van juni tot augustus elke ochtend om 7.30 uur het nieuws in het Engels uitgezonden. Gedurende de dag zijn de berichten ook te horen via tel. 515 36 90. BBC World zendt ook 24 uur uit (FM 90.9). Internationale kranten kunnen worden gekocht bij de grote boekhandels in Reykjavík, meestal een dag later. Buiten de hoofdstad zijn ze zelden beschikbaar. Iceland Review en Grapevine zijn Engelstalige tijdschriften; Grapevine verschijnt in de zomer elke 14 dagen (www.grapevine.is).

Medische zorg

Veel artsen kunt u raadplegen zonder lange wachttijden. Er zijn in Reykjavík ook zeven gezondheidscentra (*heilsugæstöðin*). Bij nood- of ongevallen meldt u zich bij de Spoedeisende Hulp (*slysadeild*) van het Academisch Ziekenhuis in Reykjavík, tel. 525 10 00

Trollen leven in IJsland niet alleen in lavavelden, maar ook in souvenirwinkels

(24 uur). In grotere steden zijn er medische centra of huisartsen. De kosten moeten meteen worden afgerekend. Reizigers uit Nederland en België moeten de Europese verzekeringskaart EHIC tonen. Info: Tryggingastofnun (sociale verzekeringskamer), Laugavegur 114, 150 Reykjavík, tel. 560 44 00, 560 45 20, 8-15.30 uur. Heilsuvernd (gezondheidscentrum voor toeristen): Álfheimar 74, 104 Reykjavík, tel 510 65 00, http://hv.is, dagelijks 8.30-16 uur, consult ISK 6500.

Noodoproep

Politie, ambulance en bijstand bij ongevallen: 112 (hele land) Blokkering van mobiele telefoons, debet- en creditkaarten: afhankelijk van uw provider en bank.

Omgangsvormen

De manieren van de IJslanders zijn vriendelijk en iets afstandelijk en daar zou u zich bij moeten aansluiten. Kritische opmerkingen door buitenlanders over gevoelige kwesties, zoals de walvisvangst, worden niet op prijs gesteld. IJslanders tutoyeren elkaar en daardoor zijn er in het Engels ook geen problemen.

Als u in IJsland wordt uitgenodigd, dient u op tijd te komen, ook al hoeft u dat omgekeerd van een IJslander niet altijd te verwachten. Het is beleefd om in huis uw schoenen uit te trekken.

Na de maaltijd bedankt u met *takk fyrir mig* (bedankt voor de maaltijd), en als u vertrekt met een *takk fyrir í kvöld* (dank voor de avond). Als u ze weer tegenkomt – de volgende dag, de volgende week of nog later – dankt u ze voor de laatste ontmoeting: *takk fyrir síðast* (bedankt voor toen) en het antwoord is dan *sömuleiðis* (insgelijks). Omgekeerd moet u dat dus zeggen als iemand u bedankt voor de laatste keer.

Openingstijden

Winkels: ma.-vr. 9-18, za. 10-16 uur. Sommige supermarkten zijn geopend tot 24 uur en ook op zondag, bijv. in Reykjavík in de buurt van de camping. Tijdens de zomermaanden (juni-augustus) zijn sommige winkels za. gesloten, maar souvenirwinkels nooit. De winkelcentra, onder andere Kringlan in Reykjavík en Smáralind in Kópavogur, zijn do. langer geopend (niet in de zomer). Kiosken *(sjópa)* verkopen meestal tot 23.30 uur; buiten zoetwaren en frisdrank kunt u er ook terecht voor basislevensmiddelen.

Reizen met een handicap

Met een goede planning zijn tochten in IJsland heel goed mogelijk voor reizigers met een handicap. De brochures van de hotel- en restaurantverenigingen geven aan welke geschikt zijn voor rolstoelgebruikers. Grotere supermarkten zijn meestal toegankelijk voor rolstoelen. Ook de veerboten en luchtvaartmaatschappijen zijn voorbereid op passagiers met een handicap. Mits vooraf gereserveerd zijn er ook speciale rolstoelen beschikbaar voor lijn- en excursiebussen. Info: Sjálfsbjorg , Hátun 12, 105 Reykjavík, tel. 550 03 60, www.sjalfsbjorg.is.

Souvenirs

In iedere stad, ieder dorp en op Keflavík Airport vindt u wel een winkel met wollen goederen, hetzij bollen wol of kant-en-klare truien, jassen, vesten, enz. Keramiek, bont en sieraden zijn ook populaire souvenirs. In de grote boekhandels in Reykjavík kunt u prachtig geïllustreerde boeken vinden: fascinerende foto's, informatieve teksten door IJslandse auteurs en fraaie afwerking karakteriseren de uitgaven, waarvan de meeste in het Engels verkrijgbaar zijn. Visproducten in alle soorten en maten zijn als souvenir verkrijgbaar, vooral de uitstekende en vrij dure gerookte zalm; luchtdicht en geurvrij ingepakt zijn er geen transportprobleem. Wie de vis liever verwerkt meeneemt, kan een handtas kopen van vissenhuid.

Telefoon

Landnummer Nederland: 0031
Landnummer België: 0032
Landnummer IJsland: 00354
Met het buitenland bellen kunt u nog steeds vanuit enkele telefooncellen en telefoonkantoren (*sími*). Sommige toestellen werken met creditcards en/of telefoonkaarten, die verkrijgbaar zijn bij postkantoren of telefoonwinkels.

GSM-mobiele telefoons kunnen gewoon worden gebruikt dankzij de internationale roamingafspraken. In de grotere steden en langs de ringweg is 3G/4G beschikbaar. Voor het hoogland en bepaalde afgelegen streken is er echter slechts 2G-dekking. Informatie: www.siminn.is/english/ Siminn, tel 800 70 00 (gratis). Bij een langer verblijf is het de moeite waard om een prepaidkaart te kopen, interessant ook voor internationale gesprekken, die dan goedkoper zijn.

Kennismaking – Feiten en cijfers, achtergronden

Oud ontmoet nieuw – een fastfoodrestaurant in in een historisch houten huis in Reykjavík

P

IJsland in het kort

Ligging en oppervlakte: IJsland ligt precies op de Mid-Atlantische rug tussen 63°17'30" en 67°07'05" noorderbreedte en 13°16'07" en 24°32'12" westerlengte (inclusief de eilanden). De afstand van noord naar zuid bedraagt ca. 300 km, de afstand van west naar oost ca. 500 km, de lengte van de kust 4970 km, het totale oppervlak 103.106 km^2 (incl. de eilanden).
Hoofdstad: Reykjavík.
Officiële taal: IJslands.
Inwoners: ca. 325.000, ruim 200.000 daarvan in Groot-Reykjavík
Buitenlanders: ca. 16.000.
Valuta: IJslandse kroon, ISK.
Tijdzone: UTC + 0 (vroeger GMT).

Geografie en natuur

IJsland is het op een na grootste eiland in Europa na Groot-Brittannië. 11% van het landoppervlak is bedekt met gletsjers – alleen al de Vatnajökull heeft een oppervlakte van 8300 km^2 –, 23,8% wordt gebruikt voor veeteelt en landbouw, 2,8% zijn meren en 64,5% is woeste grond. De hoogste berg is de Hvannadalshnúkur (2119 m) onder de Öræfajökull.

Het land kan grofweg worden verdeeld in drie regio's: de kustgebieden met stranden, zandvlaktes en kliffen, daarna de weilanden en grazige gebieden, die overgaan in toendra en heide, en het hoogland, een uitgestrekt woestenij.

Rijke vegetatie is alleen te vinden in de eerste twee regio's, waar ook de landzoogdieren en vooral vogels leven. Vanwege de ligging van het eiland zijn er vaak hevige stormen. Tal van vulkanische verschijnselen en een levendig vulkanisme zijn eveneens kenmerkend, waardoor aardbevingen, vulkaanuitbarstingen van elk type en hogetemperatuurgebieden het land domineren,

dat dus voortdurend aan verandering onderhevig is.

Geschiedenis

De kolonisatie van IJsland begon met de Noor Ingólfur Arnarson in 874 en werd afgesloten met de oprichting van de Vrijstaat in 930 tijdens de eerste vergadering van het Alþingi. In 1000 gingen de IJslanders over tot het christendom en ze beleefden in de eeuwen daarna hun eerste culturele bloeiperiode.

In 1262 werd de Noorse koning als staatshoofd erkend om de burgeroorlog tussen de machtige clans van het land te beëindigen. In 1380 kwamen beide landen onder de Deense kroon. Natuurrampen, hongersnood en het handelsmonopolie van de Denen leidden tot een economische en sociale achteruitgang in IJsland.

In de 19e eeuw verbeterde de situatie en aan het begin van de 20e eeuw kregen de IJslanders een gedeeltelijke autonomie.

In 1944 werd de Republiek IJsland uitgeroepen. Sinds 1946 is IJsland lid van de VN en was in 1949 een van de oprichters van de NAVO. In 1994 trad IJsland toe tot de Europese Economische Ruimte en in 2001 tot het Schengen-akkoord. Over de kwestie van het lidmaatschap van de EU zal nog wel even fel gedebatteerd worden in het land.

In 2008 maakte IJsland zijn grootste economische en politieke crisis door. De verantwoordelijke regering werd onder druk van de bevolking in januari 2009 gedwongen af te treden, in april vonden nieuwe verkiezingen plaats. In de parlementsverkiezingen van 2013, maar vier jaar later, werden de oude partijen weer in het regeringszadel geholpen.

Staat en bestuur

IJsland is een parlementaire republiek met gekozen president als staatshoofd. Sinds 2016 is Guðni Thorlacius Jóhannesson de president.

IJsland is verdeeld in acht districten: Reykjanes, Reykjavík, Vesturland, Vestfirðir, Norðurland vestra en eystra, Austurland en Suðurland.

Economie en toerisme

De economie is vooral gebaseerd op de natuurlijke bronnen vis, waterkracht en geothermische energie. Belangrijke exportproducten zijn de producten van de zee, aluminium en ferrosilicium. Toerisme heeft zich in de afgelopen jaren ontwikkeld tot de op twee na grootste economische sector en de belangrijkste bron van buitenlandse valuta. In 2016 bezichten 1,6 miljoen toeristen.

Bevolking

In IJsland wonen ongeveer 325.000 mensen, wat overeenkomt met een bevolkingsdichtheid van 3,3 inwoners per km². Het is het dunst bevolkte land van Europa. Ongeveer 65% van de IJslanders woont in Groot-Reykjavík.

De oorspronkelijke bewoners kwamen vooral uit Noorwegen, maar er kan ook enige Keltische invloed aangetoond worden. Sommige kolonisten brachten namelijk vrouwen en slaven mee uit Ierland en Schotland.

De gemiddelde levensverwachting is 78 jaar voor mannen, 82 jaar voor vrouwen.

Taal

De landstaal is het IJslands. Deens en Engels zijn verplichte vreemde talen op school. Sinds 1964 is er een taalcommissie die zich bezighoudt met het vaststellen van nieuwe begrippen, die met name op technisch gebied nodig zijn. De invloed van het Engels is toegenomen. De geletterdheid is met 99,9% het hoogst in de wereld.

Religie

Ongeveer 80% van de IJslanders behoort tot de evangelisch-lutherse staatskerk. 3% van de bevolking is katholiek, nog eens 3% is niet-gelovig. De overige 14% wordt verdeeld over verschillende religieuze gemeenschappen, vooral onder immigranten. Door immigratie is ook het aantal katholieken verdrievoudigd in de afgelopen jaren.

Sinds 1972 is het geloof in de oude Noordse goden, Ásatru, officieel erkend, maar het is onduidelijk hoeveel aanhangers er in IJsland zijn. Het geloof wordt ook erkend in de andere Scandinavische landen. In Duitsland wordt het misbruikt door neo-nazi's.

Geschiedenis

Van de ontdekking tot de IJslandse vrijstaat

650-870 Ierse monniken zoeken de eenzaamheid van het eiland. In sommige grotten zijn hun ingekerfde kruistekens nog te zien.

865 De Noor Flóki Vilgerðarson probeert zich permanent te vestigen op het eiland. Na het twee jaar te hebben volgehouden in Vatnsfjörður aan de noordwestkust, wordt hij verdreven door het slechte weer en het drijfijs voor de kust. Hij noemde het eiland voor het eerst IJsland.

874 De eerste officiële kolonist Ingólfur Arnarson landt met zijn familie op de kust van het eiland. Drie jaar later vindt hij de overboord gegooide pilaren van zijn hoogzit, die bepalen waar hij zich zal vestigen: in de 'rookbaai' Reykjavík. Zijn vestigingsgebied strekt zich uit van Hvalfjörður in het westen tot aan de rivier Ölfusá in het oosten.

930 Er wonen ongeveer 60.000 mensen op het eiland. Voor het eerst komt het Alþingi, de volksvergadering, in Þingvellir samen en roept de onafhankelijke IJslandse Vrijstaat uit.

1000 De IJslanders nemen het christendom aan.

1056 Het eerste bisdom wordt gesticht in Skálholt en 50 jaar later volgt het tweede in Hólar; beide voorzien ook in de eerste scholen. In de volgende decennia worden er veel kloosters gebouwd. Bijna 200 jaar wonen IJslanders in vrede en welvaart en beleven ook hun eerste culturele hoogtijdagen waarin de handschriften worden geschreven. De belangrijkste auteur is de Snorri Sturluson (1179-1241).

1230-1262 De 'Sturlungar-tijd' wordt gedomineerd door de strijd tussen families om de macht in het land. Steeds vaker wordt de Noorse koning als bemiddelaar gevraagd, die vervolgens IJsland in zijn macht krijgt.

1262 IJslanders erkennen de Noorse koning als vorst. De 'oude overeenkomst' *(Gamli sáttmáli)* voorziet in de wijze waarop IJsland en Noorwegen door de persoon van de koning zijn verenigd, maar zonder beperking van de eigen wetten van het land.

IJsland onder Noorse en Deense heerschappij

1380 IJsland en Noorwegen komen onder de Deense kroon.

1402-1404 Een pestepidemie vermindert de bevolking met twee derde. Velen trekken naar de kust om handel te drijven met de Engelsen.

1550 De laatste katholieke bisschop van Skálholt, Jón Arnason, wordt samen met zijn twee zonen gevangen genomen en onthoofd. De kerkelijke eigendommen vervallen aan de Deense kroon.

1551 De IJslanders moeten het lutheranisme erkennen.

1602 Koning Christiaan IV bezegelt het handelsmonopolie voor IJsland en Deense handelaren ontvangen daarmee een vrijbrief om de bevolking uit te buiten. Ze leggen buitensporige prijzen op en leveren wat ze het beste uitkomt – met name alcohol.

1627 Algerijnse piraten overvallen het eiland en ontvoeren 380 mensen die eindigen in slavernij, slechts 25 van hen keren tien jaar later terug.

1702/03 Bij de eerste volkstelling telt Árni Magnússon (1663-1730) 50.358 inwoners, zes jaar later leven er na een pokkenepidemie nog slechts 35.000. De gevolgen van talrijke vulkaanuitbarstingen verergeren de armoede in IJsland.

1787 De Deense regering versoepelt het handelsmonopolie.

1830-1840 Jón Sigurðsson, geboren op 17 juni 1811, wordt voorvechter in de strijd voor de onafhankelijkheid van IJsland van Denemarken; hij verwijst naar de 'oude overeenkomst' *(Gamli sáttmáli)* van 1262.

1843 Koning Christiaan VIII herstelt het Alþingi in Reykjavík als een raadgevende vergadering met twintig gekozen en zes door de koning aangewezen vertegenwoordigers.

1854 Volledige afschaffing van het Deense handelsmonopolie.

Het Nationaal Museum bezit enkele historische schepen

Geschiedenis

1874 Ter gelegenheid van het 1000-jarig jubileum van de kolonisatie van IJsland brengt Christiaan IX persoonlijk de oorkonde van de nieuwe grondwet, die het Alþingi de wetgevende macht en het autonome beheer van de financiën toekent.

1904 Hannes Hafstein (1861-1922) is de eerste IJslandse minister-president en lost daarmee de Deense gouverneur af.

De republiek IJsland

1918 Het unieverdrag met Denemarken, waarin de soevereiniteit van beide staten wordt erkend, treedt in werking. Het verdrag zal in eerste instantie 25 jaar gelden en zou automatisch worden verlengd.

1940 Denemarken wordt bezet door Duitsland, de contacten met IJsland worden verbroken. Britse troepen nemen de bescherming van het eiland in de strategisch belangrijke Noord-Atlantische Oceaan over en worden vanaf 1941 vervangen door het Amerikaanse leger.

1944 IJslanders beslissen over de ontbinding van het unieverdrag en roepen op 17 juni 1944 de Republiek IJsland uit in Þingvellir.

1946 IJsland treedt toe tot de VN en een verdrag zorgt ervoor dat de Amerikaanse luchtmacht en de marine de luchthaven van Keflavík kunnen blijven gebruiken.

1949 Ondanks de heftige protesten van links behoort IJsland tot de oprichters van de NAVO. Door het begin van de Koreaanse Oorlog in 1950 worden als gevolg van de verdedigingsovereenkomst met de NAVO Amerikaanse troepen in het land gestationeerd.

1952-1975 De IJslanders vechten de tijdens de kabeljauwoorlogen met alle middelen om hun visgronden te beschermen en breiden de visserijzone rond het eiland geleidelijk uit tot 200 mijl.

1971-1987 Terugkeer van de handschriften uit Denemarken.

1993 Toetreding tot de Europese Economische Ruimte (EER).

1995 Introductie van investeringsvrijheid voor andere staten en buitenlandse bedrijven.

2001 Toetreding tot het Verdrag van Schengen. Zolang de kwestie van de 200-mijlszone niet is opgelost, zal IJsland niet toetreden tot de EU.

2006 De VS geven de basis in Keflavík op en vertrekken.

Bankcrisis 2008: de regering werd door protesten gedwongen af te treden

2008 In IJsland dreigt als gevolg van de internationale financiële crisis, die gepaard gaat met de ineenstorting van de drie grote IJslandse commerciële banken, het staatsfaillissement en het land is aangewezen op miljardenleningen uit het buitenland. Scherpe koersdaling van de IJslandse kroon.

2009 Na maanden van protesteren door de bevolking treedt de regering af. In april zijn er verkiezingen, die een overgangscoalitie van de Sociaal-Democratische Alliantie en linkse Groenen aan de macht brengt.

2010 Een bij de uitbarsting van de Eyjafjallajökull uitgestoten aswolk verlamt het Europese luchtverkeer.

2012 IJsland begint vervroegd met de terugbetaling van zowel het IMF-ondersteuningskrediet als de noodleningen van de Scandinavische landen.

2013 De Onafhankelijkheidspartij, die medeverantwoordelijk was voor de crisis in 2008, krijgt de meeste stemmen in de parlementsverkiezingen op 27 april.

2014-15 De vulkaan Bárðarbunga onder de Vatnajökull barst uit in augustus 2014; de uitbarsting duurt tot februari 2015.

2015 Het IJslandse voetbaleltal verslaat het Nederlandse elftal tweemaal tijdens de kwalificatie voor het EK van 2016 in Frankrijk.

2016 IJsland wordt in de kwartfinale van het EK Voetbal uitgeschakeld door Frankrijk (5-2).

In IJsland kan men niet om de geologie heen en het landschap is misschien wel het spectaculairst in heel Europa. Geologisch gezien is het een jong land, dat op veel plaatsen nog steeds bezig is te ontstaan en voortdurend in verandering is. Alleen al het idee dat door het eiland de riftzone tussen twee grote tektonische platen loopt, spreekt tot de verbeelding.

Een langzame klimaatverslechtering begon 8-9 miljoen jaar geleden en gedurende de opeenvolgende 10-20 ijstijden veranderde de oppervlakte van IJsland: reusachtige ijsstromen sneden de diepe dalen, fjorden en de verschillende bergvormen uit het lavaplateau. Tot op heden bepalen ijs en vuur, wind en zee hoe het oppervlak van het land eruitziet.

Het begon met een uitbarsting – de geologie van IJsland

Gevormd door vuur en ijs

Geologisch gezien is IJsland een peuter: met een leeftijd van 15-20 miljoen jaar – in vergelijking met 3,5-4 miljard jaar sinds de vorming van de aardkorst – behoort het eiland in de buurt van de noordelijke poolcirkel tot de jongste regio's van de wereld. De landmassa ontstond door het botsen van opstijgend magma uit hotspots in de continentale riftzone. De magmaproductie van die hotspots veroorzaakte een sterke regionale vulkanische activiteit en als gevolg daarvan verhief zich het basaltgesteente uit de zee. Door het uiteendrijven van de platen, dat nog steeds gaande is met een gemiddelde van 2 cm per jaar, groeide het eiland langzaam tot de huidige omvang van 103.000 km².

Het vulkanische landschap van Landmannalaugar

Vulkanen als een plaatje

Tegenwoordig is de vulkanische activiteit beperkt tot de echte riftzone die van Reykjanes tot Öxarfjörður in het noorden door het land loopt, met twee secundaire zones: het schiereiland Snæfellsnes en het centrale deel van Zuid-IJsland. Kortom, een kwart van het eilandoppervlak vertoont enige vorm van vulkanische activiteit, verdeeld over ongeveer dertig vulkanische systemen. De meeste van deze langwerpige gebieden hebben een centrale vulkaan, vaak met een fraaie vulkaankegel, zoals de stratovulkaan Snæfellsjökull of een bergmassief met een meer of minder uitgesproken caldera – een ronde, grote depressie, zoals Askja.

Het IJslandse landschap wordt gekenmerkt door verschillende vulkanische formaties: hoge tafelbergen (bijv. de Herðubreið) en lange tufsteenruggen (bijv Bláfjöll) uit de ijstijden of gewone vulkanen en vulkanische lavavelden uit de interglaciale perioden. De bijzondere vormen van de tafelbergen en tufsteenruggen hebben ze te danken aan subglaciale vulkaanuitbarstingen, waarna als gevolg van de snelle afkoeling tufsteen en kussenlava ontstonden. Daarnaast komt u slakkenkraters, lavaringen, schildvulkanen – die u verder in deze vorm alleen maar op Hawaii kunt zien – of tefrakraters van as en puimsteen tegen. De langste kraterrij, de Lakigígar, strekt zich uit over 24 km, en spleetzones met grote kloofformaties kunnen zoals in Þingvellir meer dan 100 km lang zijn.

Vernietiging door uitbarstingen

Zo fascinerend als dit vulkanische landschap tegenwoordig is, zo hoog was de prijs voor de bevolking in de 1100 jaar sinds de kolonisatie. In deze periode vonden ongeveer 250 soms maanden- of jarenlange uitbarstingen van vijftien vulkanische systemen plaats. Daarbij ontstond 466 -666 km³ gesteente. De actiefste centrale vulkanen zijn Hekla, Katla en Grímsvötn, met soms meer dan twintig uitbraken per vulkaan. Thermische en vulkanische activiteiten in de door een gletsjer bedekte caldera's van Grímsvötn en Katla veroorzaken enorme *jökulhlaups*, die zo'n 50.000 m³ water per seconde mee kunnen voeren. Recent gebeurde dit in het najaar van 1996 bij een uitbarsting van de Grimsvötn onder de Vatnajökull. Toen werd de ringweg ten zuiden van de Vatnajökull vernietigd. Heel anders was het 650 jaar geleden: tussen 1362 en 1727 waren er verschillende uitbarstingen in het volledig desolate landschap Öræfi. De boerderijen werden meegesleurd door de ijzige rivier, mensen en dieren verdronken.

Een werkelijk dramatische uitbarsting van de Hekla vond plaats in 1104. De toenmalige bloeiende nederzetting in Þjórsárdalur verdween. Al het leven werd verstikt door puimsteenas, dat 220 km noordelijker nog in een 10 cm dikke laag op het land kwam te liggen. Alleen al in de 18e eeuw waren er drie gedenkwaardige uitbarstingen: Katla in 1755, Hekla in 1766 en de verwoestende uitbarsting van de Laki-spleet in 1783-1784. Veertien boerderijen werden verwoest en de as bedekte een oppervlakte van 2000 km². Kooldioxide en zwaveldioxide verontreinigden weilanden en oppervlaktewater. Van de runderen stierf 50%, van de schapen 79% en van de paarden 76%. Zo'n 10.000 mensen stierven door epidemieën en hongersnoden.

Heel anders was daarentegen de uitbarsting op Heimaey in 1973. Door een gelukkig toeval lagen op dat moment alle vissersboten in de haven, waardoor de gehele eilandbevolking gered kon worden. Veel van de bewoners keerden later terug en de meeste huizen konden worden uitgegraven (zie blz. 153). Een spectaculaire uitbarsting vond in maart 2010 plaats in het zuiden van IJsland. De vulkaan onder de gletsjer Eyjafjallajökull barstte uit en al snel beïnvloedde de kilometers hoge askolom niet alleen de IJslandse landbouw, maar ook het Europese luchtverkeer.

Ook aardbevingen komen in IJsland relatief vaak voor als gevolg van de verschuiving van de tektonische aardschollen. Soms zijn ze een vooraankondiging van een vulkaanuitbarsting. Zo volgde

Leestip

Ari Trausti Guðmundsson: *Living Earth. Outline of the geology of Iceland*. Reykjavík 2007. De auteur is een bekende geoloog en beschrijft in zeer begrijpelijke taal de bijzonderheden van zijn land. De goede illustraties helpen bij het interpreteren van de gebruikte vakterminologie.

op de aardbeving in augustus 2014 een uitbarsting van Bárðarbunga onder de Vatnajökull, die pas in februari 2015 weer tot stilstand kwam. Het nieuwe lavaveld Holuhraun beslaat een oppervlakte van 85 km^2.

Het gebruik voor de energieproductie

Rond 250 lagetemperatuurgebieden liggen buiten de actieve vulkanische zone en worden gekenmerkt door warmwaterbronnen en sinterafzettingen. In beide gevallen gaat het om neerslag die in de aardkorst wegsijpelt, daar verwarmd wordt door warm gesteente of magma en vervolgens als heet of kokend grondwater (stoom) met gassen en opgeloste stoffen naar de aardoppervlakte opstijgt. De bekendste voorbeelden van het eruptieve opwellen van water zijn de geisers. Interessant voor de productie van energie zijn tegenwoordig de ongeveer dertig hogetemperatuurgebieden met met hun zwavelhoudende modderpoelen en stoomgaten, die in verband staan met vulkanen. Deze geothermische energie wordt gebruikt om elektriciteit te produceren en ook voor de bereiding van warm water, waarmee ongeveer 90% van alle huizen in IJsland wordt verwarmd.

Echt bang is men in IJsland niet meer voor vulkaanuitbarstingen, niet in het minst omdat de seismografische systemen voor vroegtijdige waarschuwing verder zijn ontwikkeld, zodat men zich erop kan instellen en tijdig passende maatregelen kan nemen. En als de de uitbarsting dan een feit is, wordt hij ook nog een toeristische attractie. Bij de laatste uitbarstingen van de Hekla werden rondvluchten aangeboden en routewijzigingen van lijnvluchten uitgevoerd om de passagieers een blik te gunnen.

In 1973 verraste een vulkaanuitbarsting de bewoners van Heimaey

De sporen van de Noren

Toen de Noren op hun reizen naar het westen IJsland bereikten, vonden ze daar groene, bosrijke landschappen. Ze namen het land in hun bezit en kapten de bossen om gewassen te verbouwen en vee te weiden – ingrepen in de natuur die het landschap van het eiland zijn uiteindelijke vorm hebben gegeven.

De huidige bodemgesteldheid en sommige planten stammen uit de periode van 10.000 jaar geleden, toen de gletsjers zich na de ijstijd begonnen terug te trekken. Tot ongeveer 1500 jaar geleden bedekten berken, wilgen en andere hoge planten en mossen en korstmossen 60-65% van het land. Kort daarna begon een koudere periode, die in vergelijking met de temperaturen van tegenwoordig in de eerste eeuwen wel warmer was. In die periode begon ook de permanente kolonisatie.

Planten in de kolonisatieperiode

De Noorse kolonisten waren niet alleen uitstekende zeelieden, ze waren in de eerste plaats boeren. Ze kwamen dus niet alleen met hun familie en slaven, maar brachten ook hun vee mee: schapen, runderen en paarden – en al die dieren hadden geschikte weidegronden nodig. In het Landámabók staat wat voor soort vegetatie de Noren aantroffen: 'In die tijd was er tussen het strand en de bergen bos.' Een aantal toponiemen, zoals *skógar* of *mörk* – die beide 'bos' betekenen – bevestigen dat. Vermoedelijk ging het daarbij om dwergberken en poolwilgen, die slechts een paar meter hoog waren. Andere berken konden daarentegen tot 15 mhoog worden – hoog genoeg om te worden gebruikt als brandhout en als wintervoer voor de schapen. Misschien deugden ze ook voor smalle latten, die benodigd waren voor de dakconstructie van de huizen. De begroeiing kwam zo min of meer overeen met wat ze al kenden en ook nu is ongeveer 90% van de flora identiek met de Noorse en subarctische.

Oorspronkelijke dierenwereld

Net als de flora, kwam ook de fauna zeer tegemoet aan wat de kolonisten nodig hadden. Er waren weliswaar vrijwel

ver gekomen zijn. Met deze dieren konden ze grote afstanden overbruggen, ook in het vijandige hoogland en er zijn zelfs rijroutes over gletsjers bekend.

Tegenwoordig zijn vooral de stoeterijen in Zuid- en Noord-IJsland befaamd om de daar gefokte paarden. Meestal brengen de dieren, wanneer ze niet gebruikt worden, hun tijd door in weiden, vroeger zwierven ze door het hoogland en werden ze in het najaar weer bijeengedreven (zie Op ontdekkingsreis blz. 224).

geen landzoogdieren, het enige landzoogdier destijds was de poolvos, maar in plaats daarvan – en nog steeds – vis in overvloed, in de eerste plaats in de meren en rivieren, en dan vooral zalm, forel en zeeforel, als voor de kust in zee. Het vissen langs de kust werd lang in stand gehouden, want de diepzeevisserij begon pas in de 20e eeuw. Wat betreft de zeezoogdieren was de jacht op zeehonden toen zeer succesvol, want die dieren kenden de 'gevaarlijke' mens nog niet en waren daarom behoorlijk tam. Nog altijd bevindt 50% van de totale wereldpopulatie zich rond IJsland. De enorme zeevogelkolonies leverden de bewoners eieren en vlees – wat tot op de dag van vandaag opgaat.

Paarden – lastdieren van de kolonisatietijd

Zonder paarden als transportmiddel en lastdier zouden de kolonisten niet

Schapen en rendieren – vraatzuchtige dieren

Naast de directe menselijke ingrepen, zoals ontbossing, zorgden vooral de schapen voor radicale veranderingen in het landschap. Ze vraten in de loop der eeuwen grote gebieden kaal, wat uiteindelijke leidde tot bodemerosie. Zonder het beschermende plantendek kon de vruchtbare bovengrond gemakkelijk worden weggeblazen door stormen. Slechts 20% van het landoppervlakte is momenteel begroeid.

Sinds het begin van de jaren 90 worden pogingen gedaan om de schapenpopulatie te verminderen. Ging het toen om ongeveer 700.000 dieren, nu zijn er daar nog maar 480.000 van over. De meeste schapen lopen gedurende de zomermaanden echter vrij rond in het land en richten nog steeds grote schade aan. Sommige beschermde gebieden zijn daarom omheind, zodat de dieren daar niet kunnen komen. Daar

Paardenfestival Landsmót

In elk even jaar vindt de nationale paardenshow plaats (eind juni-begin juli in Hólar í Hjaltadalur). De besten in hun klasse, ruiter of paard, komen dan naar het toernooi om hun vaardigheden te laten zien. Ten eerste worden de verschillende gangen gepresenteerd en ten tweede stellen de fokkers hun beste hengsten en merries voor.
Het kleine nationale toernooi heeft zich inmiddels ontwikkeld tot een geweldig paardenfestival dat duizenden paardenliefhebbers uit de hele wereld lokt. De data en andere informatie zijn beschikbaar op internet: www.lands mot.is.

kunt u zien hoe weelderig de plantenwereld kan zijn, bijv. in Þórsmörk of in het natuurreservaat op Hornstrandir. Helemaal zonder schapen gaat het echter niet, omdat hun vlees tot het favoriete voedsel van de IJslanders behoort. Daarnaast wordt het ook geëxporteerd, vooral naar de Faeröer.

Ook rendiervlees staat in IJsland op het menu. In 2013 werden er 1200 rendieren geschoten – afstammelingen van een in de 18e eeuw uit Noorwegen geïmporteerde kudde. De dieren komen voor in Oost-IJsland, waar ze in de afgelopen jaren voor problemen zorgden met de boeren, die in plaats van schapen te houden nu bomen kweken. Met vreugde stortten de rendieren zich op het jonge groen. Ook hier hielpen hekken.

Lupines voor de bodemverbetering

Naast de vermindering van de schapenpopulatie worden er tegenwoordig nog meer maatregelen genomen om het landschap te herstellen. Zo wordt er in zandgebieden helmgras ingezaaid om de grond opnieuw te consolideren. Ten tweede zaait men, waar weer een teeltlaag is ontstaan, lupines in. De vlinderbloemigen dragen ertoe bij, dat zich in de bodem voedingsstoffen ophopen, waardoor de volgende stap mogelijk wordt: herbeplanting met bomen en struiken. Vooral in het zuiden van het land ziet u in juni uitgestrekte lupinevelden verschijnen, waardoor het ooit groene eiland nu blauw of roze kleurt.

Herbebossing en klimaatverandering

Aan het begin van de 20e eeuw werd met de herbebossing begonnen en de grootste, en daarmee ook hoogste, bomen staan in Hallormsstaður in Oost-IJsland. Er zijn ongeveer vijftig boomsoorten aangeplant. Het doel van het IJslandse bosbeheer (Skógræktarfélag Íslands) is om de bebossingstoestand van 1000 jaar geleden te bereiken. Vooral sinds 2005 worden er jaarlijks 6 miljoen jonge boompjes geplant, maar sinds de financiële crisis hebben deze projecten te maken gekregen met ernstige bezuinigingen.

Naast bodemerosie is het barre klimaat met lange koude winters ervoor verantwoordelijk dat de bomen uiteindelijk maar langzaam groeien. De huidige opwarming van het klimaat toont al de eerste gevolgen, want de groeiperiode wordt langer en ook hogergelegen gebieden kunnen nu worden beplant. Een kaart met de huidige bosgebieden is te vinden op de website van de Skógræktarfélag: www.skog.is.

Bloeiende exoten: wilde kamille op Dyrhólaós

IJsland, Groenland, Vínland – de tochten van de Vikingen

Eenmaal per jaar ontmoeten Vikingfans elkaar in Hafnarfjörður

De luchthaven van Keflavík is vernoemd naar een van de beroemdste IJslandse Vikingen: Leifur Eiríksson. In de terminal worden de reizigers verwelkomd door een kleine replica van Stirling Calders standbeeld van Leifur, waarvan het origineel in Reykjavík voor de Hallgrímskirkja staat. Met de verkenning en kolonisatie van Vínland door Leifur Eiriksson kwam ongeveer 1000 n.Chr. een einde aan de eeuwenlange verkenningstochten van de Vikingen uit Noorwegen naar het westen.

Het oprukken van de Noorse kolonisten naar het westen had verschillende redenen. Enerzijds nam de bevolking toe en was de bewoonbare ruimte – vooral in het zuidwesten van Noorwegen – schaars. Anderzijds wilde de Noorse koning Harald Hárfagri (Schoonhaar) aan het einde van de 9e eeuw het hele land onder zijn kroon verenigen. Dat spoorde niet met het gevoel van vrijheid van veel Noren, wat bleek uit de daaropvolgende oprichting van de vrijstaat van IJsland. Technisch mogelijk werden de overtochten door de ontwikkeling van de 'knörr', een koopvaardijschip van 15 m lang en met een wat plompe romp. Bij de boeg en achtersteven halfdeks en in het midden bevonden zich de laadruimtes voor de reisproviand en het hele huishouden. Naast het vee was er ook nog plaats voor twintig personen.

Eiland van de vrijheid – IJsland

Als eerste vaste bewoner van IJsland geldt Ingólfur Arnarson. Geschillen met bloedige afloop dwongen hem en zijn pleegbroer Leifur Hróðmarsson om Noorwegen te verlaten. De broers gingen op verkenning uit – sinds de eerste kolonisatiepogingen van Flóki Vilgerðarson in 865 was het bestaan van IJsland bekend – en uiteindelijk besloten ze om zich daar te vestigen. Nog eenmaal keerden ze terug naar Noorwegen om alles voor te bereiden en om bondgenoten voor de kolonisatie te winnen. In 874 vertrokken ze dan eindelijk – de kolonisatie begon. IJsland werd min of meer getroffen door een golf van kolonisten, voortgestuwd door de politieke ontwikkelingen onder het bewind van Harald Hárfagri. Rijke Noorse boeren met hun hele hebben en houden, vrouwen, slaven en vee, besloten te emigreren. Het nieuwe land in het westen beloofde hen een vrij en onafhankelijk leven. Met de afkondiging van de IJslandse Vrijstaat in Þingvellir (zie blz. 114) in 930 eindigde de kolonisatietijd.

De kolonisatie van Groenland door Erik de Rode

Leifur Eiríkssons voorouders kwamen uit Noorwegen. Zijn grootvader Þorvald Avaldsson had het land als een banneling – wegens moord – verlaten en vestigde zich met zijn zoon Eirík Rauði (Erik de Rode) in het jaar 960 in het noordwesten van IJsland. Net als zijn vader behoorde Erik waarschijnlijk niet tot de vreedzaamste tijdgenoten en in 980 werd hij gedurende drie jaar uit IJsland verbannen wegens doodslag. In 982 vertrok hij in de richting van Groenland, verkende daar de oost- en westkust en vestigde zich in het zuidwesten bij Tunugdliarfik (Eiríksfjord). Na zijn terugkeer in IJsland voerde hij campagne voor het 'groene land', zoals hij het noemde. Hij ging er terecht vanuit dat 'het volk meer in de verleiding zou komen om erheen te gaan als het land een goede naam had'. Toen hij in 985 of 986 naar Groenland terugging om zich daar voor altijd te vestigen, werd hij vergezeld door 25 schepen, waarvan er veertien het 'groene land' bereikten. Er ontstonden twee nederzettingen, het Eystribyggd (oostelijke dorp) in het gebied rond Eriks boerderij Brattahlið en 400 km verder naar het noorden – in de buurt van het huidige Nuuk – het Vestribyggd (westelijke dorp). Er wordt geschat dat er rond 1300 in Groenland ongeveer 4500 kolonisten leefden. Ze vormden een georganiseerde, onafhankelijke staat naar het IJslandse model.

Leifur Eiríksson ontdekt Vínland

Leifur was het oudste kind van Erik, geboren tussen 970 en 980 in IJsland. Toen hij in 1000 n.Chr. naar het westen vertrok, volgde hij de informatie van Bjarni Herjolfsson, die in 985 al de kusten ten westen van Groenland had gezien. Leifur landde op drie plaatsen, die hij respectievelijk Helluland, Markland en Vínland noemde. Archeologische opgravingen tonen aan dat het daarbij waarschijnlijk ging om Baffin Island, Newfoundland en Labrador of New Brunswick. Hoewel de kolonisatie van de Nieuwe Wereld moeilijk was, niet in het minst door conflicten met de indianen, haalden de Groenlandse kolonisten 350 jaar lang hun hout daarvandaan. Pas met de verdwijning van de nederzettingen in Groenland hielden de regelmatige reizen naar de Nieuwe Wereld op.

De overleveringen van de ontdekking van de westelijke kust werden in het midden van de 13e eeuw opgetekend in de Eiríks Saga.

In de sporen van de Vikingen

Vikingdorp en Vikingrestaurant: in Hafnarfjörður. Restaurant, hotel en cultuurhuis in rustieke Vikingstijl en jaarlijkse Vikingfeesten, zie blz. 124.
Vikingaheimar: in Njarðvík. Museum over de Vikingtochten met nagebouwde schepen, zie foto hieronder en blz. 125.
Eiríksstaðir: replica van een Vikinghuis met inrichting die u kunt aanraken en gebruiken, zie blz. 255.
Landnámssetur: in Borgarnes. Niet alleen de tijd van de eerste bewoners, maar ook scènes uit de Egils Saga worden hier verbeeld, zie blz. 267.
Stöng: in Þjórsárdalur. Een reconstructie van een boerderij uit de 12e eeuw op basis van archeologische vondsten. Het gebouw is te bezichtigen, zie blz. 281.
De beschrijvingen van veel andere locaties vindt u op de internetsite **www.sagatrail.is** (in het Engels of IJslands).

Het schip Íslendingur is inmiddels in het museum te bekijken

Sagaland van dichtbij

De term 'Vikingtijdperk' wordt zonder onderscheid gebruikt voor de driehonderd jaar van Scandinavische expansie, die aan het einde van de 8e eeuw begon. Gedurende deze tijd werden de Vikingen in gelijke delen bewonderd, gevreesd en gehaat. In de Scandinavische literatuur als de saga's belichamen ze het echte heldendom en mannelijke kracht. Door de andere volken werden ze meestal omschreven als piraten en genadeloze barbaren die al brandschattend door Europa trokken.

De diepgewortelde vooroordelen over de Viking heeft zijn oorsprong in de sensatie- en wraakzucht van de kerkelijke schrijvers die zo nu en dan het slachtoffer van Viking-invallen waren geworden. In die tijd behoorden piraterij en plundering tot het dagelijks leven in Europa en de Vikingen waren waarschijnlijk succesvoller dan anderen en dat heeft ze ze tot op de dag van vandaag een negatieve reputatie opgeleverd.

Lange tijd trof men als reiziger weinig duidelijke sporen van de Vikingen aan in IJsland. Dankzij de EU is er echter sinds 1996 een project dat de Europese Vikingroutes voor het toerisme heeft ontsloten. De eerste route volgde Leifur Eiríksson van IJsland via Groenland naar Canada en Amerika. Ter gelegenheid van het 1000-jarig bestaan in het jaar 2000, volgde men in een nagebouwd Vikingschip – de *Íslendingur* – de route en werd er in Eiríksstaðir een eerste replica van een langhuis gebouwd. Oogstten de Viking-activiteiten aanvankelijk veel gefronsde voorhoofden, nu zijn ze een niet meer te missen onderdeel van IJsland geworden en veel groepen, ook IJslanders, genieten van de rustieke sfeer. Het lijkt bijna alsof een natie haar ware identiteit heeft herontdekt.

Vlucht naar de lavawoestijn – het lot van de bannelingen

De mooiste berg van IJsland, de Herðubreið, stijgt uit boven de Ódáðahraun

IJslands echte helden zijn de bannelingen, wetteloze mannen die zich in de uitgestrektheid van de lavawoestijnen verborgen voor hun vervolgers. De literatuur verhaalt over deze moedige mannen, die eenzaamheid noch koude, gevaar noch vijanden vreesden.

De grootste lavawoestijn in de hooglanden van IJsland, die Ódáðahraun (lavaveld der misdadigers) wordt zo genoemd omdat talrijke criminelen tot de 19e eeuw naar dit onherbergzame gebied van het hoogland vluchtten. Volgens het middeleeuwse recht, de zogenoemde wetten van Grágás, werd de verbanning beschouwd als de zwaarste straf. Hierdoor werd de veroordeelde vogelvrij verklaard, waarna hij door iedereen straffeloos kon worden gedood.

Prominente bannelingen in de middeleeuwen waren Eírik Rauði (Erik de Rode, zie blz. 55), Gísli de banneling en Gunnar van Hlíðarendi. Stoere mannen, die weliswaar angst en schrik verspreidden, maar tegelijkertijd bewondering en sympathie opriepen: de incarnatie van de IJslandse eenzame held. De beeldhouwer Einar Jónsson (1874-1954) heeft met name dit aspect getoond in zijn sculptuur 'Útlagar' (bannelingen): een man draagt op zijn rug zijn dode vrouw en in zijn armen zijn jonge zoon, naast hem loopt ineengedoken zijn enige vriend, de hond. Zijn blik is angstig en onrustig, zijn gezicht bezorgd en getekend door het lot. U kunt het bronzen beeld zien op de hoek Suðurgata/Hringbraut bij de begraafplaats in Reykjavík en op de Eyrarlandsvegur bij het gymnasium in Akureyri.

De onbuigzame – Fjalla-Eyvindur

Op tochten door het hoogland komt u herhaaldelijk sporen tegen van de bekendste banneling van de 18e eeuw, Fjalla-Eyvindur, Eyvindur uit de bergen, die meer dan twintig jaar doorbracht in het barre hoogland. Eerst vestigden hij en zijn vrouw Halla zich in de lavawoestijn Hveravellir (zie blz. 279), nadat zij beschuldigd waren van herhaalde diefstallen en niet langer in de Vestfirðir konden blijven. Ze bouwden een hut in de lava, waarvan de restanten nog steeds te zien zijn en waar u via een bewegwijzerd pad vanuit Hveravellir kunt komen. Halla en Eyvindur hielden zich vooral in leven door reizigers langs de Kjalvegur te overvallen. Bovendien stalen zij loslopende schapen. Toen het gebied te onveilig voor ze werd, vertrokken ze naar het gebied ten zuidoosten van de Hófsjökull – nu Eyvindarver genoemd – waar ze nog eens vijf jaar doorbrachten. Nadat ze gevangen waren genomen als gevolg van een ongeval, werden ze naar Reykjahlíð bij Mývatn gebracht. Van daaruit ontsnapte Eyvindur en vluchtte hij naar de Ódáðahraun.

In de oase Herðubreiðarlindir (zie blz. 283) vond hij een schuilplaats, die hem voldoende bescherming bood om een van de strengste winters van de eeuw te overleven. Hij leefde uitsluitend van het rauwe vlees van een paard en de daar veel voorkomende plant engelwortel. Gunstig aan zijn grot was dat er een kleine bron in opwelde, verder was hij net groot genoeg dat Eyvindur er ineengedoken in kon leven.

Niet zonder trots en bewondering maakt een plaquette in de grot in Herðubreiðarlindir u attent op Eyvindur, die eenzaamheid, koude en de onherbergzame natuur trotseerde als een echte Viking-afstammeling. Natuurlijk slaagde Eyvindur er een paar jaar later in om zijn vrouw Halla te bevrijden.

Na twintig jaar van ballingschap kregen ze gratie en konden ze zich weer in de Vestfirðir vestigen, waar zich ook hun graven bevinden.

Banneling als ster op de bühne en het witte doek

De IJslandse toneelschrijver Jóhann Sigurjónsson (1880-1919) schreef in 1911 het theaterstuk *Fjalla-Eyvind* over Fjalla-Eyvindur en zijn vrouw. Het stuk werd in 1918 verfilmd door de Zweedse regisseur Victor Sjöström.
In 1981 kwam de film *Útlaginn* (Banneling) naar de saga Gísla Saga Súrssonar van de IJslandse regisseur Ágúst Guðmundsson in de bioscopen en hij kreeg ook internationaal veel aandacht met de titel *Outlaw: The Saga of Gisli*, die werd genomineerd voor een Oscar (maar niet won).

Tragische helden – Grettir en Gísli

Bannelingen als helden komen vooral in de oude saga's voor. Zo is Gunnar in Njáls Saga stralend en daadkrachtig (zie blz. 150) en zelfs de nogal chagrijnige en opvliegende Eirík Rauði heeft alle kenmerken van een held.

Interessant genoeg komen de figuren uit de latere saga's – zoals Grettir en Gísli – minder over als winnaars. Zij dragen het ongeluk met zich mee, bijna fatalistisch, en ze zijn maatschappelijk ook minder aanvaardbaar. Indrukwekkend is alleen hun kracht, zoals bij Grettir, en zo wordt hij tegenwoordig tot een – toeristisch – symbool, bijvoorbeeld tijdens de Grettir-dagen in Bjarg in het noordwesten (zie blz. 233).

Van keuterij tot kapitaalcrisis

Bij de boerderijen die in IJsland worden beheerd door het Nationaal Museum, staan West-Europese bezoekers vaak met open mond te kijken. Koddig zouden ze genoemd kunnen worden, maar dat de oude bouwsels van turf en hout bewaard zijn gebleven, komt ook omdat ze nog lang werden bewoond, sommige tot in de 20e eeuw. Na de Tweede Wereldoorlog bevond IJsland zich in een gestage opwaartse trend tot de crisis van 2008 kwam. Al na een paar jaar is het land echter weer stabiel.

De Deense tijd

De gouden en heroïsche, rijke middeleeuwen kwamen in de 13e eeuw met het begin van de Deense overheersing ten einde. Wat overbleef waren boeren en vissers die aanvankelijk nog een levendige handel met Engelsen, Nederlanders, Spanjaarden en Duitsers konden drijven, maar later, in de tijd van het Deense handelsmonopolie, steeds meer verarmden. De grote natuurrampen in de 18e en 19e eeuw maakten bijna een einde aan een bewoond IJsland. Duizenden emigreerden in de hoop in de Nieuwe Wereld betere omstandigheden te vinden. Daar vergisden ze zich echter in, zoals u kunt zien in het interessante museum over dit thema in Hofsós (zie blz. 223).

Het leven van de IJslanders in hun eigen land was allesbehalve rooskleurig. Veracht en onderdrukt door de Deense kolonisatoren voelden de vrijheidslievende voormalige Vikingen – van wie ze zichzelf nog steeds als opvolgers zagen – een diepe pijn. Pas door het unieverdrag van 1911 kon deze wond langzaam genezen en ging het langzaam beter.

De jonge natie en de angst voor vreemden

Reykjavík ontwikkelde zich in de eerste decennia van de 20e eeuw tot een stad met een ander soort bebouwing. Dankzij de doorslaggevende invloed van stadsarchitect Guðjón Samúelsson kreeg de stad door de betonnen huizen met enkele verdiepingen een ander gezicht. In 1920 leefde al 18% van de totale bevolking in de hoofdstad. De uitbreiding van de haven, de eigen rederij Eimskip en de aansluiting op het telegrafienetwerk veranderden het leven. Een belangrijke moderniseringsstap kwam voor IJsland tijdens de Tweede Wereldoorlog. Met de bezetters, eerst de Britten in 1940 en vanaf 1941 de Amerikanen, werd een impuls gegeven aan de ontwikkeling van de infrastructuur. De term ‘blessing war’ klinkt in onze oren heel vreemd, maar de IJslanders profiteerden enorm. Ook het uitroepen van de Republiek IJsland in 1944 viel in deze periode. Men maakte zich overigens wel zorgen dat de Amerikanen de volgende kolonisatoren zouden kunnen worden. Alleen al om deze reden leverde iedere verbroedering met de GI’s een diepe frons op.

Nog in de 19e eeuw woonden veel mensen in turfhuisjes, zoals deze in Glaumbær

IJslandse vrouwen die zich inlieten met de soldaten werden gediscrimineerd, meestal konden ze alleen nog maar naar de Verenigde Staten emigreren. Toen de regering in 1946 met het Keflavík Verdrag overeenstemming bereikte met de VS over de stationering van Amerikaanse troepen, klonken er massale protesten vanuit de bevolking. Deze anti-houding ten opzichte van buitenlanders in het land was ook te zien bij de toetreding in 1949 tot de NAVO en pas goed toen in 1951 de Amerikaanse troepen werd verzekerd dat ze tot 2006 in het land konden blijven.

De IJslanders veroveren de wereldmarkt

Rond de millenniumwisseling waren de IJslanders heel trots op de successen die ze in de voorgaande decennia hadden behaald. Ze slaagden erin om de hoge inflatie te beteugelen en met hun restrictieve visserijbeleid konden ze een hoge opbrengst bereiken. Ook op andere gebieden was men vernieuwend en soms succesvol. De trots dat dit kleine land – met ongeveer 300.000 inwoners – erin was geslaagd om zich op te werken tot de derde plaats op de OESO-ranglijst, was altijd en overal te voelen. Sommige innovaties werden dan ook snel – niet in het minst door de internationale media – gevierd als een echte prestatie.

Genetische manipulatie, vertegenwoordigd door het bedrijf DeCode Genetics, beleefde in de jaren negentig een enorme hype – nu werkt het bedrijf stilletjes verder, nadat het op de beurs aanzienlijke verliezen (lang voor de financiële crisis) had opgelopen. Snel presenteerde men de IJslanders als het bijzondere volk en net zo graag werd dit hun zelfbeeld. Misschien heeft deze houding ook bijgedragen aan de bijna totale crash. Natuurlijk was het opmerkelijk dat het kleine IJsland opeens internationale bedrijven ging opkopen. Men zou het een moderne Vikingplundertocht kunnen noemen. IJslanders zelf hebben de term *outvasion Vikings* voor hun ondernemende landgenoten bedacht. Het waren aankopen met geleend geld – nu moeten de burgers opdraaien voor de schulden.

Massaconsumptie op krediet

Dit radicale ondernemerschap vond in het land aanvankelijk veel bijval, want ook op kleine schaal was de neiging om te consumeren enorm. Schulden hoorden daarbij. Bovendien kon men ook nog eens steeds goedkopere persoonlijke leningen krijgen. Populair waren leningen in vreemde valuta die heel goedkoop waren in tijden met een goede wisselkoers. Er werd wel voor gewaarschuwd, maar toch deed – bijna – iedereen mee. Auto's, appartementen, meubels, mode, vakanties.

Als paddenstoelen schoten voortdurend nieuwe huizen en appartementengebouwen uit de grond. Het leek wel of alle bouwkranen waren verdeeld over twee steden in de wereld: Dubai en Reykjavík.

Direct voor de financiële crisis waren de kredieten in de boeken van de banken tien keer hoger dan het bruto binnenlands product (BBP). De bankencrash, die zou uitgroeien tot de zwaarste economische crisis van IJsland, was niet langer af te wenden.

De IJslandse regering restte op het dieptepunt van de crisis in het najaar van 2008 alleen extreme maatregelen: de schulden van de banken waren zo groot, dat de staat niet als redder zou kunnen instappen. Daarom nationaliseerde Reykjavík vrijwel het hele financiële systeem en isoleerde het van de rest van de wereld. De overheid zette de wisselkoers van de IJslandse kroon vast en er werden strenge controles ingesteld om kapitaalvlucht te voorkomen. Het bancaire systeem moest zich onder deze beschermende omstandigheden weer zien te herstellen. Tegelijkertijd hielp het Internationaal Monetair Fonds (IMF) met een lening van 2,1 miljard dollar, een extra 3 miljard kwam uit de andere Scandinavische landen – en Rusland.

Crisis definitief overwonnen?

Zeven jaar later is er van de crisis niets meer te bespeuren. In 2015 is volgens de meest recente raming van de centrale bank de BBP-groei verdubbeld naar 4,2%. De inkomens stijgen gestaag, de werkloosheid is gedaald van 8% in 2008 naar 3%, de productiecapaciteit is min of meer volledig bezet en het toerisme werd dankzij de zwakke kroon de branche die de meeste vreemde valuta binnenbracht.

Het relatief snelle economische herstel is o.a. ook het gevolg van de restrictieve kapitaalcontrole die bestond van 2008 tot de zomer van 2015. Die werd ingevoerd om een uitstroom van kapitaal te voorkomen en spaargelden in het land te houden.

Toch is het nog niet mogelijk om nu al definitieve uitspraken over de IJslandse economie te doen. Op dit moment lijkt er in Reykjavík opnieuw sprake te zijn van een nieuwe bouwboom en de onroerendgoedprijzen zijn hoog in de stad. Of de economie nu definitief is gered, is echter nog lang niet zeker.

De ware rijkdom van IJsland – natuurlijke bronnen

Tijdens de financiële crisis gingen er steeds luidere stemmen op om in economische termen opnieuw na te denken over de werkelijke rijkdommen van het land. De overvloed aan vis, de onuitputtelijke aardwarmte en de mogelijkheid om groenten te verbouwen, en de ongerepte natuur vormen de basis waarop het weer beter zou moeten gaan met het land. Bescherming van het milieu moest worden gezien als vanzelfsprekend.

Exportsucces vis

Traditioneel was IJsland een land van vissers en boeren, dat wil zeggen dat de visserij en de landbouw lange tijd de belangrijkste economische activiteiten van het land waren. In feite dankte IJsland zijn economische succes herhaaldelijk aan de visbestanden. De export van visproducten maakt momenteel ongeveer 40% van de totale export uit. De 200-mijlszone wordt daarom tot op de dag van vandaag heftig verdedigd en vormt ook de spil in alle discussies over het al dan niet toetreden tot de EU. Bovendien handhaaft IJsland strenge quota. Natuurlijk had men in het verleden ook te maken met de schommelingen van de populaties van bepaalde vissoorten, bijvoorbeeld de haring. Voor de toekomst kunnen echter geen exacte voorspellingen gedaan worden, want in het kielzog van de opwarming van de aarde en de stijgende temperaturen van het zeewater reageren de vissen zelfs op zeer kleine veranderingen. Momenteel zijn haring en makreel belangrijke exportvissen.

Agrarisch zelfvoorzienend

Ongeveer een vijfde van de totale oppervlakte van het eiland wordt door ongeveer vierduizend boeren gebruikt voor landbouw en veeteelt. De vleesproductie – vooral lamsvlees – is toereikend om IJsland zelf te voorzien en er wordt zelfs al vlees geëxporteerd. Sinds de crisis zijn veel binnenlandse consumenten meer en meer overgeschakeld op IJslandse producten, die vroeger duurder waren in vergelijking met geïmporteerde. Met de uitbreiding van de kassen in de afgelopen jaren kunnen tegenwoordig op 200.000 m² komkommers, tomaten, sla enz. geteeld worden. Nieuwe technologieën worden binnenkort gebruikt, zoals het ontdooien van de grond in het voorjaar om eerder met het uitzaaien te kunnen beginnen. Theoretisch zou het zeker mogelijk zijn met behulp van het warme water uit de bodem voldoende groenten en fruit voor het hele land te verbouwen.

Energie in overvloed

Een zeer groot economisch potentieel van IJsland is de duurzame energie die

Het geothermische gebied Námafjall in de buurt van Mývatn

met behulp van waterkracht- en geothermische centrales wordt verkregen. De opgewekte energie wordt gebruikt voor directe verwarming met warm water en in de vorm van elektriciteit. Fossiele brandstoffen worden alleen nog gebruikt door de transportsector. Bijna 90% van de gebouwen wordt verwarmd met warm water, de andere 10% met elektriciteit, ideale omstandigheden om voor de mensen, die de grootste elektriciteitsconsumptie per hoofd van de bevolking in de wereld hebben, de prijzen laag te houden. Wat echter maar beperkt gebeurt. Omdat de bestaande capaciteit lang niet is uitgeput en alle plannen voor de uitvoer van elektriciteit via onderzeese kabels nog niet te realiseren zijn, heeft men geleidelijk energie-intensieve industrieën weten aan te trekken.

Drie aluminiumsmelterijen zijn er nu in het land en er staan er nog twee in de planning. Er is ook een ferrosiliciumfabriek, die jaarlijks 120.000 ton van deze metaallegering produceert. Er werd gehoopt dat de winsten van de aluminiumexport die van de visproducten zouden evenaren of zelfs overtreffen. Tot aan de crisis van 2008 zag het er niet zo slecht uit, maar met de daling van de aluminiumprijs is deze hoop vervlogen.

Toch blijft de regering zich inzetten voor deze branche, tot grote ergernis van milieuactivisten en de bevolking van de betroffen regio's. Want juist dit beleid wordt alom bekritiseerd, omdat de gevolgen voor de natuur door deze ingrepen niet te overzien zijn. Bij de Kárahnjúkar-dam (zie blz. 196), die uitsluitend een smelterij van Alcoa van elektriciteit voorziet, is bijvoorbeeld een gebied van 57 km² in het hoogland onder water verdwenen. Daarnaast verkoopt het staatsenergiebedrijf Landsvirkjun de elektriciteit te goedkoop aan de aluminiumproducenten – in ieder geval is dat de mening van veel IJslanders.

Geen vraag meer – walvisvlees

Het walvisquotum voor 2015 werd in IJsland gesteld op 239 dwergvinvissen en 154 gewone vinvissen. Het quotum door de IJslandse vissers in de afgelopen jaren echter niet ten volle benut, omdat de markt voor walvisvlees aan het afnemen is. In het bijzonder hebben de tsunami en de nucleaire ramp in Fukushima in 2011 de vraag naar walvisvlees sterk doen afnemen – Japan is een van de weinige kopers van walvisvlees in de wereld. 2012 was ook een goed jaar voor de walvissen: het enige IJslandse walvisjachtbedrijf Hvalur hf. annuleerde de jacht op 150 vinvissen, omdat er geen overeenstemming kon worden bereikt met de werknemers tijdens de loononderhandelingen.

De (ongerepte) natuur

De natuur is in IJsland ook een belangrijke economische factor, omdat meer dan 1,5 miljoen toeristen juist komen vanwege dit op het noordelijk halfrond unieke landschap. Ongereptheid en weidsheid worden nog steeds geassocieerd met IJsland. Als deze kwaliteiten van de natuur zouden worden opgeofferd aan nog meer damprojecten en elektriciteitsleidingen, dan zou dat kunnen leiden tot een afname van het toerisme. Hoogspanningskabels zijn veel goedkoper te bekijken in Nederland en België.

Om zulke ontwikkelingen al in de kiem te smoren eisen milieuactivisten dat van het hele hoogland een beschermd natuurgebied wordt gemaakt om het daardoor ook in de toekomst onaantastbaar te maken, maar aan deze eis geven de politici vooralsnog geen gevolg. Op dit moment zijn er slechts enkele gebieden beschermd en dus zouden in de toekomst damprojecten als de Kárahnjúkar-dam ook elders kunnen worden gerealiseerd. Zelfs als men het industriële gebruik van de watervoorraden in aanmerking neemt, dan wordt de uiterst gevoelige vegetatie en de lava al in gevaar gebracht door simpelweg te veel bezoekers. In het gebied rondom Mývatn heeft men de lavasculpturen van Dimmuborgir omheind om ze te beschermen. Mountainbikers en off-roadrijders worden nauwgezet gecontroleerd, dat wil zeggen dat rijden buiten de tracks ten strengste verboden is, maar toch zijn er vaak rijsporen naast de routes te zien. De daar vernietigde vegetatie maakt verdere bodemerosie mogelijk. In principe is er een masterplan nodig, meent de milieubeweging.

Naast de waarschuwingen van ecologen klinken echter ook nog heel andere geluiden: er zijn plannen om de mogelijke oliereserves in de Arctische wateren te ontsluiten, want IJsland heeft ook daar de benodigde rechten. Nog houdt de minister van milieu dit tegen, maar de geschiedenis van andere landen toont aan dat men bij het vooruitzicht op olie vaak alle voorzichtigheid laat varen.

Saving Iceland – de milieubeweging

De spanningen tussen de bescherming van het milieu en de economische belangen zijn maatschappelijk explosief – daarom heeft ook IJsland een actief milieubeleid nodig. Er is sinds 1990 een ministerie van Milieu, maar zo lang de conservatieven de meerderheid in de regering hebben, geven de politici de natuur en het milieu vaak een lagere prioriteit dan de economie. Een verandering van deze politiek was pas merkbaar na een regeringswisseling in mei 2007.

Er ontstond een zeer geëngageerde milieubeweging toen begonnen werd met de bouw van de Kárahnjúkar-dam (2003-2007). Een van de belangrijkste argumenten was dat men tegen de uitverkoop van het land was. De beweging Saving Iceland verzet zich tegen de uitbreiding van de zware industrie in het land (www.savingiceland.org). De activisten zien de productie van aluminium in een mondiale context en wijzen ook op de wapenproductie met het in IJsland vervaardigde aluminium.

Veel kunstenaars zijn betrokken bij de huidige IJslandse milieuscene, onder meer Björk, wier moeder een langdurige hongerstaking tegen de bouw van de dam begon, en ook de schrijver Andri Snær Magnason die zich met zijn boek 'Dreamland' ook tegen de bouw van de dam keerde.

Nationale parken

Nationale parken zijn er in IJsland sinds 1930. Þingvellir was het eerste, gevolgd door Skaftafell, Jökulsárgljúfur en Snæfellsjökull. Skaftafell bestaat niet meer als afzonderlijk park, maar maakt deel uit van het continu groeiende nationaal park Vatnajökull. Dat heeft een oppervlakte van 13.600 km², wat ongeveer overeen komt met 13% van het totale landoppervlak. Ook het daarvan losstaande nationaal park Jökulsárgljúfur wordt erbij gerekend – de gehele gletsjer Vatnajökull en Lakagígar zijn zo beschermd. Daarnaast zijn er veel kleinere natuurreservaten en tal van natuurmonumenten, zoals watervallen, vulkanen, kloven, wetlands en eilandengroepen.

Glíma en golf – twee IJslandse sporten

Glíma, het traditionele IJslandse worstelen, is een nationale sport die meer dan duizend jaar teruggaat. In veel van de beroemde IJslandse familiesaga's wordt deze Vikingsport genoemd. Golf heeft zich in de afgelopen jaren ontwikkeld tot een zeer populaire recreatieve sport. Nergens zult u zulke fantastisch gelegen golfbanen als die in IJsland vinden.

Oudste nationale sport – glíma

De term *glíma* werd voor het eerst genoemd in de 12e eeuw, maar al vanaf het begin van de kolonisatie wordt gerept over worstelen. Het bijzondere van deze vorm is de snelheid en het permanente voetenwerk, de enige toegestane handgrepen zijn de zogenoemde broekgrepen, die aan het begin van de 20e eeuw werden veranderd in gordelgrepen. Men introduceerde een speciale gordel die rond de taille en de benen wordt gewikkeld met een verticale verbinding tussen de banden. Bij glíma komt het niet aan op fysieke kracht, gewicht en grootte, het gaat om behendigheid en beweeglijkheid, een goede vaardigheid is bijvoorbeeld het voetenwerk. Informatie over de spelregels en de handgrepen, evenals een link naar de Nederlandse vertegenwoordiger van de glíma-bond is te vinden op de website www.glima.is.

De Glíma-strijders proberen elkaar wederzijds aan hun gordel op te tillen

De absolute hoogtijdagen van deze sport waren in het begin van de 20e eeuw, toen het een uitdrukking werd voor de oplevende nationale identiteit in die periode. In 1906 vond het eerste glíma-kampioenschap plaats. De winnaar kreeg – en krijgt – de Grettirgordel uitgereikt, vernoemd naar de beroemde held en worstelaar uit de Sagatijd (zie blz 58). Een jaar later werd de kampioenswedstrijd gehouden in Þingvellir en deze ging als het grootste sportevenement de geschiedenis in. De officiële kampioenstitel van het evenement zou 'Glímakoning' luiden en worstelaars uit het hele land namen deel. Jóhannes Jósefsson kwam uit Akureyri en zwoer de eer van Noord-IJsland tegen zijn concurrenten te verdedigen. Jóhannes werd niet alleen in IJsland beroemd, maar ging als artiest naar de Verenigde Staten. Toen hij in 1927 terugkeerde, had hij zoveel geld verdiend – onder meer dankzij zijn glíma-vaardigheden – dat hij Hótel Borg in Reyk-

Zou hij de Hallgrímskirkja hebben geraakt?

javík kon bouwen (zie blz. 82). In de lobby van het hotel zijn nog de foto's uit zijn tijd in de VS te zien, waarop hij met zijn hoed doet denken aan een soort IJslandse Buffalo Bill.

Tot de Tweede Wereldoorlog was glíma erg populair en tijdens de Olympische Spelen van 1936 in Berlijn waren er zelfs demonstratiewedstrijden, maar na 1945 zakte de belangstelling in. In de afgelopen decennia is de situatie weer verbeterd. Jongeren en vrouwen mogen deelnemen aan het worstelen, bovendien kon glíma als een sport in het basisonderwijs worden geïntroduceerd.

Een bepaalde terughoudendheid onder de jongeren is wel gebleven, omdat de traditionele sportkleding nu allesbehalve cool is: een maillot en een gordelriem. Maar glíma zal zeker niet verdwijnen als sport, want er is een internationale vereniging, die vooral in de Scandinavische landen goed vertegenwoordigd is, en er worden regelmatig internationale wedstrijden gehouden.

Putten om middernacht – golf

Een echte sport voor jong en oud is het golfen in IJsland. In Reykjavík heeft men in de nieuwe wijk Grafarvógur een enorme driving-tempel gebouwd: verdeeld over twee verdiepingen kunt u er nu uw afslag oefenen. Fascinerend aan de 65 banen in het land is deels hun architectuur, die vaak het gevolg is van de aanwezige lavastructuren, zoals de baan ten zuiden van Hafnarfjörður. Ook bij de kleine steden vindt u prachtige banen. Het golfseizoen loopt van mei tot en met september, maar het bijzondere aan de IJslandse golfbanen is het spel in de middernachtzon van juni en juli. Wie beschikt over de benodigde handicap, zou eind juni kunnen deelnemen aan het internationale golftoernooi Arctic Open in Akureyri (zie blz. 223), dat wordt gehouden op een van de noordelijkste banen in de wereld. Uitgebreide informatie biedt de site www.golf.is, met een link naar de Arctic Open.

Land van schrijvers

De culturele identiteit van IJsland is verbonden met de taal en de literatuur. Graag beschrijven IJslanders hun land als een land van schrijvers. Lezen behoort ook heden ten dage nog bij het leven, en het lijkt erop dat hoe slechter de tijden, hoe groter het verlangen naar wat er wordt geschreven – zo ook in de crisisjaren na 2008.

Met de introductie van het christendom in het jaar 1000 werd ook het alfabet overgenomen en al snel gebruikt voor de eigen taal. De eerste schriftelijke getuigenissen in het IJslands zijn de door Hafliði Másson in 1117/1118 opgeschreven wetten. In die tijd schreef Ari Þorgilsson ook de eerste IJslandse geschiedenis van de kolonisatie tot de kerstening, het Íslendingabók. Vermoedelijk diende zijn werk ook als basis voor een tweede grote werk over de geschiedenis van IJsland, het Landnámabók, waarin de eigendomsstructuur van het land wordt beschreven. De prominentste en waarschijnlijk bekendste werken van de middeleeuwse IJslandse literatuur zijn de Edda en de saga's, die meestal in de 13e eeuw werden geschreven. Ook in de poëzie is er een typisch IJslandse vorm, de in de 14e eeuw ontstane balladevorm *rímur*.

De nationale trots

Wilt u weten wat het belang is van de *Íslendasögur*, de saga's van de IJslanders, dan hoeft u alleen maar naar de tentoonstelling in het Cultuurhuis in Reykjavík te gaan (zie blz. 88), waar een aantal manuscripten als heiligdommen wordt gepresenteerd. De saga's zijn heilig en daarom voelde de roman *Gerpla* van Halldór Laxness

(1902-1998) bijna aan als heiligschennis. Hierin ontmaskert hij de sagahelden als zielige figuren. Maar Halldór Laxness mocht dat, want als nationale dichter en Nobelprijswinnaar was hij toch de tweede literaire trots van de natie.

Twee aspecten van de saga's zijn opmerkelijk: ten eerste waren ze de eerste middeleeuwse proza-literatuur die in de nationale taal werd geschreven, en in de tweede plaats zijn ze ook voor moderne lezers – ten minste in IJsland – nog direct toegankelijk in hun oorspronkelijke vorm, omdat de IJslandse taal in de kern weinig veranderd is sinds de middeleeuwen. De verhalen van deze krachtige helden bleven ook in die donkere eeuwen bewaard. Weliswaar kwam in het begin van de 16e eeuw de eerste drukpers naar IJsland en werd in 1584 voor de eerste keer de hele Bijbel in Hólar gedrukt, maar literair werk werd eeuwenlang niet meer gecreëerd.

De schrijver als geweten

Een ding had Halldór Laxness gemeen met de schrijvers van de saga's: in een aantal van zijn romans verschijnt hij als het geweten dat rechtstreeks verwijst naar de sociale processen, heel duidelijk in *Atómstöðin*. De saga-auteurs wilden hun lezers herinneren aan de vreedzame tijden waarin recht en orde nog van kracht waren, en niet, zoals op het moment van schrijven in de 13e eeuw, familievetes de vrijstaat vernietigden. Ook andere auteurs uit de 20e eeuw reageerden met hun werken op de maatschappelijke veranderingen. In de jaren tussen 1946 en 1953 debuteerden de zogenoemde atoomdichters, een groep van vijf dichters, die stonden voor een radicale breuk met de traditionele lyriek. Om de ingrijpende veranderingen als gevolg van de oorlog en de naoorlogse periode adequaat uit te drukken, zochten ze naar nieuwe vormen van expressie. Ze gebruikten hun eigen symboliek en idioom, die niet onmiddellijk duidelijk waren voor hun lezers. De term atoomdichter werd aanvankelijk gebruikt als scheldwoord door de traditionalisten.

Mysterie en poëzie – IJslandse bestsellers

Zelfs voor IJslandse thrillers moet in dit verband een lans worden gebroken. Literair zijn ze meestal bescheiden, maar ze tonen het IJsland zonder schone schijn: gedwongen prostitutie, seksueel misbruik van kinderen, drugs, xenofobie, kortom: alles wat je kent, maar dat je niet meteen verbindt met IJsland. Die *crime boom* begon in 2003 met Arnaldur Indriðason. Zijn thrillers volgen het zogenoemde Zweedse model, met andere woorden, ze zijn niet alleen spannend, maar ook maatschappijkritisch. Andere bekende auteurs zijn Viktor Arnar Ingólfsson en Yrsa Sigurðardóttir.

De stromingen in de hedendaagse poëzie zijn fascinerend divers. Verfrissend is vaak het spel met de taal, een humoristische behandeling van het ritme en de melodie van het IJslands, zoals door Einar Már Guðmundsson, Gyrðir Elíasson, Linda Vilhjalmsdottir, Steinunn Sigurðardóttir en Sjón. Het is jammer dat dit heel boeiende literaire genre zo weinig aandacht krijgt van Nederlandse uitgevers.

In tijden van crisis

Net als zevenhonderd jaar geleden, toen men troost en kracht zocht in de literatuur, zocht men tijdens de laatste jaren van de crisis opnieuw steun in de literatuur. Zo deden de grootste IJslandse uitgevers op het hoogtepunt van de financiële crisis in het najaar en de winter 2008/2009 uitstekende zaken. De auteurs gebruikten echter niet alleen het boek, ze namen ook deel aan de politieke discussies zoals Einar Már Guðmundsson, wiens artikel over de toestand van de natie in februari 2009 ook in buitenlandse kranten werd gepubliceerd, of Hallgrímur Helgason, die als stand-upcomedian, schilder en schrijver vaak in de openbaarheid treedt. Hij verwierf wereldfaam met zijn roman *101 Reykjavik*, die bovendien verfilmd werd. Ook Steinunn Sigurðardóttir behoort tot die auteurs die heftige kritiek hadden op het economisch beleid van het land.

Literatuur op internet

www.literature.is: biobibliografische feiten over IJslandse schrijvers, interessante interviews (Engels).
http://www.noordseliteratuur.nl/schrijvers/ijsland: hier vindt u informatie over IJslandse schrijvers en hun vertaalde boeken.
https://www.allesoverboekenenschrijvers.nl/ijslandse-schrijvers-en-schrijfsters/: ook op deze site veel informatie over IJslandse auteurs en hun vertaalde werken, incl. Duitse en Engelse vertalingen.
www.islit.is/en: de site van het 'IJslandse Literaire centrum' biedt informatie over vertalingen en literaire projecten.

Schrijvers in musea

Gljúfrasteinn: bij Mosfellsbær, zie blz. 112. Het huis was een halve eeuw de woning en werkplek van de winnar van de Nobelprijs voor Literatuur Halldór Laxness en zijn gezin. Het huis is nog in dezelfde staat als toen de schrijver er woonde. Tijdens de rondleiding leert u ook het een en ander over de aanwezige objecten die een rol in zijn werk hebben gespeeld.
Museum Þórbergssetur: in Hali, zie blz. 182. Het museum is gewijd aan een van IJslands belangrijkste schrijvers: Þórbergur Þórðarson (1889-1974), die hier werd geboren. Het origineel vormgegeven huis werd ontworpen door architect Sveinn Ívarsson. De originele structuur was een voormalige schaapskooi. In de oostelijke tentoonstellingszaal kunt u oude foto's zien uit de periode 1930-1960 over het leven in de regio. De tentoonstelling in de westelijke zaal is gewijd aan het leven en werk van de schrijver.

Hotspot voor coole kunst

Laat u verbazen door haar extravagante outfits: de zangeres Björk

Sinds de 21e eeuw is IJsland in – niet alleen het bizarre landschap, maar ook de IJslandse kunst. Keer op keer kijken we met verwondering naar de artistieke productiviteit van het kleine land. De kunstenaars zijn weliswaar geen echte trendsetters, maar ze hebben wel hun eigen expressievormen gevonden.

In ieder geval sinds de Sugarcubes (1986-1992) en de daaropvolgende internationale solocarrière van zangeres Björk wordt met belangstelling naar de muziekscene in IJsland gekeken. Dit was geen nieuwe ontwikkeling, want al in de jaren tachtig waren er tal van bands, maar die werden buiten IJsland niet echt bekend. Vooral productief was de groep Medusa, een samenwerkingsverband van jonge kunstenaars die zich verbonden voelden met het surrealisme. Deze groep, die actief was tussen 1979 en 1986, bestond o.a. uit Björk, Einar Örn en het literaire multitalent Sjón.

In 1986 werd het label Smekkleysa (wansmaak) opgericht door de leden van Medusa. Kenmerkend voor deze kunstenaars was dat ze zich niet tot één kunstvorm beperkten. Daarvoor is de loopbaan van Björk symptomatisch – met haar betrokkenheid bij muziek, beeldende kunst en film.

Eén stijl? Veel stijlen!

Van IJslandse muziekgroepen kan moeilijk worden gezegd dat ze tot dezelfde stijl behoren. Ten eerste wisselen de leden regelmatig en ten tweede houden ze van experimenteren en nieuwe ervaringen. De vier organisten van

Apparat Organ Quartet lieten internationaal van zich horen met hun elektronische muziek op oude elektronische instrumenten sinds hun optreden op het Iceland Airwaves Festival van 2002. De ook in Europa populaire groep Sigur Rós herontdekt zichzelf keer op keer. Trad de groep aanvankelijk op als viermansformatie, voor hun volgende stukken haalden de muzikanten er acht strijkers bij en zelfs een heel orkest wisten ze te integreren. Uit op veranderingen zijn ze zonder meer ook in hun teksten, die variëren van pure klankbeelden tot Engelstalige. In dit opzicht lijken ze op het IJsland-icoon Björk.

Het muziekfestival Iceland Airwaves begon in 1999 om de internationale platenmaatschappijen attent te maken op de IJslandse groepen. Tegenwoordig vindt het festival plaats in oktober in Reykjavík en trekt duizenden bezoekers. Op veel plekken in de stad is muziek te horen en inmiddels zeer bekende groepen, zoals Sigur Rós of Leaves, hadden hier hun doorbraak. Naast IJslandse groepen treden er ook buitenlandse groepen en solisten op – kortom: oktober is dé tijd voor muziek.

Ruimte voor kunst

Al op het vliegveld van Keflavík wordt u begroet door grote sculpturen. Hoewel het landschap bepalend is voor het artistieke werk van IJslandse beeldhouwers en schilders, deinzen ze ervoor terug om hun werk in de natuur te presenteren. Daar was een buitenlander voor nodig, zoals de Italiaan Claudio Parmiggiani, die in 2000 een vuurtoren in de open vlakte langs weg 417 in de buurt van Hveragerdi zette (zie

Beelde kunst in opkomst – galerie in Reykjavík

blz. 136), of de Amerikaanse kunstenares Yoko Ono, die in 2006 op het eiland Viðey de installatie Imagine Peace Tower plaatste (zie blz. 97). IJslandse artiesten laten hun werken maar korte tijd in de natuur staan, om die als het ware tegen te werken, zoals Ásmundur Ásmundsson, of te gebruiken als een podium, zoals bij de Icelandic Love Corporation. Tal van galeries, vooral in Reykjavík, zoals de Living Art Museum, de Kling & Bang Gallery, i8 of Safn, bieden jonge kunstenaars uit alle genres voldoende ruimte, zowel voor video-installaties, fotografie, schilderijen of performances. Sinds 2006 vindt elk jaar het kunstfestival Sequences plaats, waarop vooral jonge IJslandse kunstenaars zichzelf kunnen voorstellen. Het wordt tegelijkertijd gehouden met het Airwaves Festival – meer kunst in een stad is nauwelijks mogelijk.

Terug naar de natuur

Bijna tegelijkertijd ontwaakte ook de belangstelling voor IJslands design en internationale tentoonstellingen hielpen om het bestaande beeld van volkskunst en wollen truien uit te wissen. Wandelend door Reykjavík vallen de talrijke winkels op die IJslands design – sieraden, kleding, keukengerei – aanbieden. U ziet er een enthousiasme voor het werken met gemengde materialen en vooral het gebruik van IJslandse materialen: vissenhuid, lava, wol, bont enz. Om deze ongewone creaties op passende wijze te verspreiden, werd in april 2008 het IJslandse Design Center opgericht. Het centrum stelt zich tot taak om niet alleen IJslandse ontwerpen in het land zelf bekender en geaccepteerder te maken, maar ook om het te exporteren en de samenwerking met industriële bedrijven te bevorderen. In maart 2009 vond voor de eerste keer DesignMarch plaats, dat inmiddels een jaarlijks terugkerend evenement is geworden. Lezingen en rondleidingen in het kader van de architectonische ontwikkelingen horen daarbij, evenals beurzen, seminars en de verkoop van designartikelen. De beslissende factor is hier de holistische benadering, dus architectuur en design inclusief stedenbouw. Misschien wordt IJslands design een nieuwe inkomstenbron voor het land.

Kunst live in Reykjavík

Iceland Airwaves: oktober. IJslandse groepen treffen internationale scouts. Programma, artiesten, een blik in het verleden en natuurlijk ook muziek om te luisteren en te kopen, zie www.icelandairwaves.com.
DesignMarch: maart. In de eerste plaats stelt het designcentrum zich voor, daarnaast zijn er talrijke werken van IJslandse ontwerpers te zien. Informatie en programma op www.icelanddesign.is.
Sequences: oktober/november. Een week lang jonge kunst in Reykjavík. IJslandse kunstenaars tonen hun werk. Op de website vindt u het actuele programma en de kunstenaars en een blik in het verleden: www.sequences.is.

Leestip

Christian Schoen en Halldórn Björn Runólfsson: *Icelandic Art today*, Ostfildern 2011. Zeer fraai geïllustreerd boek over de hedendaagse IJslandse kunstwereld.

De jonge en moderne IJslandse keuken heeft voor een enorme verandering gezorgd. Was er jarenlang sprake van een vervreemdende en exotische trend, dan wordt u er nu verrast door creativiteit en variatie. Een internationale competitie maakt Reykjavík in maart tot een gastronomisch bedevaartsoord.

graven haai nog steeds geschikt is voor menselijke consumptie, komt niet alleen door de kwaliteit en de vissoort, maar ook door wat u erbij krijgt: *brennivín*, een sterke drank gemaakt van aardappels, en zoet zwart brood. Het brood wordt of werd ook begraven – want gebakken in de hete grond. Wie van roggebrood houdt, zal het lekker vinden.

Food and Fun – de nieuwe keuken met vertrouwde ingrediënten

Dat de traditionele IJslandse gerechten voor de Europese smaak nogal schrikaanjagend zijn, wordt al duidelijk als u de lijst van ingrediënten leest, zoals geschroeide lamskoppen of gefermenteerde haai. Dat de tot verrotting toe be-

Veranderde eetgewoonten

Vis en vlees werden gedroogd, gerookt, gezouten of ingelegd in wei. Al die conserveringsmethoden worden weliswaar nog steeds gebruikt, maar na-

Nog altijd een klassieker in de IJslandse keuken: zalm

tuurlijk zijn er ook veel invloeden van de internationale keuken te bespeuren. Sinds de jaren tachtig is het aantal internationale restaurants gestaag toegenomen en daarmee ook fastfood in alle variaties. Het typische IJslandse lunchgerecht *hangikjöt*, gerookt lamsvlees met erwtjes en gekaramelliseerde aardappels, maakte plaats voor hamburgers en frites. In de steeds groter wordende supermarkten is een breed internationaal aanbod verkrijgbaar, in kleine winkeltjes zijn nog wel zeekoeteieren en papegaaiduikerfilets te krijgen. Tot ver in de 20e eeuw stonden allerlei zeevogels op het menu. Tegenwoordig biedt een aantal toprestaurants weer geraffineerd bereide *svartfugl* (zeekoet) aan.

Jonge kooksterren

Een nieuwe generatie van chef-koks is in opkomst, beïnvloed door de nouvelle cuisine, vaak opgeleid in en onder invloed van het buitenland. Zij ontwikkelden andere creaties, die aanvankelijk zeker ongebruikelijk waren voor de IJslandse keuken, zoals zalm met honing, of meer verse groenten. Met de toenemende groenteproductie in IJsland worden lokaal geteelde groenten steeds vaker gebruikt. Daarbij komen nog de kruiden die van nature in het land groeien, zoals tijm of rozemarijn. Er zijn tal van inheemse paddenstoelen en van kraaibessen en bosbessen kunnen uitstekende jams als bijgerecht bij bijvoorbeeld rendiervlees worden gemaakt.

Sommige restaurants in Reykjavík zijn tot in de hoogste gastronomische regionen opgeklommen, zoals Húmarhús, Grillið, Hótel Holt en vooral restaurant Perlan. De Perlan-chefs Gísli Thoroddsen, Stefán Elí Stefánsson en Elmar Kristjánsson zijn al verschillende malen bekroond voor hun kookkunsten. Ze hebben ook al voor de president van IJsland gekookt.

Food and Fun

Sinds 2002 vindt in maart de internationale kookwedstrijd Food and Fun plaats in Reykjavík. Dan verrichten de chef-koks van luxe restaurants met lokale ingrediënten culinaire wonderen. Omdat toeristische ondernemingen, met name Icelandair, betrokken zijn bij het festival, is de funfactor hoog. Overdag genieten de bezoekers op gletsjers en bergen, 's avonds kijken ze de chef-koks op hun vingers. Op de laatste avond vindt dan de wedstrijd plaats: een menu moet binnen drie uur op tafel staan. Daarvoor hebben de chefs een halfuur tijd om aan de uitsluitend IJslandse ingrediënten te komen. Naast het grote plezier dient het festival er in de eerste plaats voor om de IJslandse keuken bekender te maken en de diversiteit te bevorderen. Naast de algemene vleessoorten zijn er de al genoemde zeevogels, walvis, haai, rendier en ook veulen. De data zijn te vinden via internet onder www. foodandfun.is.

Recept voor plokkfiskur

Smoor voor deze visstoofpot een ui in boter glazig, bestuif met bloem en voeg warme melk toe. De saus even laten sudderen. Gekookte stukjes vis en in dobbelsteentjes gesneden aardappels toevoegen (ongeveer twee keer zoveel als de hoeveelheid melk). Meng alles en breng op smaak met kerrie, peper en zout. Op een bord serveren met in het midden een kuiltje met daarin gezouten boter. Als bijgerecht smaakt *rúgbrauð* (zoet roggebrood) er lekker bij.

Onderweg in IJsland

Boottochtje tussen mini-ijsbergen op het gletsjermeer Jökulsárlón

IN EEN OOGOPSLAG

Reykjavík en omgeving

Hoogtepunt ✷

Reykjavík: levendig en soms verrassende mediterraan – Reykjavík heeft er een zeer unieke mix van natuur en cultuur van gemaakt. Cafés, designwinkels, galeries en restaurants vormen een rijk aanbod voor de reiziger. Zie blz. 80.

Op ontdekkingsreis

Hallgrímskirkja – Reykjavíks witte baken 23: Reykjavík als stad is vrij jong en de stedelijke architectuur van Reykjavík is nog jonger. Een van de eerste architecten die zijn stempel op de stad drukte, was stadsarchitect Guðjón Samúelsson (1887-1950). Hij ontwierp in 1937 de van verre zeer zichtbare Hallgrímskirkja. Een met recht enorme kerk voor de toenmalige kleine stad. Zie blz. 90.

Bezienswaardigheden

871 +/-2 7: in de tentoonstelling in de kelder van Hótel Reykjavík aan de Aðalstræti duikt u letterlijk onder in de tijd van de eerste kolonisten. Spannend gemaakt en vol sfeer. Zie blz. 82.

Cultuurhuis 19: in het cultuurhuis (Þjóðmenningarhús) van Reykjavík maakt u kennis met de oude handschriften – de trots van IJsland – en u gaat verder met een bezienswaardige filmshow over het eiland Surtsey. zZie blz. 88.

Actief & creatief

Wandeltocht langs de kust: u wandelt langs de oude haven, musea en hedendaagse stadsarchitectuur en door de nieuwe hippe wijk. Zie blz. 95.

Op de fiets rond Seltjarnarnes: op de fiets kunt u Reykjavíks zeezijde ervaren met storm en zonneschijn, uitzicht en watervogels. Zie blz. 104.

Sfeervol genieten

Perlan 27: er is geen beter uitkijkpunt in Reykjavík dan het platform op Perlan. Een panoramisch uitzicht over de verschillende bergen en landschappen. In de winter is het 's avonds erg sfeervol met een zee van lichtjes onder uw voeten. Zie blz. 92.

Kaffi Sólon 2: een café dat zichzelf iedere generatie herontdekt: veranderde inrichting, nieuwe eigenaren. Maar de 50+-generatie is er nog altijd te vinden naast de jongeren. Zie blz. 102.

Uitgaan

Kaffibarinn 1: meestal overvol, leuk en vooral nog steeds hip. Een biertje bemachtigen vergt uithoudings- en doorzettingsvermogen, maar het is er nu eenmaal leuk. Zie blz. 102.

Reykjavík

De inwoners van Reykjavík voorzien hun kleine metropool graag van verleidelijke bijnamen zoals de noordelijkste hoofdstad van de wereld, of zelfs de noordelijkste stad van Italië. Inderdaad verrassen in de zomer de vele terrasjes, meestal beschut, waar je elkaar kunt ontmoeten. Reykjavík is in de afgelopen jaren internationaal in de eerste plaats bekend geworden vanwege het vitale nachtleven en in de tweede plaats om de levendige culturele scene. Zo domineren pubs, galeries en designwinkels het centrum, dat naar de postcode ook wel Reykjavík 101 wordt genoemd. De bouwwoede van de afgelopen tien jaar heeft het stadsbeeld grondig veranderd. Moderne kantoorgebouwen staan zij aan zij met dure appartementencomplexen langs de kustweg Sæbraut.

Ongeveer 120.000 inwoners telt de hoofdstad, die samen met de naburige steden Hafnarfjörður, Kópavogur, Garðabær en Seltjarnarnes een grootstedelijk gebied vormt, waarin ongeveer 65% van de IJslandse bevolking woont. Toen Ingólfur Arnarson zich rond 877 als eerste kolonist in de baai van Reykjavík vestigde, nadat hij de pilaren van zijn hoogzit die hij had uitgeworpen na het in zicht krijgen van land hier had teruggevonden, liet deze succesvolle stadsgeschiedenis zich nog niet vermoeden. Vanaf 1786 werd de stad steeds belangrijker, zeker nadat Reykjavík samen met vier andere plaatsen stadsrechten kreeg. Vooral Reykjavík groeide uit tot een belangrijk handelscentrum vanwege de gunstige haven. Bovendien werd in de 18e eeuw de bisschopszetel en daarmee ook de Latijnse school van Skálholt naar hier verplaatst, net als in de 19e eeuw het Alþingi.

Echt stedelijk karakter verkreeg Reykjavík pas met de uitbreiding van de visserij-industrie in de vroege 20e eeuw. En vooral na 1940, toen de Engelse en Amerikaanse bezetters de infrastructuur van het land verbeterden. Tegenwoordig is Reykjavík een

INFO

Uitneembare kaart: ▶ C 6 en kaart 2

Tourist Information Centers

Hoofdkantoor: Aðalstræti 2, tel. 590 15 00, www.visitreykjavik.is, juni-15 sept. dag. 8.30-19, 16, sept.-mei ma.-vr. 9-18, za. 9-16, zo. 9-14 uur.
Andere kantoren: Stadhuis, Tjarnagata 11, tel. 563 20 05, mei-okt. ma.-vr. 8.20-16.30, za. 12-16 uur. Service Center op de camping, Sundlaugarvegur 34, tel. 568 69 44, www.reykjavikcampsite.is, 15 mei-15 sept. Op de kantoren zijn de brochures 'What's on in Reykjavík' en 'Reykjavík city guide' verkrijgbaar.

Internet

www.reykjavik.is: de website van de stad ook in het Engels met informatie over de gemeentelijke voorzieningen.
www.grapevine.is: informatie over cultuur, politiek, winkelen enz. in Reykjavík.

Reizen naar en in Reykjavík

Auto: spitsuur in de middag; in het centrum kan parkeren alleen op betaalde parkeerplaatsen.
Bus: de bus van het vliegveld in Keflavík gaat naar het centrale busstation bij het vliegveld van Reykjavík, vooraf de noodzakelijke verbindingen boeken is aan te bevelen.

bruisende, nog steeds groeiende hoofdstad, maar wel een die op veel plekken nog haar oorspronkelijke charme heeft weten te bewaren.

Het historische centrum

Het historische deel van Reykjavík komt overeen met het gebied tijdens de stichting van de stad en strekt zich uit van het meer Tjörnin tot de 500 m verderop gelegen haven. Hier stammen de oudste gebouwen uit de 18e en 19e eeuw en vindt u een aantal zeer interessante musea. Tijdens een ontspannen wandeling kunt u zich hier vertrouwd maken met de geschiedenis en de kunst van IJsland.

Tjörnin 1

Het stadsmeer Tjörnin was de zuidelijke grens van de oude stad. Vroeger stonden hier boerderijen, vandaag de dag is het meer met de twee parken een populair recreatiegebied. Er staan banken langs de oever en meer dan veertig soorten vogels, zoals allerlei eenden, ganzen, wilde zwanen en meeuwen worden met enthousiasme gevoerd door jong en oud. Het park ten zuiden van de Skothúsvegur heet Hljómskálagarður, vernoemd naar het achthoekige gebouw aan de ingang van het park, een muziektent.

Stadhuis 2

Tjarnargata 11

Het opvallende stadhuis (Ráðhús) uit 1992 staat direct aan de noordelijke oever van Tjörnin. Voor de bouw naar ontwerp van de architecten Margrét Harðardóttir en Steve Christer werden kosten noch moeite gespaard. Om het gebouw een plek te kunnen geven in het dichtbebouwde historische centrum, was het noodzakelijk dat er een kunstmatig eiland aan de rand van het meer werd aangelegd. Het was een statussymbool voor de toenmalige burgemeester en latere premier Davið Oddson. Vanaf het cafetaria kijkt u direct uit over het meer. In de foyer staat een grote reliëfkaart van IJsland die bij recepties in de vloer verzonken kan worden.

Iðnó 3

Vonarstræti 3, www.idno.is

Ook direct aan Tjörnin valt dit prachtig gerestaureerde houten gebouw op. Iðnó werd in 1897 gebouwd als verenigingsgebouw van ambachtslieden en diende tot 1989 als speellocatie van het theatergezelschap van Reykjavík. Tegenwoordig worden er verschillende theater- en muziekvoorstellingen gegeven en kunt u er terecht in het café en restaurant (menu vanaf € 57,-).

Dómkirkjan 4

Lækjargata 14a, ma.-vr. 10-17 uur

De domkerk is de oudste kerk van Reykjavík. Met de bouw werd begonnen in 1788 en hij werd ingewijd in 1796. Al in de 19e eeuw moest hij worden verlengd. Sinds 1845 begint de opening van het parlement hier met een kerkdienst en tot op de dag van vandaag is de kerk, die sinds 1973 als monument is beschermd, de belangrijkste van de stad. De marmeren doopvont werd gemaakt door de Deense beeldhouwer Bertel Thorvaldsen en staat sinds 1839 in de kerk.

Austurvöllur 5

Het centrale plein van Reykjavík, Austurvöllur, is goed te overzien vanaf de noordkant. In het midden, omgeven door gras en bloemen, staat een standbeeld van beeldhouwer Einar Jónsson van de strijder voor de onafhankelijkheid, Jón Sigurðsson, wiens verjaardag op 17 juni is uitgeroepen tot de Nationale Dag van IJsland. Hier worden alle officiële bijeenkomsten gevierd, hier protesteerden de burgers in de winter 2008/2009 elke zaterdag tegen de stilte van politici over de financiële crisis. In de zomer gaat het er vriendelijker aan toe en ligt men hier graag te zonnen.

Het eerbiedwaardige Hótel Borg, in 1925 ontworpen door Guðjón Samúelsson, verheft zich aan de oostkant van het plein. De eigenaar van het hotel was de *glíma*-worstelaar Jóhannes Jósefsson die als worstelaar en artiest in de VS rijk was geworden (zie blz. 66).

Alþingishús 6

Zuidzijde Austurvöllur

Het uit grijze basalt opgetrokken Alþingishús, gebouwd in 1880-1881, is de zetel van het IJslandse parlement. In 1908 werd de koepel aan de tuinzijde en in 2001 de nieuwe vleugel bijgebouwd, waar ook de hoofdingang is. Het oorspronkelijke gebouw werd ontworpen door de Deense architect Ferdinand Mehdal. Het was een van de eerste twee verdiepingen tellende stenen huizen in de stad. In de 19e eeuw bouwde men over het algemeen nog steeds met hout (bezoek alleen op afspraak: heim soknir@althingi.is, tel. 563 05 00).

Aðalstræti 7

Verlaat u Austurvöllur aan de westkant, dan komt u in de oudste straat van de stad, Aðalstræti, de hoofdstraat. Deze korte straat leidt van het meer naar de haven. Hier vindt u nog vroege restanten die uit de middeleeuwen stammen. In de kelder van Hótel Reykjavík zijn de fundamenten van een langhuis uit 930 nu het middelpunt van een tentoonstelling, die 871 +/- 2 genoemd is. Sinds 2006 maken de opgravingen deel uit van een multimedia-show over de kolonisatie van Reykjavík (Aðalstræti 16, www.reykjavik871.is, dag. 10-17 uur, ISK 1400).

Tegenover het hotel ligt een klein plein, een voormalig kerkhof waar een **standbeeld van Skúli Magnússon** staat, de grondlegger van de stad Reykjavík. Skúli Magnússon (1711-1794) stichtte de eerste IJslandse wolfabriek op **Aðalstræti 10**, waarmee hij het fundament voor de handel legde. Het huis is het oudste van de stad en tegenwoordig vindt u er de vereniging Handverk & hönnun (ambacht en design) en galerie Kraum, waar ongewone mode en elegante gebruiksartikelen worden verkocht (www.kraum.is).

Valkenhuis 8

Hafnarstræti 1-3

In het **Fálkahús** (valkenhuis) op de hoek Aðalstræti/Hafnarstræti werden in de 18e en 19e eeuw IJslandse valken gevangen gehouden, voordat ze rechtstreeks via een onderaardse gang naar de haven gebracht werden om verscheept te worden naar Denemarken. Als koninklijke geschenken kwamen de vogels terecht bij veel Europese vorsten. De houten valk op de nok van het huis herinnert aan de vroe-

Tip

Pauze met uitzicht op de stad – Café Paris

Uitkijkend over de Austurvöllur kunt u op het terras van Café Paris met een kopje koffie of thee de mensen gadeslaan. De koffie, de taart, maar ook de salades en snacks, zijn alle aan te bevelen. Vanaf hier kunt u uitkijken over Hótel Borg, de kathedraal en het parlementsgebouw; het café ligt in het hart van de stad. De beste tijd is in juni of september, wanneer er meer Reykjavíkers dan toeristen zitten (Austurstræti 14, dag. 9-1 uur).

Zicht op de Dom en de parlementsgebouwen vanaf de Austurvöllur

gere bestemming. Het huidige huis dateert van 1904.

Museum voor fotografie 9

Tryggvagata 15, www.ljosmyndasafnreykjavikur.is, ma.-do. 12-19, vr. 12-18, za./zo. 13-17 uur, toegang gratis

Het museum voor fotografie (Ljósmyndasafn) bevindt zich op de vijfde verdieping van de stadsbibliotheek. In wisselende tentoonstellingen worden de werken van IJslandse fotografen getoond, vooral interessant zijn de oude foto's uit de de 18e en 19e eeuw, waarin de maatschappelijke veranderingen duidelijk te zien zijn.

Hafnarhús 10

Tryggvagata 17, www.artmuseum.is, dag. 10-17, do. 10-20 uur, ISK 1400

In het voormalige pakhuis zijn vaak tentoonstellingen van hedendaagse IJslandse kunstenaars te zien. Waardevol als aanvulling op de succesvolle architectuur is de verzameling van Erró, in 1932 geboren als Guðmundur Guðmundsson. Hij werd beroemd door zijn grootschalige werken in popartstijl. De multifunctionele zalen worden ook gebruikt voor concerten en recepties. Fraai is het uitzicht vanuit het cafetaria op de haven.

Austurstræti, Hafnarstræti en Lækjartorg

De beide oude straten Austurstræti en Hafnarstræti lopen parallel aan de haven en leiden naar het voormalige marktplein **Lækjartorg** 11, waar tegenwoordig een busstation is. Enkele oude houten huizen uit de 19e eeuw staan nog overeind, maar de meeste moesten wijken voor nieuwbouw of werden het slachtoffer van branden. Een van de eerste gebouw van rijksbouwmeester Guðjón Samúelsson is het huis met een torentje op Austurstræti 16 uit 1916. Gebouwd voor de firma ▷ blz. 86

Reykjavík zie legenda blz. 86

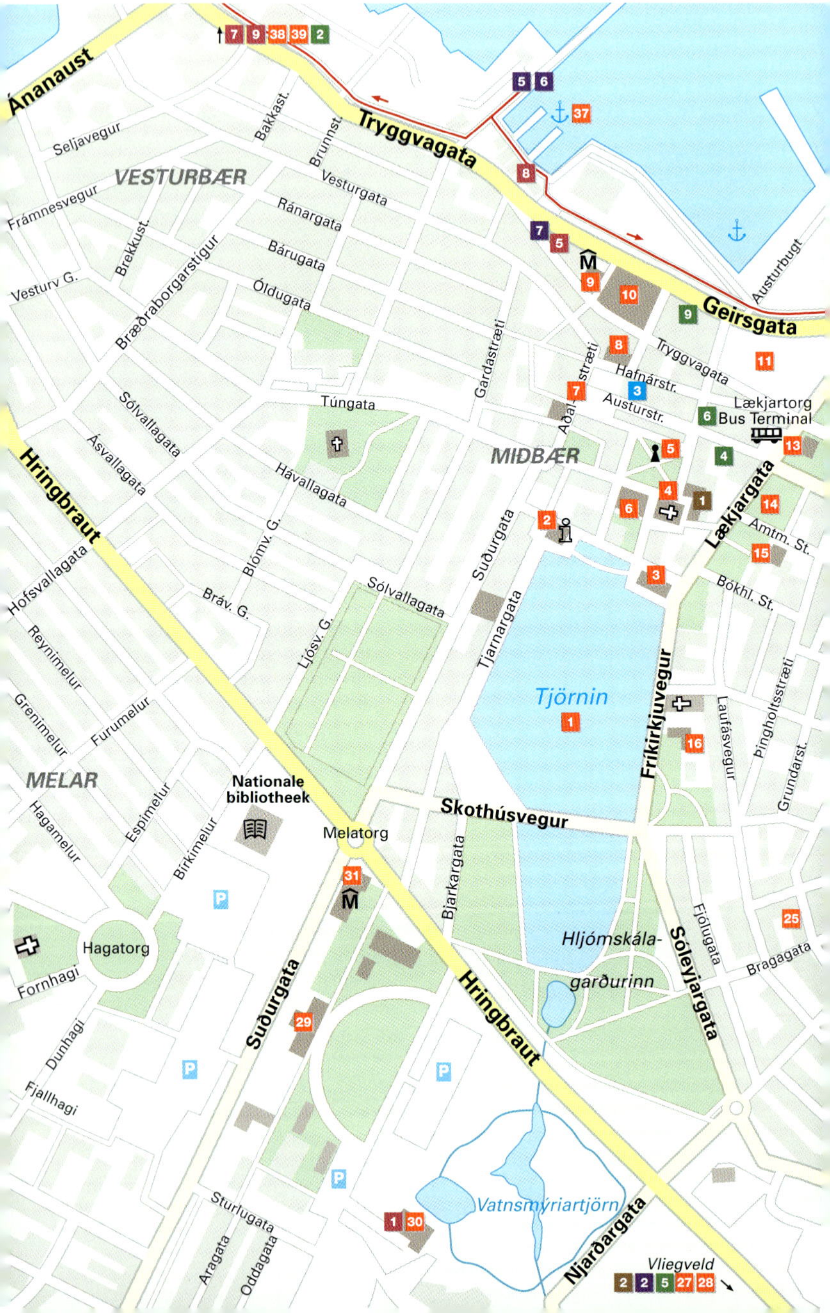

0
125
250 m
Viðeyjarsund
Faxagata
Partnerschap
Wandeling langs de kust
(blz. 95)
Sólfar
Rauðarárvík
Kalkofnsvegur
Arnahóll
Ingólfsstræti
Sölvholsgata
Lindargata
Skúlagata
Opera
Smiðjust.
Bankastr.
Vatnsstígur
Sæbraut
Hallv. St.
Skólavörðustígur
Klapparstígur
Frakkastígur
Hverfisgata
Vitatorg
AUSTURBÆR
Borgartún
Skúlagata
Spítalast.
Laugavegur
Bergstaðast.
Grettisgata
Njálsgata
Baronsstígur
Hlemmur
Bus Terminal
Óðinsgata
Þórsgata
Lokastígur
Kárast.
Vitastígur
Laugavegur
Baldursgata
Bergþórugata
Grettisgata
Freyjugata
Njálsgata
Nönnugata
Njarðargata
Sjafnargata
ASÍ Art Museum
Karlagata
Vífilsgata
Fjolnisvegur
Baronsstígur
Egilsgata
Snorrabraut
Rauðarárstígur
Þverholt
Bergstaðastræti
Mímisv
Leifsgata
Skeggjagata
Háteigsvegur
Laufásvegur
Eiríksgata
Smáragata
Auðarstræti
Gunnarsbraut
Flókagata
Þorfinnsgata
Gamla Hringbraut
Landspitali
BSI Bus
Terminal
Miklatorg

Reykjavík zie kaart blz. 84-85

Bezienswaardigheden

1 Tjörnin
2 Stadhuis
3 Iðnó
4 Dómkirkjan
5 Austurvöllur
6 Alþingishús
7 Aðalstræti
8 Valkenhuis
9 Museum voor fotografie
10 Hafnarhús
11 Lækjartorg
12 Harpa
13 Stjórnarráðshúsið
14 Icelandic Art Centre, Gimli
15 Menntaskólinn
16 Nationaal kunstmuseum
17 Laugavegur
18 IJslands fallusmuseum
19 Cultuurhuis
20 Nationaal theater
21 Skólavörðustígur
22 Living Art Museum
23 Hallgrímskirkja
24 Einar Jónsson Museum
25 Safn
26 Kjarvalsstaðir
27 Perlan
28 Nauthólsvík
29 Hoofdgebouw van de universiteit
30 Scandinavisch Huis
31 IJslands Nationaal Museum
32 Ásmundur Sveinsson Museum
33 Laugardalslaug
34 Laugardalshöll
35 Botanische tuin
36 Huisdier- en familietuin
37 Oude haven
38 Whales of Iceland
39 Víkin – visserijmuseum
40 Arnarhóll
41 Kuststraat Sæbraut
42 Höfði
43 Eiland Viðey
44 Openluchtmuseum Árbæjarsafn

Overnachten

1 Hótel Borg
2 Icelandair Hotel Reykjavík Natura
3 Hótel Cabin
4 Room with a view
5 Guesthouse # 101
6 Jeugdherberg
7 Reykjavík Campsite

Eten en drinken

1 Dill Restaurant
2 Þrír Frakkar
3 Café Loki
4 Kryddlegin Hjörtu
5 Icelandic Fish & Chips
6 Tíu Dropar
7 Kaffivagninn
8 Café Haïti
9 Valdis

Winkelen

1 Spaksmannsspjarir
2 Farmers Market
3 66° North
4 Eymundsson
5 Kringlan
6 Postur (postkantoor)
7 12 Tónar
8 The Handknitting Association of Iceland
9 Kolaportið

Actief

1 Stangaveiðifélag Reykjavíkur
2 Keiluhollin
3 Season Tours
4 PADI Dive Center
5 GoEcco
6 Whale Watching Center
7 Volcano House
8 Borgarhjól

Uitgaan

1 Kaffibarinn
2 Kaffi Sólon
3 Austur

—— Wandeling langs de kust, zie blz. 95

Nathan & Olsen, was het toen het hoogste gebouw van het land. In 1928-1930 vestigde een door hem ontworpen apotheek zich op de begane grond, waarvan de toonbank nog steeds te zien is in de nu daar gevestigde bar. Een ander gebouw van Guðjón Samúelsson is de Landsbankinn op nummer 11. De twee straten zijn in het weekend populaire routes voor het 'autocorso' *rúntur*.

Harpa 12

Austurbakki 2, www.harpa.is

Het in 2011 geopende congres- en concertgebouw Harpa domineert tegenwoordig het beeld van de haven. De transformatie van het havengebied is een relatief oud project, maar tijdens de bouw van het centrum werd IJsland getroffen door de financiële crisis en het congrescentrum dreigde zelfs de grootste bouwruïne van het land te worden. Na een onderbreking van een jaar is het toch voltooid.

Voor het symfonieorkest van IJsland is Harpa een grote aanwinst, omdat de akoestiek uitstekend is. Eindelijk kon ook de IJslandse Opera haar nogal beperkte domicilie verlaten om haar producties hier te presenteren. Het Deense architectenbureau van Henning Larsen en het IJslandse architectenbureau Batterið zijn verantwoordelijk voor het ontwerp van de in elkaar grijpende kubussen. De Deens-IJslandse kunstenaar Ólafur Elíasson, internationaal bekend om zijn lichtinstallaties, is verantwoordelijk voor de zuidelijke naar de stad gekeerde glazen pui. 's Nachts worden de honingraatramen verlicht door verschillend gekleurde leds. De resterende glazen fronten fascineren door de tinten waarin het zonlicht prachtig wordt weerspiegeld.

Stjórnarráðshúsið 13

Laekjartorg

Aan de overkant van het plein staat het regeringsgebouw, het Stjórnarráðhúsið, zetel van zowel de president als de premier. In de tweede helft van de 18e eeuw werd het oorspronkelijk gebouwd als een gevangenis, maar in 1815 werd het de hoofdzetel van de Deense bestuurders. Ervoor staan twee standbeelden, van de Deense koning Christiaan IX die de eerste grondwet van IJsland in zijn hand houdt, en van Hannes Hafstein, die in 1904 de eerste premier van IJsland werd.

Icelandic Art Centre, Gimli 14

Lækjargata 3, http://icelandicartcenter.is, ma.-do. 10-14 uur

Wie zich zou willen informeren over de huidige IJslandse kunstscene, kan dat doen in het Art Centre. Het opvallende witte huis met toren werd in 1904 in beton gebouwd. Een architectonische bijzonderheid: hier werd in IJsland voor het eerst een betonnen dak gebouwd.

Menntaskólinn 15

Lækjargata 7

Als u aan deze zijde van Lækjargata blijft en in zuidelijke richting naar Tjörnin loopt, komt u uit bij een aantal oude huizen uit de 19e eeuw. Opvallend is het witte gebouw van 's lands oudste gymnasium (Menntaskólinn í Reykjavík), waarvan de geschiedenis teruggaat tot de 11de eeuw. Het behoorde destijds tot het bisdom Skálholt. Tot 1847 was het de enige school in het land. Voor de school staat een sculptuur van Ásmundur Sveinsson 'Het gezicht van de zon' en een standbeeld dat Pallas Athene verbeeldt.

Nationaal kunstmuseum 16

Fríkirkjuvegur 7, www.listasafn.is, di.-zo. 11-17 uur, ISK 1200

Listasafn Íslands (nationaal kunstmuseum) werd opgericht in 1884 en verhuisde in 1987 naar het huidige gebouw, dat in 1916 als koelhuis werd neergezet door Guðjón Samúelsson als koelhuis. In de lichte zalen, waar ook een uitstekende snackbar bezoekers uitnodigt om te blijven hangen, zijn ongeveer 10.000 werken van IJslandse kunstenaars uit de 19e en 20e eeuw ondergebracht. Zo bezit het museum een grote collectie werken van Ásgrímur Jónsson, de eerste professionele IJslandse schilder.

In wisselende tentoonstellingen worden regelmatig delen van de collectie getoond, waarin ook werken van internationaal gerenommeerde kunstenaars.

Rondom het centrum

101 Reykjavík

Op zich is het getal 101 niet meer dan de postcode voor het centrum van Reykjavík, maar sinds Hallgrímur Helgasons gelijknamige roman wordt vooral het gebied rond de Laugavegur geassocieerd met dit nummer. Hier vindt u de meeste IJslandse designwinkels, galeries, cafés en restaurants. Gekenmerkt worden de straten nog voornamelijk door de met ijzeren golfplaten beklede, kleurrijke houten huizen. Kleine steegjes of passages leiden vaak tot in de tuinen. De wijk wordt overschaduwd door het baken van Reykjavík, de Hallgrímskirkja.

Laugavegur 17

Laugavegur is de meest exclusieve winkelstraat van Reykjavík met tal van originele winkels en restaurants. In vroeger eeuwen was het de route van de wasvrouwen, die met hun was naar het dal Laugardalur liepen, waar wasplaatsen waren met warm water – een nogal lange en moeizame tocht.

Ter hoogte van Laugavegur 32 is een gedenkplaat voor de dichter Halldór Laxness op straat te zien, omdat hier vroeger zijn geboortehuis stond.

IJslands fallusmuseum 18

Laugavegur 116, www.phallus.is, dag. 11-18 uur, ISK 1250

Het Íslenska Reðasafn (IJslands fallusmuseum) is het enige museum in zijn soort. De tentoongestelde objecten werden verzameld door een toegewijd verzamelaar. In aanvulling op de fallussen van bijna alle IJslandse zoogdieren, zijn er tal van kunst- en gebruiksvoorwerpen – natuurlijk allemaal in de vorm van een fallus. Sinds het voorjaar van 2011 toont de tentoonstelling ook een menselijk exemplaar.

Cultuurhuis 19

Hverfisgata 15, www.thjodmenning.is, 's zomers dag. 10-17, 's winters di.-zo. 10-17 uur, ISK 1500, wo. toegang gratis

Het Þjóðmenningarhús (cultuurhuis) is gevestigd in het gebouw van de voormalige Nationale Bibliotheek, een kijkje in de oude leeszaal is de moeite waard, waar veel eerste drukken zijn te zien. De collectie handschriften met de originele folianten en een tentoonstelling over hun totstandkoming vormen het hart van de permanente opstelling. Er zijn ook tijdelijke tentoonstellingen en een permanente collectie van voorwerpen uit het nationale kunstmuseum. Regelmatig vinden er ook concerten en lezingen plaats.

Nationaal theater 20

Hverfisgata 19, www.leikhusid.is

Eigenlijk had Guðjón Samúelsson een sprookjesachtige paleis als Þjóðleikhús (nationaal theater) gedacht, maar om kostentechnische redenen moest hij zich beperken en het resultaat werd dit enorm 'kasteel'. In 1928 werd begonnen met de bouw, maar pas in 1950 kon het worden geopend. Opvallend zijn de ba-

Tip

IJslandse sieraden op de Skólavörðustígur 21

Op de Skólavörðustígur, die rechtstreeks naar de Hallgrímskirkja leidt, zijn opmerkelijke ontwerpers en juweliers te vinden. Bij **Ófeigur Gullsmiðja** werken acht ontwerpers – IJslanders en Finnen – en regelmatig vinden hier ook kleine tentoonstellingen plaats. Het aanbod aan sieraden is hier zeer veelzijdig (Skólavörðustígur 5, www.ofeigur.is).

Panorama van Reykjavík vanaf de toren van de Hallgrímskirkja

saltkolommen boven de ramen en bijzonder fraai is in deze stijl ook het plafond van het auditorium. Interessant is verder het stucwerk van de buitenzijde, bestaande uit onder meer kwarts en obsidiaan. Het is weerbestendig en het materiaal werd hier voor het eerst gebruikt.

Living Art Museum 22

Nýlistasafn, Skúlagata 28, www.nylo.is, di.-zo. 12-17 uur, toegang gratis

In 1978 opgericht door toegewijde IJslandse kunstenaars als een tegenbeweging voor de gevestigde kunst, biedt het museum jonge en originele kunstenaars een ideaal platform. Regelmatig worden er werk van internationale avant-gardisten getoond.

Hallgrímskirkja 23

Skólavörðuholt, www.hallgrimskirkja.is, kerk en toren, dag. 9-17, mei-sept tot 21 uur, toren ISK 800

De 76 meter hoge toren van de Hallgrímskirkja met rood verlicht kruis, kan vanaf 100 km afstand worden gezien en is hét symbool van de hoofdstad Reykjavík. Vanaf het uitkijkplatform in de toren opent zich een prachtig uitzicht over de stad. Een bezoek aan de kerk mag niet worden gemist tijdens een verblijf in Reykjavík (zie Op ontdekkingsreis blz. 90).

Einar Jónsson Museum 24

Eíriksgata, www.lej.is, juni-15 sept. di.-zo. 13-17, 16. sept.-mei za./zo. 14-17 uur, dec./jan. gesl., ISK 1000, tuin het hele jaar geopend

Het voormalige woonhuis en atelier van de beeldhouwer en schilder Einar Jónsson (1874-1954) is nu een museum (Listasafn Einars Jónssonar). Het gebouw is ontworpen door de kunstenaar zelf, in samenwerking met de architect Einar Erlendsson. Jónssons werk is niet onomstreden, want deze symbolistische, deels bombastische sculpturen doens soms sterk denken aan de stijl van de nationaal-socialistische heldencultus. Een bezoek aan de tuin met zijn geslaagde combinatie van kunst en natuur is in ieder geval zeer de moeite waard.

▷ blz. 92

Hallgrímskirkja – het witte baken van Reykjavík

Reykjavík is als stad vrij jong en de architectuur van Reykjavík is nog jonger. Een van de eerste architecten die zijn stempel drukte op het stadsbeeld was de stads- en landsarchitect Guðjón Samúelsson (1887-1950). Reykjavíks van verre zichtbare Hallgrímskerk 23 heeft hij in 1937 ontworpen. Een reusachtig godshuis voor de toen nog kleine stad.

Info: Skólavörðuholt, www.hallgrimskirkja.is, kerk en toren dag. 9-17, mei-sept. tot 21 uur, toren ISK 800.

Orgelkoncerten: ’s zomers vinden er in de kerk regelmatig orgelconcerten plaats, in elk even jaar bovendien een orgelfestival van internationale allure. Op de website van de kerk (zie links) vindt u daarover alle informatie.

De mooiste route naar de Hallgrímskirkja gaat door de Skólavörðustígur direct naar de kerk toe. Vanaf het grote, grijze gebouw van lavastenen, de oude gevangenis van Reykjavík, kunt u de kerk op een heuvel zien staan. De naam van de Hallgrímskirkja verwijst naar de geestelijke Hallgrímur Pétursson (1614-1674), wiens passieliederen bekend zijn tot over de grenzen van IJsland. Voor de hoofdingang staat het standbeeld van Leifur Eiríksson, de ontdekker van de

Nieuwe Wereld ongeveer 500 jaar voor Columbus. De sculptuur van Stirling Calder was een geschenk van de VS om de duizendste verjaardag van het Alþingi in 1930 te markeren.

De erfenis van de landsarchitect

De ontwerper van de Hallgrímskirkja was Guðjón Samúelsson (1887-1950), de eerste volledig opgeleide architect van IJsland. Na het voltooien van zijn studie in Kopenhagen keerde hij in 1915 naar IJsland terug, waar hij in 1919 werd benoemd tot landsarchitect. Van meet af aan was beton zijn bouwmateriaal. Na een grote brand in het centrum van Reykjavík in 1915 werd de bouw van houten huizen in steden bij wet verboden. Talrijke, meestal zeer representatieve, gebouwen heeft Samúelsson ontworpen voor Reykjavík en de rest van het land. Verscheidene daarvan zetten duidelijk hun stempel op het stadsbeeld, zoals de katholieke kerk Landakotskirkja, de eerste van gewapend beton gebouwde kerk. Ook hele stadsdelen en wijken met rijtjeshuizen in het westelijk deel van de stad Reykjavík gaan terug op zijn ontwerpen.

Voor de heuvel Skólavörðuholt had Samúelsson al in 1927 een kerk gepland. In die tijd maakte hij het eerste stedebouwkundige plan voor de stad, een indrukwekkend plein met een stadspoort, openbare gebouwen, met name musea, min of meer als een centrum van de IJslandse cultuur, waarin ook het atelier van Einar Jónsson was opgenomen (zie blz. 89). In het oorspronkelijke ontwerp leek de kerk meer op een basiliek.

Machtige toren, lichte binnenruimte

Gerealiseerd werd uiteindelijk een later ontwerp van Samúelsson voor de Hallgrímskirkja met een machtige toren en ver uitstekende zijmuren, die doen denken aan reeksen van basaltzuilen. Het zijaanzicht toont een ietwat bizarre stilistische combinatie van neogotiek en een uivormige koepel. In 1945 werd begonnen met de ter plaatse gestorte betonbouw, maar de kerk werd uiteindelijke pas voltooid in 1986, omdat de bouwkosten tot 40% gefinancierd moest worden door donaties.

Wanneer u het kerkinterieur binnengaat, dat plaats biedt aan ongeveer 1200 mensen, komt u in een rustgevende eenvoud – helder, duidelijk en uitnodigend ondanks de ruimte. Bij de ingang begroet een beeld van Jezus door Einar Jónsson de gelovigen. Nederig, rustig en vooral vriendelijk is de uitstraling, maar het gaat wat betreft omvang enigszins verloren in de hoge kathedraal met zuilen en ramen in gotische stijl. Boven de ingang past het orgel van Johannes Klais uit 1992 perfect in de spitsboog. De uitstekende akoestiek van de ruimte maakt koor- en orgelmuziek tot een genot. Dat de ruimte bij voorbaat al bedoeld was voor concerten, blijkt duidelijk uit de plaatsing van de stoelen. Niet alleen zijn de zacht beklede banken zeer comfortabel, ook kunnen de rugleuningen indien nodig worden omgeklapt. Zo komt het geluid van het orgel volledig tot zijn recht, omdat je er recht tegenover gezeten naar kunt luisteren.

Safn 25

Bergstaðastræti 52, www.safn.is, za./zo. 14-17 uur, toegang gratis

Op een steenworp afstand ligt de particuliere galerie Safn met hedendaagse IJslandse kunst. De wisselende tentoonstellingen geven een goed inzicht in de huidige kunstwereld van het eiland. Er wordt samengewerkt met een partnergalerie in Berlijn.

Het park Miklatún

In het centrum van de stad nodigt een zeer mooi park met veel groen en bomen, evenals vier sculpturen, uit om er te blijven hangen. Een beeld herinnert aan de dichter Einar Benediktsson, gecreëerd door Ásmundur Sveinsson, een ander aan de kunstenares Nina Tryggvadóttir, een werk van Sigurjón Ólafsson. De kleine oase ligt direct aan de grote weg Miklabraut.

Kjarvalsstaðir 26

Miklatún, www.artmuseum.is, dag. 10-17 uur, ISK 1400

Johannes S. Kjarval behoort tot de belangrijkste IJslandse schilders van de 20e eeuw. Voor zijn dood in 1972 heeft hij Reykjavík een grote collectie van zijn werken nagelaten. Tegenwoordig heeft het museum ongeveer 3350 van zijn werken, waaronder 159 schilderijen, de rest betreft tekeningen, die continu afwisselend getoond worden. Er zijn ook speciale tentoonstellingen. Ontspannend is een bezoek aan het cafetaria met uitzicht over het park.

Öskjuhlíð

De 61 m hoge beboste stadsheuvel Öskjuhlíð is een populair recreatiegebied. Tal van wegen slingeren zich naar de top, waar het tweede baken van Reykjavík rust, Perlan, de parel. Meer dan 130 plantensoorten groeien hier en er zijn 84 vogelsoorten waargenomen. Niet ver weg ligt aan een baai het strand Nauthólsvík (zie onder).

Perlan 27 ▶ kaart 2, D 3

Öskjuhlíð, www.perlan.is, dag. 10-22 uur, Saga Museum: www.saga museum.is, apr.-sept. dag. 10-18, okt.-mrt. dag. 12-17 uur, ISK 2000

Glinsterend als een parel ligt de futuristische, reflecterende glazen koepel, ontworpen door architect Ingimundur Sveinsson, op vijf warmwatertanks, waarvan er vier nog in gebruik zijn. Perlan belichaamt een mix van pragmatisme, gigantisme, high-tech en vrijetijdsplezier. In de tanks bevindt zich ongeveer 20 miljoen liter thermaal water van de warmwaterbronnen rondom en in Reykjavík. Daarmee worden woningen, zwembaden en sommige straten verwarmd. In de 'lege' tank is het Saga Museum ingericht, waarin de historische gebeurtenissen in IJsland met wassen beelden zijn nagebouwd.

Een wenteltrap leidt naar de spiegelende koepel, waar u niet alleen een uitstekende algemene indruk van de architectuur krijgt, maar vooral kunt kijken naar het spektakel van de fontein, die het uitbreken van de geiser Strokkur simuleert. Elke vijf minuten schiet een 15 m hoge fontein omhoog, die zelfs voorafgegaan wordt door de fascinerende waterbel van het origineel. Sinds 1999 is er ook buiten een geiser aan de voet van Perlan te vinden (tussen 13-17 uur in werking). In de spiegelkoepel bevinden zich een cafetaria, een uitkijkpost en een gourmetrestaurant, dat in een uur 360° ronddraait. Vanaf het cafetarianiveau krijgt u toegang tot het rondom de koepel gelegen observatiedek, vanwaar de bezoekers een panoramisch uitzicht over de stad wordt geboden.

Naast de telescopen zijn er luidsprekers, waaruit in verschillende talen beschrijvingen van de landschappelijke bezienswaardigheden klinken – op voorwaarde dat de installatie werkt.

Nauthólsvík 28 ▶ kaart 2, C 3

Nauthólsvegi, www.nautholsvik.is, 15 mei-15 aug. dag. 10-19, 16 aug.-14 mei, ma.-za. 11-13, ma., wo. 17-19 uur

Gouden zand en warm water, dat uitmondt in de zee, roept zelfs een wat Mallorca-achtig gevoel op. In de zomer is het er dan ook erg druk want het strand is slechts 100 m breed – maar niettemin een bijzondere badplaats.

Bij de universiteit

Hoofdgebouw van de universiteit 29

Saemundargata 2

Tussen de vierbaans verkeersader Hringbraut en de Suðurgata strekt zich de campus uit. Hier staat het hoofdgebouw van de in 1911 opgericht IJslandse universiteit, dat tussen 1936-1940 werd ontworpen en gebouwd door Guðjón Samúelsson. Voor de hoofdingang staat de sculptuur 'Sæmundur op de zeehond' van Ásmundur Sveinsson. In de naburige gebouwen zijn de verschillende faculteiten gehuisvest. Architectonisch bijzonder geslaagd is het ontwerp van het gebouw voor faculteit Natuurkunde naast het Scandinavisch Huis. Het fortachtige gebouw op de Suðurgata huisvest naast de universiteitsbibliotheek ook de nationale bibliotheek.

Scandinavisch Huis 30

Sturlugata 5, www.nordice.is, tentoonstellingen di.-zo. 12-17 uur

In een weide met een kleine vijver staat het blauw-witte Scandinavische Huis (Norræna Hús), ontworpen door de Finse architect Alvar Aalto. In dit cultureel centrum van de Scandinavische landen vinden tentoonstellingen, lezingen, concerten en nog veel meer. plaats. Een bibliotheek en een restaurant met een prachtig uitzicht staan ter beschikking van de bezoekers.

IJslands Nationaal Museum 31

Suðurgata 41, www.thjodminjasafn.is, mei-15 sept. dag. 10-17, 16. sept.-apr. di.-zo. 11-17 uur, ISK 1500

Een uitstekend overzicht van de culturele geschiedenis van IJsland vanaf het begin tot heden krijgt u in het Þjóðminjasafn (nationaal museum). De geslaagde multimediale presentatie van de informatie en de heldere architectuur van de zalen hebben het museum in 2006 een prijs opgeleverd. Een bezoek zorgt voor een goed begrip van de hedendaagse IJslandse maatschappij. Er zijn daarnaast ook wisselende tentoonstellingen.

Wandeling door het Laugardalur ▶ kaart 2, D/E 2

Duur: 1-3 uur, met kinderen langer

Het dal van de warme baden, zo zou u Laugardalur kunnen vertalen, strekt zich uit van het Hilton Hotel Nordica tot het grootste zwembad van Reykjavík, de Laugdalslaug, en de huisdier- en familietuin. De bronnen dienen nu voor de verwarming en de warmwatervoorziening van woningen, zwembaden en kassen in en rond Reykjavík. Als het water de huishoudens bereikt, heeft het een temperatuur van ongeveer 75 °C. Tot de jaren 1920 deden de huisvrouwen hier hun was. Het pad dat de vrouwen namen vanuit het centrum was de Laugavegur (zie blz. 88), die bij het Hilton Hotel Nordica eindigt. Hier begint de wandeling.

Wandeling door het Laugardalur

Ásmundur Sveinsson Museum 32

Sigtún 5, www.artmuseum.is, mei-sept. dag. 10-17, okt.-apr. dag. 13-17 uur, tuin het hele jaar geopend, ISK 1400

Aan de rotonde bij de sportvelden liggen de studio en de beeldentuin van Ásmundur Sveinsson, de populaire en meest besproken beeldhouwer van IJsland. Ze vormen nu een museum (Ásmundarsafn). Het oudste gedeelte van het gebouw, dat 'de kathedraal' wordt genoemd, is onder invloed van de Griekse en Turkse architectuur in 1942 door de beeldhouwer zelf gebouwd. In de lichte kamers komen zijn wat filigrane werken goed tot hun recht.

Laugardalslaug 33 en Laugardalshöll 34

Het grootste zwembad van de stad, **Laugardalslaug**, wordt gevoed door warmwaterbronnen in het dal (Sundlaugarveg, tel. 411 51 00, ma.-vr. 6.30-22, zo./za. 8-22 uur, ISK 650, met Reykjavík Welcome Card gratis toegang). Daarnaast biedt het Laugardalur ook nog andere sportfaciliteiten, waaronder een rolschaatsbaan, voetbalvelden en de sporthal **Laugardalshöll** aan de Engjavegur. Deze laatste wordt ook gebruikt voor tentoonstellingen en concerten. In 1972 werd hier het beroemde schaaktoernooi om het wereldkampioenschap georganiseerd tussen Bobby Fischer (VS) en Boris Spassky (Sovjet-Unie). In het park zijn de warmwaterbronnen te zien en informatieborden met historische foto's die tonen hoe de wasplaats er vroeger uitzag. Het beeld *De wasvrouw* (1937) van Ásmundur Sveinsson herinnert aan die dagen van weleer. Het was de stoom van deze warmwaterbronnen, die Ingólfur Arnarson bracht op de naam Reykjavík, 'rokende baai' – zoals beschreven in het Landnámabók. Een ander monument in het park herinnert aan zijn stichter Eiríkur Hjartarson in 1929; de stad nam het gebied in 1955 over. En boven alles steekt de berg Esja (914 m) uit, die afhankelijk van de lichtomstandigheden in een verscheidenheid van kleuren glinstert. De Reykjavíkers zeggen op zonnige dagen over hun berg: 'Ze ziet er vandaag geweldig uit.'

Botanische tuin 35

Engjavegur, apr.-sept. dag. 10-22, okt.-mrt. 10-17 uur

Van de Engjavegur splitst een weg af naar de botanische tuin (Grasagarður Reykjavíkur). Van de meer dan duizend planten zijn er ongeveer 350 afkomstig van IJsland. Het is een mooie, afwisselende tuin met thematische plantsoenen die in 1961 geopend werd. Café Flora in een paviljoen nodigt uit tot verpozen.

Huisdier- en familietuin 36

Engjavegur, www.mu.is, 15 mei-17 aug. dag. 10-18, 18 aug.-14 mei dag. 10-17 uur, vanaf 13 jaar, ISK 800

In het zuidelijke deel van het dal biedt de kleine Húsdyragarður (huisdier- en familietuin) met de huisdieren van IJsland ook jonge Reykjavíkers de gelegenheid om deze buiten de boerderij te zien. Daarnaast zijn er ook zeehonden, rendieren en poolvossen in de tuin aanwezig. Daarnaast is er een aquarium, een kenniscentrum en een cafetaria. Het familiepark heeft draaimolens, treintjes, schommels enz.

Langs de kust

Reykjavík is een havenstad en daarmee heeft de stad een skyline die slechts te zien is vanaf de kust. Vooral de gebouwen van rond de millenniumwisseling presenteren zich tijdens een rustige wandeling langs de kust als grootsteeds en internationaal met hun overheersende glas- en staalarchitectuur.

Oude haven 37

De oude haven strekt zich uit ten noordoosten van het centrum en sommige gebieden hebben met musea, winkels, restaurants en hotels een grote verandering doorgemaakt. Ze worden nu gezien als een nieuwe hippe stadswijk. Aan de kades leggen nog de kleine vissersboten, kleine schepen en middelgrote cruiseschepen aan en vanaf hier beginnen ook de walvissafari's. Met de oude locomotief werd in 1913-1915 het bouwmateriaal voor de havenfaciliteiten vanaf de heuvel Öskjuhlíð naar hier vervoerd. In het voormalig douanekantoor vindt in het weekend de rommelmarkt **Kolaportið** plaats met een bizarre, vreemde en kleurrijke baaierd van goederen (za./zo. 11-17 uur).

Whales of Iceland 38 ▶ kaart 2, C 1

Fiskilóð 23-25, www.whalesoficeland.is, zomer dag. 9-19, winter 9-18 uur, ISK 2900

De natuurgetrouwe modellen van de rondom IJsland zwemmende walvissoorten zijn ideaal voor een bezoek met kinderen. Het is indrukwekkend om deze dieren nu eens in hun werkelijke omvang te kunnen zien.

Víkin – scheepvaart- en visserijmuseum 39 ▶ kaart 2, C 1

Grandagarður 8, www.maritimemuseum.is, dag. 10-17 uur, ISK 1400, voormalig schip van de kustwacht ISK 1200, combiticket ISK 2000

Het museum in de voormalige visfabriek documenteert uitstekend het leven en de vroegere arbeidsomstandigheden in de visserij, min of meer de levensader van IJsland.

Arnarhóll 40

Vanaf de kleine adelaarsheuvel, zo luidt de vertaalde naam, kijkt Ingólfur Arnarson, de eerste officiële Noorse kolonist op IJsland, mannelijk en vastberaden uit over de haven van Reykjavík, de oude binnenstad en de zee. Het 4 m hoge standbeeld is in 1907 gemaakt door Einar Jónsson. Ingólfurs ogen dwalen in de richting van het nieuwe concertcentrum Harpa (zie blz. 86).

Kuststraat Sæbraut 41

Langs de meerbaanskustweg leidt een promenade langs twee sculpturen, in de eerste plaats langs 'Partnerschap' van Pétur Bjarnarson, dat doet denken aan een harpoen, en in de tweede plaats langs de veel gefotografeerde 'Sólfar' (Zonnetocht, zie foto blz. 96) van Jón Gunnar Arnarson. Arnarsons fascinerende beeld ontleent zijn vorm aan de oude vikingschepen en tegelijk is het delicaat en licht en lijkt, afhankelijk van de hoek, weg te zweven over het water. Het uitzicht over de zee en de bergen is overweldigend. Daarom is het niet verwonderlijk dat de appartementen tot de duurste van de stad behoren.

Höfði 42 ▶ kaart 2, D 2

Borgartún

Sinds de legendarische ontmoeting tussen Ronald Reagan en Michail Gorbatsjov in 1986 is dit huis wereldberoemd. Gebouwd in 1909 van Noors hout, dient het nu als representatiewoning voor de stad. Drie panelen in het Engels, Russisch en IJslands herinneren aan de bijeenkomst van de staatslieden.

Viðey 43 ▶ kaart 2, E 1

Veerverbindingen zie blz. 103

In de Kollafjörður ten noorden van Reykjavík ligt het kleine eiland Viðey waarop landvoogd Skúli Magnússon (1711-1794) zijn officiële residentie had. Opgravingen bewijzen dat het eiland in de 10e eeuw al bewoond was. Vanaf 1225 stond er een augustijnenklooster, dat in 1551 aan de Deense kroon toeviel.

Het landhuis Viðeyjarstofa uit 1753-1755, dat sinds de restauratie in 1988 dient als restaurant (tel. 533 50 55), werd gebouwd voor Skúli Magnússon en is het oudste stenen gebouw in IJsland. Architect was de Deen Nicolai Eigtved, die ook het Amalienborg-paleis in Kopenhagen ontwierp. Het tweede bewaarde gebouw op het eiland is de in 1744 gebouwde kerk. De president van het Hooggerechtshof Magnús Stephensen (1762-1833) kocht Viðey in 1817 en liet de enige drukkerij van het land naar hier verplaatsen, waar ze tussen 1819 en 1844 in bedrijf was. Begin 20e eeuw ontstond

Doet denken aan een Vikingschip – de sculptuur 'Sólfar' aan de Sæbraut

aan de oostkust van het eiland het dorp Sundbakki met een zeer succesvolle visfabriek. Er waren jaren waarin een kwart van de IJslandse visproducten van hier kwam. Na het faillissement van de fabriek trokken de mensen echter naar Reykjavík, de laatste verliet het dorp in 1943. De ruïnes en de funderingen van de huizen zijn nog steeds zichtbaar en zijn voorzien van informatieborden.

Viðey is een populaire bestemming, en een aantal wandelpaden nodigen uit om het te verkennen. In het westen staat het milieukunstwerk van de beeldhouwer Richard Serra, 'Etappes', ingepast in het landschap. Sinds oktober 2007 staat er ook de 'Imagine Peace Tower', door Yoko Ono ontworpen ter nagedachtenis aan John Lennon. Van 19 oktober tot 8 december straalt het licht in de hemel en worden er 's avonds excursies aangeboden (zie Imagine Peace Tour onder www.elding.is).

Openluchtmuseum Árbæjarsafn 44

Kistuhyl, www.arbaejarsafn.is, juni-aug. dag. 10-17, sept.-mei dag. 13 uur gegidste tochten, ISK 1400

Het openluchtmuseum in het oosten van Reykjavík is in 1957 opgericht door de stad met het doel om oude en interessante gebouwen te bewaren om de leefwijze van weleer te documenteren.

De boerderij Árbær vormt het centrum van het museumcomplex en is een goed voorbeeld van een oude turfboerderij. Hij wordt in 1464 voor de eerste keer in een kroniek genoemd. In het Rijksregister van 1686 werd Árbær al als eigendom van de koning vermeld. In het begin van de 20e eeuw diende het gebouw als pension, omdat het aan de weg naar het oosten lag. Het huidige houten huis met golfplaten bekleding verving in 1891 het oude turfhuis. In 1912 werd er een vleugel aan de noordzijde toegevoegd, en een paar jaar later kwam er nog een paardenstal bij. Nu staan in de directe omgeving van de boerderij de kerk van Silfrastaðir uit Skagafjörður in het noorden van IJsland, gebouwd in 1842 en in 1960 naar Árbær gebracht, een gereconstrueerde sacristie en een smederij. De interieurs van de huizen geven een indruk van de vroegere leefomstandigheden. Zo is er in het Miðhús, voorheen Lindargata 43a, een oude drukkerij met een boekbinderij gevestigd, in het Smiðhús, een typisch woning voor ambachtslieden uit 1820, wordt de leefwijze van die periode gedocumenteerd.

Wie een tussenstop wil maken tijdens zijn tocht door het verleden, heeft in het Dillonshús de gelegenheid daartoe. De Ier Arthur E.D. Dillon liet het huis in 1835 bouwen voor zijn verloofde Sire Ottesen, die daarin een meisjesschool dreef. Vandaag zijn in het Dillonshús het restaurant van het museum en een kleine winkel gehuisvest. Beelddocumentatie over de stedelijke ontwikkeling van Reykjavík, zomertentoonstellingen en familie- en culturele programma's vullen het rijke aanbod van het museum aan.

Overnachten

In Reykjavik kan iedereen geschikte accommodatie vinden, van de bekende sterrenhotels tot zeer eenvoudige kamers of de camping. Tijdens veel congressen kan het soms wat lastig zijn als u in een bepaald hotel wilt overnachten. In de jaarlijks verschijnende brochure 'Áning' wordt de meeste accommodatie geclassificeerd opgesomd (downloaden via www.heimur.is/world of als gedrukte brochure in de toeristische centra beschikbaar).

Rijk aan tradities – **Hótel Borg 1**: Pósthússtræti 11, tel. 551 14 40, www.hotelborg.is, 2 pk € 445, ontbijt € 15/pers. Het hotel in het centrum van de stad tegenover het parlementsgebouw werd in 1930 gebouwd en in 2006/2007 gerestaureerd in de originele art-decostijl. Elk van de 56 kamers is uitgerust met individueel en speciaal ontworpen meubilair. Zeven van de 56 kamers zijn ingericht als suites, soms over twee verdiepingen met 360° uitzicht over Reykjavik.

Groen in het groen – **Icelandair Hotel Reykjavík Natura 2**: ▶ kaart 2, D 2, Nauthólsvegur 52, tel. 444 45 03, www.icelandairhotels.com, 2 pk vanaf ISK 27.000, ontbijt ISK 2500. Modern ingericht, met spa- en wellness-afdeling, gecertificeerd groen hotel in termen van inrichting, regionale producten en afvalscheiding. Buskaartjes naar de stad zijn gratis. Wandel- en fietspaden in de directe omgeving.

Voordelig comfort – **Hótel Cabin 3**: ▶ kaart 2, D 2, Borgartún 32, tel. 511 60 30, www.hotelcabin.is, 2 pk vanaf € 209. Behoort tot de goedkopere hotels in IJsland. De kamers zijn klein, maar van minibar tot douche is alles aanwezig. Het hotel biedt kamers die zijn beschut tegen daglicht, wat ideaal is voor gasten die in de lichte zomeravonden worstelen met slaapproblemen.

Boven de daken van Reykjavík – **Room with a view 4**: Laugavegur 18, tel. 552 72 62, www.roomwithaview.is, Appartement vanaf € 265. Voor wie langere tijd in Reykjavík wil verblijven, zijn deze complete en meer dan stijlvolle appartementen ideaal. Boven de daken van Reykjavík met een fantastisch uitzicht tot aan de Snæfellsjökull kunnen in een appartement tot maximaal zes personen verblijven. Hier voel je je meteen thuis!

Midden in Reykjavík – **Guesthouse # 101 5**: Laugavegur 101, tel. 562 61 01, www.iceland101.com/index.htm, 2 pk € 70-100, mei-sept. ontbijt € 6/pers. De zestien kamers zijn eenvoudig ingericht, toilet en douche bevinden zich op de gang. Met zijn strategische ligging zijn de meeste beschreven bezienswaardigheden gemakkelijk te bereiken.

Jong gebleven – **Jeugdherberg 6**: ▶ kaart 2, E 2, Sundlaugavegur 34, tel. 553 81 10, www.hostel.is, bed vanaf ISK 3800, 2 pk vanaf ISK 11.000. Ligt niet alleen naast het grote zwembad en dicht bij de parken, maar is ook gecertificeerd met het IJslandse ECO-label. Bus 14 rijdt elke 20 min. naar het centrum. Overnachting in een tweepersoonskamer mogelijk. Hier is ook informatie te verkrijgen over het land en de mensen, evenals over de overige dertig hostels in het land.

Vooral 's winters bijzonder gezellig – de cafés van Reykjavík

Naast de jeugdherberg – **Reykjavík Campsite** 7: ▶ kaart 2, E 2, Sundlaugavegur 32, tel. 568 69 44, www.reykjavikcampsite.is, half mei-half sept., ISK 1700/pers. Prettige stadscamping.

Eten en drinken

Een Scandinavische belevenis – **Dill Restaurant** 1: Sturlugata 5, tel. 552 15 22, www.dillrestaurant.is, ma.-vr. 11.30-15, wo.-za. 19-22 uur. De Scandinavische keuken (in het Scandinavische huis), fris en opnieuw geïnterpreteerd. 's Middags lunch vanaf ISK 2500, 's avonds menu's 3-7 gangen vanaf ISK 7900 plus wijn (vanaf ISK 6000). Het restaurant werd vaak bekroond, reserveren noodzakelijk.

Visspecialiteiten – **Þrír Frakkar** 2: Baldursgata 14, tel. 552 39 39, www.3frakkar.com, 11.30-14.30, 18-22, za./zo. 18-23 uur, hoofdgerecht vanaf ISK 3600. Oergezellig restaurant in het oude gedeelte van Reykjavík. Gespecialiseerd in visgerechten, biedt ook walvisvlees (ISK 4390) en paardenvlees (ISK 4950) aan. Ontspannen sfeer, afhankelijk van de dag in de week soms erg druk.

Blik op de kerk – **Café Loki** 3: Lokastígur 28, tel. 466 28 28, www.loki.is, ma.-za. 9-21, zo. 11-21 uur. Traditionele IJslandse gerechten zoals *plokkfiskur* (visstoofpot) met zelfgebakken roggebrood (vanaf ISK 2800) of vleessoep (vanaf ISK 1800), ook broodjes of *skyr*. Ook verkoopt men er individueel vormgegeven babykleding, www.textil.is.

Bio – **Kryddlegin Hjörtu** 4: Skulagata 17, tel. 588 88 18, www.kryddleginhjortu.is, ma.-wo. 11.30-21, do.-za. 17-23, zo. 17-22 uur. Klein bio-restaurant met saladebar, zelfgebakken brood, soep, driegangenmenu ISK 4990, en bovenal met een fraai utzicht op de Esja.

Fish and Chips – **Icelandic Fish & Chips** 5: Tryggvagata 8, tel. 511 11 18, www.fishandchips.is, ma.-vr. 11.30-21, za. 12-21, zo. 17-21 uur, soep vanaf ISK 1250, vis vanaf ISK 2490, chips en andere bijgerechten vanaf ISK 450. Royale ruimte en je kunt je afvragen hoe vis en aardappelen zo gevarieerd kunnen zijn. U stelt de verschillende varianten zelf samen.

Tip

Koffiebelevenis – Cafe Haïti 8

Fantastische koffie is er bij Elda. In haar kleine bistro in de oude haven roostert ze zelf de verschillende Fairtrade-koffiebonen in een historische machine. Als Haïtiaanse zweert ze bij goede koffie en vanzelfsprekend bent u bij haar aan het goede adres. Ook zijn er gebakjes en koekjes. De moeite waard zijn ook de hartige gerechten, zoals soep en broodjes. Espresso, cappuccino of Turkse koffie worden ook aangeboden (Geirsgata 7b/Fisherman's Wharf 2, www.cafehaiti.is, dag. 8.30-18 uur, koffie vanaf ISK 390).

Belgisch-Frans – **Tíu Dropar** 6: Laugavegur 27, tel. 551 93 80, dag. 18-22 uur, grote salade ISK 2190, crêpes ISK 1490. Hier kunt u terecht voor Belgische wafels, crêpes en lekkere salades, 's avonds Franse wijnen.

Traditioneel – **Kaffivagninn** 7: ▶ kaart 2, C 1, Grandagarður 10, aan de haven, tel. 551 59 32, ma.-vr. ca. 8-18, za./zo. 9-18 uur. Hier eet de 'zeeman' met zicht op de haven. 's Middags is er een werkelijk lekker vispannetje vanaf ISK 2690, verder taart (ISK 450-950) en garnalenbroodjes (ISK 1890). Het terras is fantastisch.

Koffiebelevenis - **Cafe Haïti** 8: zie Tip boven.

Voor ijsliefhebbers – **Valdís** 9: ▶ kaart 2, C 1, Grandagarður 21, tel. 586 80 88, di.-zo. 12-23 uur. Zelfgemaakt, onder meer dropijs. Vanaf ISK 350.

Winkelen

Supermarkten of discounters zoals Krónan of Bónus zijn door de hele stad te vinden. Op Austurstræti is een supermarkt dag en nacht geopend; deze heet dan ook logischerwijze '24'. Ook in de buurt van de jeugdherberg en de camping in Laugalækur is er een supermarkt.

Individueel en extravagant – **Spaksmannsspjarir** 1: Bankastræti 11, www.spaksmannsspjarir.com. Eenvoudig naar een paar bijzondere kledingstukken kijken, passen en zich laten verleiden.

Chic breiwerk – **Farmers Market** 2: ▶ kaart 2, C1, Hólmaslóð 2, tel. 552 19 60. Breiwerk kan zo mooi zijn. Van de klassieke modellen tot extravagante.

Outdoorkleding – **66° North** 3: Bankastræti 5, andere filialen op Faxafen 12 en in het winkelcentrum Kringlan (zie onder), www.66north.com. IJslands outdoorlabel van hoge kwaliteit, maar ook relatief duur. Ze hebben zeer mooie kleuren in het programma.

Grootste boekhandel – **Eymundsson** 4: www.eymundsson.is, Austurstræti 18, ma.-vr. 9-22, za./zo. 10-22 uur. Boeken en kaarten over IJsland, ook in het Engels of Duits. Via de website kunnen alle aangeboden boeken en kaarten online worden besteld; ook in het buitenland te leveren. In het café op de 1e verdieping kunt u onmiddellijk gaan lezen en/of een hapje eten.

Alles onder een dak – **Kringlan** 5: ▶ kaart 2, D 3, Kringlan 4-121, www.kringlan.is, ma.-wo. 10-18.30, do. 10-21, vr. 10-19, za. 10-18, zo. 13-18 uur. Het eerste grote winkelcentrum in IJsland, nu met zo'n 150 winkels, restaurants en bioscopen.

Voor postzegelverzamelaars – **Postur (postkantoor)** 6: Pósthússtraeti 5, tel. 580 12 00, fax 580 12 39, www.frimerki.is, ma.-vr. 9-18 uur. De prachtige IJslandse postzegels zijn zeer gewild bij verzamelaars.

Muziek-cd's – **12 Tónar** 7: Skólavörðustíg 15, tel. 551 56 56, www.12tonar.is. Independent label en legendarische

muziekwinkel. Alle IJslandse musici zijn hier vertegenwoordigd.
Wollig – **The Handknitting Association of Iceland 8**: Skólavörðustígur 19, tel. 552 18 90, www.handknit.is, ma.-vr. 9-18, za. 10-17 uur. Wie op zoek is naar wollen producten, zoals truien, mutsen en dekens, vindt hier een breed scala aan traditionele tot trendy modellen – of wol om zelf te breien.
Vlooienmarkt – **Kolaportið 9**: in het douanekantoor aan de oude haven, Geirsgata, za./zo. 11-17 uur. Hier vindt u alles wat los en vast zit.

Actief

Vissen – **Stangaveiðifélag Reykjavíkur 1**: Rafstöðvarvegur 14, tel. 568 60 50, www.svfr.is. De visvereniging van Reykjavík beschikt over de beste zalmrivieren van de stad, zoals de Elliðará, maar ook over een aantal goede meren zoals het Hafravatn. Er worden ook diepzeevistrips georganiseerd.
Bowlen – **Keiluhollin 2**: ▶ kaart 2, D 3, Öskjuhlíð, tel. 511 53 00, www.keiluhollin.is. Achttien banen, bovendien wordt regelmatig disco-bowlen aangeboden. Voor families/gezinnen, groepen of als het regent een ideale afwisseling.
Elektrische fiets – **Season Tours 3**: Vættaborgum 104, www.seasontours.is. Op de fiets in een kleine groep in drie uur de stad verkennen. Ideaal voor diegenen die zich niet te veel willen inspannen. Veel IJslandse geschiedenis.
Duiken – **PADI Dive Center 4**: ▶ kaart 2, C 1, Hólmaslóð 2, tel. 663 28 58, www.dive.is. Duiktrips rond Reykjavík, op het schiereiland Reykjanes en in het Þingvallavatn. Ook nachtelijk excursies en snorkelen.
Stadswandeling met insiders – **Go-Ecco 5**: tel. 696 74 74, www.goecco.com. In de zomer is er dag. een gratis stadswandeling (in de winter elke vrijdag), te beginnen bij het Whale Watching Center om 13 uur (15 min. eerder verzamelen). Andere tochten zijn per telefoon of via het internet te boeken.
Walvissafari – **Whale Watching Center 6**: Ægisgarður, aan de oude haven, tel. 555 35 65, www.whalewatching.is, apr.-okt. Drie keer per dag varen de boten uit om walvissen te spotten. Ter voorbereiding kunnen de passagiers het Whale Centre bezoeken. Van 20 mei tot 15 augustus kunt u op de eilanden voor de kust ook papegaaiduikerkolonies bekijken.
Lava live – **Volcano House 7**: Tryggvagata 11, tel. 555 19 00, www.volcanohouse.com. Engelstalige films over de vulkaanuitbarstingen op Heimaey en die van de Eyjafjallajökull.
Fietsverhuur – **Borgarhjól 8**: Hverfisgata 50, tel. 551 56 53, www.borgarhjol.is. Dames- en herenfietsen, enkele kinderfietsen. Betaling alleen mogelijk met een creditkaart.
Zwemmen en wellnes – **Baden in de stad:** www.spacity.is, toegangsprijs ISK 600, korting met de Reykjavík Welcome Card. Reykjavík heeft zeven thermische baden en het strandbad Nauthólsvík (zie blz. 93) aan zee, ma.-do. 6.30-22, vr. tot 20, za./zo. meestal 10-16 uur. Zowel de kwaliteit van het water als de combinatie van warm water en koude lucht hebben een bewezen positief effect op de gezondheid. Reykjavík is in het najaar van 1998 lid geworden van de Vereniging van Europese kuuroorden.
Skiën – **Bláfjöll en Skálafell:** deze twee skigebieden liggen op 20 km afstand van Reykjavík (tel. 530 30 00, www.skidasvaedi.is).

Uitgaan

Kijk waar zich in het weekend de langste rijen voor de ingang vormen – daar moet u zijn. Vooral in discotheken wordt chique kleding verwacht. Voor evenementen en in kroegen met livemuziek wordt toegang geheven.

Gezellige drukte – **Kaffibarinn** 1: Bergstaðarstræti 1, zo.-do. 18-1, vr./za. 18-4 uur. Wie de roman *101 Reykjavík* gelezen heeft, zou de locatie moeten kennen. Vol, gemoedelijk, maar soms wat lawaaiig.

Geliefd trefpunt – **Kaffi Sólon** 2: Bankastræti 7a, tel. 562 32 32, zo. 12-1, ma.-do. 11-1, vr./za. 11-4 uur. Overdag een al generaties lang populair restaurant en bistro, met name de 50-plussers blijven komen, in het weekend disco op de bovenste verdieping.

Dansen – **Austur** 3: Austurstræti 7, do. 20-1, vr./za. 20-4.30 uur. Sinds een aantal jaren een populaire nachtclub, waar men gepaste kleding op prijs stelt.

IJslandse opera – **Íslenska Óperan** 12: in de concertzaal Harpa, Austurbakki 2, tel. 528 50 50, www.opera.is, kaartjes ma.-vr. 10–18, za./zo. 12–18 uur. De pas sinds een jaar of 30 bestaande Opera produceert jaarlijks zo'n vier opera's, met overwegend IJslandse zangers.

Orgelmuziek – **Hallgrímskirkja** 23: tel. 510 10 00, www.hallgrimskirkja.is. In de zomer vinden regelmatig concerten plaats.

Ondertiteld – **Bioscopen:** Bíoborgin/Snorrabraut; Stjörnubío/Laugavegur; Regenboginn/Hverfisgata; Háskólabío/Hagatorg in het Radisson SAS Hótel Saga; Laugarásbío/Kleppsvegur; Bíohöllin/Álfabakka 8, Breiðholt; in de winkelcentra Kringlan en Smáralind. De programma's van de grote bioscopen zijn te vinden op http://midi.is/bio/. Europese en Amerikaanse films worden vertoond in de originele taal met IJslandse ondertitels, daarnaast ook IJslandse films met Engelse ondertitels.

Info en festiviteiten

Vervoer

Stadsbussen: www.straeto.is. De stadsbussen worden geëxploiteerd door Strætó, met buslijnen naar Hafnarfjörður, Mosfellsbær en Akranes. De belangrijkste bushaltes van de stad zijn Lækjartorg, Hlemmur, Grensás en Mjódd met veel overstapmogelijkheden. Bussen vertrekken elke 20 min. en 's avonds en in het weekend om de 30 min. of eenmaal per uur. Een enkeltje kost ISK 400. De aankoop van de Reykjavík Welcome Card biedt korting op de tarieven (zie blz. 103).

Uitzicht vanaf Perlan met op de achtergrond de 100 km verderop gelegen Snæfellsjökull

Veerboten naar Viðey: 15 mei-sept. vanuit de nieuwe haven van Reykjavík (Starfabakki-Sundahöfn) dag. heen tussen 10.15 en 17.15 uur om de 60 min., terug van 12.30-18.30 uur. Vanuit de oude haven dag. 11.50, 14.50 uur heen, terug 11.30, 14.30, 17.30 uur; okt.-15 mei za./zo. vanuit de nieuwe haven van Reykjavík heen 13.15, 14.15, 15.15, terug van 13.30-16.30 uur, ISK 1100.
Interlokale bussen: BSÍ Busterminal, Vatnsmýrarvegur 10, tel. 562 10 11, www.bsi.is, dag. 4.30-24 uur. Vanaf hier rijden interlokale bussen door het hele land. Bovendien komt hier de de bus van het vliegveld in Keflavík aan.
Vliegtuig: binnenlandse vluchten vertrekken van Reykjavík Airport. Voor meer informatie over luchtvaartmaatschappijen zie blz. 22.

Evenementen

Winter Lights Festival: februari. Een feest om de levensvreugde midden in de winter op peil te houden. Een mix van kunst, cultuur, sport, geschiedenis.
Food and Fun: februari. Internationale gastronomische wedstrijd, waaraan tal van restaurants in de stad deelnemen. Veel plezier, uitstekend eten van uitsluitend IJslandse ingrediënten.
Reykjavík Art Festival: mei, www.artfest.is. Het is het internationaal beroemdste culturele festival met IJslandse en internationale gasten, met beeldende kunst, theater en muziek.
Onafhankelijkheidsdag: 17 juni. Parades, muziek, openluchtvoorstellingen, kraampjes en dans.
Orgelfestival: zomermaanden. Ieder even jaar organiseert de Hallgrímskerk een internationaal orgelfestival.
Gay Pride Reykjavík: augustus, www.gaypride.is. De vrolijk gekleurde gay parade wordt steeds populairder, ook onder toeristen. Een zomerfestival met tal van optredens in de Reykjavíkse clubs.
Cultuurnacht: 3e zaterdag in augustus. Cultuurmanifestaties worden in de hele stad georganiseerd en ter afsluiting is er een vuurwerk. Op dezelfde dag wordt ook de marathon van Reykjavík gelopen.
Reykjavík Jazz Festival: half augustus. Vijf dagen lang zijn er manifestaties en concerten in verschillende clubs en op diverse plekken in het teken van de jazz.
Literatuurfestival: september. Sinds 1985 wordt – eerst onregelmatig, nu ieder oneven jaar – een internationaal literatuurfestival met topauteurs en workshops gehouden.
Internationaal filmfestival: herfst. Sinds 2004 heeft Reykjavík zijn filmfestival met het zwaartepunt op jonge talenten.
Iceland Airwaves: oktober. Dit muziekevent heeft een al bijna legendarische status, sinds het in 1999 voor het eerst plaats vond. Nieuwe groepen uit de VS, IJsland en Europa treden hier op.
Sequences: oktober/november. Internationaal cross-media-kunstfestival.
Young Art Festival: november. Hier presenteren de jonge beeldend kunstenaars zich.

Reykjavík Welcome Card

De Reykjavík Welcome Card is beschikbaar voor één, twee of drie dagen. Hij geeft recht op onbeperkt gebruik van het openbaar vervoer, toegang tot acht musea en het openluchtmuseum Árbaejarsafn en de zeven gemeentelijke zwembaden, de IJslandse dierentuin, de ijsbaan en het familiepark (in de zomer), een boottocht naar Viðey en nog veel meer. Echt perfect. De kaart kost ISK 3300 (1 dag), ISK 4400 (2 dagen) of ISK 4900 (3 dagen) en is verkrijgbaar bij de Tourist Information Centers, in sommige musea en hotels en op grote busstations.

De buursteden van Reykjavík

Seltjarnarnes ▶ C 6

Reykjavík strekt zich uit over een schiereiland, met op de westelijke uitlopers de buurstad Seltjarnarnes. Seltjarnarnes grenst zo direct aan de hoofdstad dat u de overgang nauwelijks merkt. Rond 4600 inwoners wonen in de stad. Al vroeg vestigden zich hier mensen en in de latere eeuwen stonden er boerderijen. Interessant is niet alleen de locatie, aan drie kanten omgeven door de zee, met prachtig uitzicht op de Snæfellsjökull en in de richting van Reykjanes, maar ook de architectuur met uitsluitend laagbouw. Nu is Seltjarnarnes vooral een slaapstad van Reykjavík, zij het met zijn eigen bestuur en culturele instellingen, maar zonder noemenswaardige industrieën.

Nesstofa

Austurströnd 2, tel. 595 91 00, 561 71 00, dag. 13-17 uur, toegang gratis

Het witte stenen huis werd in 1761 gebouwd door de Deense architect Jacob Fort Ling en wordt nu als een van IJslands oudste stenen huizen beheerd door het Nationaal Museum. Oorspronkelijk was het een dokterswoning en apotheek en later een opleidingscentrum voor medische beroepen (tot 1875). Nu is er nog steeds de oude apotheek te zien. Op dit moment wordt er een geneeskundig museum naast gebouwd.

Vogelreservaat Grótta

Van de vuurtoren Grótta (zie Favoriet blz. 106) gaat een fraai wandelpad door het vogelreservaat langs de kust tot aan de golfbaan. Aan de ene kant de zee en aan de andere kant de green, waar de vogels in de vroege zomer broeden, en het kleine meer Bakkatjörn. Grauwe ganzen, meeuwen en eidereenden worden hier aangetroffen naast verschillende zangvogels en steltlopers. Op panelen kunt u zien welke vogels hier rondvliegen en broeden.

INFO

Reizen naar de buursteden

Auto: van Reykjavík richting het westen naar Seltjarnarnes en in zuidelijke richt naar Kópavogur.
Bus: beide buursteden zijn goed per openbaar vervoer bereikbaar, Seltjarnarnes met lijn 11 en Kópavogur met lijn 1, info: www.straeto.is.

Actief

Pure ontspanning – Seltjarnarnes' zwembad: Suðurströnd, tel. 561 1700, ma.-vr. 6.30-21, za./zo. 8-19.30 uur (zomer). Gemoedelijk zwembad en aangenaam vanwege het zoute water.

Op de fiets rond Seltjarnarnes

Duur: 5 uur met bezichtigingen, afstand: 25-30 km, fietsverhuur zie blz. 101, bovendien op de camping

Reykjavík heeft een prachtig wandelpad dat zich uitstrekt van de stad tot aan Seltjarnarnes, dat ook vaak wordt gebruikt door fietsers en joggers. De fietstocht is aan te bevelen, omdat u zich zelfs bij tegenwind niet al te zeer hoeft in te spannen om vooruit te komen – u rijdt altijd op hetzelfde niveau rondom het schiereiland Seltjarnarnes. Begin ter hoogte van **Höfði** (zie blz. 96) en fiets naar het westen. Het

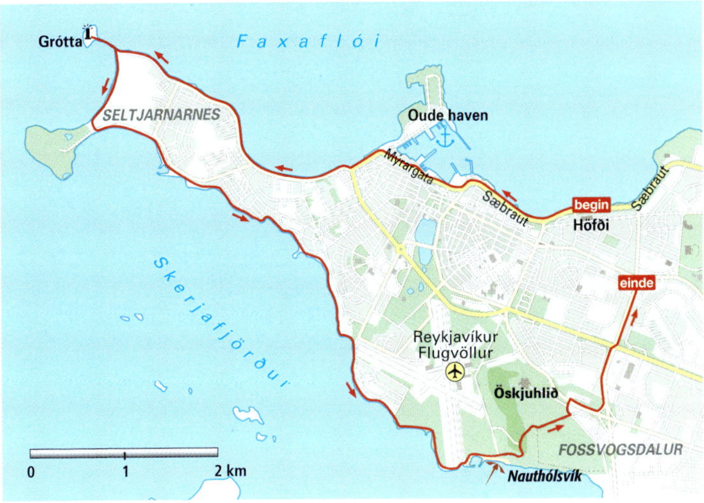

Met de fiets rond Seltjarnarnes

gaat niet alleen om de bezienswaardigheden op de **Sæbraut**, maar vooral om het prachtige uitzicht op de bergen en de kleine eilanden in de baai, die u uitnodigen om even te pauzeren. Op heldere dagen kunt u zelfs de Snæfellsjökull in het westen zien liggen. Alleen langs de **Mýrargata** ligt geen fietspad, maar verder kunt u heel rustig fietsen en bijvoorbeeld een afsteker maken naar de oude haven om de vangst van de vissers te inspecteren.

Het doel is de vuurtoren **Grótta** op een klein eiland voor het uiterste puntje van Seltjarnarnes, een ideale plek voor een picknick. Daarna gaat u verder langs de zuidkant van Seltjarnarnes met uitzicht op de berg Keilir op het schiereiland Reykjanes. Vele mooie villa's en huizen met soms mooi aangelegde tuinen zijn hier te zien. Na het vliegveld, waarvan de startbaan tot bijna in zee reikt, te hebben omcirkeld, kunt u bijkomen op het strand van **Nauthólsvík** of in het bos op de **Öskjuhlið** (zie blz. 92) met zijn talrijke wandelpaden. Vanaf hier rijdt u of terug naar het beginpunt in het stadscentrum of u gaat eens kijken hoe de rijke en welgestelde inwoners van Reykjavík wonen in het stadsdeel **Fossvogsdalur**.

Kópavogur ▶ C 6

Direct aan Reykjavík grenst in het zuiden de op een na grootste stad van IJsland, Kópavogur. Kijkend naar de stedelijke ontwikkeling heeft men de indruk dat de buurman wil concurreren met de hoofdstad. Zo zijn hier de enige echte wolkenkrabbers van het land te vinden en een reusachtig winkelcentrum, Smáralind. Ook cultureel spant men zich in met boeiende musea en een interessant concertgebouw – dat er al stond lang voordat zo'n gebouw zelfs maar werd aangekondigd in het grotere Reykjavík. ▷ blz. 108

Favoriet

Bij de vuurtoren van Grótta – daar waar de zon in de zee zakt ▶ C 6

Op het uiterste noordwestelijke puntje van het schiereiland Seltjarnarnes staat de vuurtoren van Grótta (Gróttu viti). Bij laag water steken enkele gladde rotsen uit het water die u uitnodigen om het kleine eiland met de vuurtoren te bezoeken. Ik geef er de voorkeur aan om op het strand te zitten en te luisteren naar de branding die over de keien rolt, en te kijken naar de vele vogels die opgewonden heen en weer lopen en tussen de stenen kleine prooien oppikken. Reykjavík ligt achter me: als ik me omdraai, zie ik de torenhoge gebouwen op de achtergrond, mooi is het uitzicht op zee. Hier kan je jezelf verliezen. Soms zie je een schip in de verte en in de zomeravonden kun je het spektakel van de middernachtzon met fascinerende kleuren ervaren.

Natuurhistorisch museum

Hamraborg 6a, www.natkop.is, ma.-do. 10-19, vr. 11-17, za. 13-17, toegang gratis

Het Natuurhistorisch museum (Náttúrrufræðistofa) heeft twee verzamelingen, een over de dierenwereld van het land met de nadruk op vogels en schelpdieren, en een met gesteenten en mineralen. Het architectonisch aansprekende gebouw huisvest ook een onderzoeksinstituut en de stadsbibliotheek.

Kunstmuseum

Hamraborg 4, www.gerdarsafn.is, di.-zo. 11-17 uur, ISK 500

Het kleine, maar fijne kunstmuseum van de stad (Gerðarsafn) richt zich met zijn collectie en tentoonstellingen op de IJslandse kunst uit de 20e eeuw en op hedendaagse kunst. Het museum is vernoemd naar de bekende glaskunstenares en beeldhouwster Gerður Helgadóttir, wier werken worden tentoongesteld in het gebouw. Uitnodigend zijn het café en het buitenterrein.

Concertgebouw

Hamraborg 6, www.salurinn.is, kaartjes ca. ISK 5000

Het architectonisch elegante concertgebouw Salurinn werd in 1999 geopend en was het eerste concertgebouw in IJsland. Drijfhout en gesteenten uit IJsland werden in de constructie verwerkt en het interieur kent een goede akoestiek. Het programma loopt van september tot mei, met nationale en internationale musici. Hier hebt u de kans om goede klassieke muziek te horen.

Winkelen

Shoppingmall – **Smáralind:** Hagasmára 1, ma.-wo., vr. 11-19, do. 11-21, za. 11-18, zo. 13-18 uur. Zeventig winkels, restaurants en bioscopen.

Bessastaðir ▶ C 6

Bessastaðirvegur bij Álftanes

De boerderij Bessastaðir, gelegen op de landtong Álftanes net buiten Hafnarfjörður, is nu de residentie van de president. Aan het begin van de 13e eeuw was de boerderij van Snorri Sturluson. Nadat die was vermoord, viel de boerderij in handen van de Noorse en later de Deense kroon, die hem tot de 18e eeuw gebruikte als zetel van de koninklijke gouverneur. In 1805-1846 zat hier de een middelbare school, die vervolgens naar Reykjavík werd verplaatst.

De dichter Grímur Thomsen kocht de boerderij in de tweede helft van de 19e eeuw en een latere eigenaar doneerde hem in 1941 aan de staat. Sindsdien is Bessastaðir de residentie van het staatshoofd. De oudste delen van de huidige residentie werden gebouwd in 1763. In de kerk, die in 1780 tot 1823 werd gebouwd, bevinden zich prachtige ramen, met afbeeldingen uit de IJslandse geschiedenis. Op de zijpanelen van het altaar hangen panelen met de namen van de voormalige, inmiddels overleden presidenten en de duur van hun mandaat: Sveinn Björnsson (1944-1952), Ásgeir Ásgeirsson (1952-1968), Kristján Eldjárn (1968-1980).

Overnachten

Fisherman's Village – **Hlið:** Álftanes, direct aan de kust gelegen, boekingen via Fjörukráin (zie blz. 124), 2 pk ISK 19.300, huis ISK 30 600.

Garðabær ▶ C 6

Hoewel het een zelfstandige stad is, met een naar IJslandse begrippen relatief groot inwonertal (ca. 10.000), vat men Garðabær toch meer op als een deel van Reykjavík. Net als Kópavógur behoort het tot de slaapsteden van de hoofdstad, hoewel de respectievelijke stadsbesturen er veel aan doen om de zelfstandigheid te benadrukken. Het culturele aanbod van Garðabær is daarom breed en veelzijdig, niet in de laatste plaats vanwege de schitterende locaties.

Hofsstaðir

Kirkjulundur, altijd toegankelijk

Archeologische vondsten tonen aan dat hier tijdens de kolonisatieperiode (870-930) een boerderij heeft gestaan, die tot in de 12e eeuw bewoond bleef. Nu kunt u de gerestaureerde fundamenten van het voormalige langhuis zien. De grootte van de boerderij is naar IJslandse begrippen opmerkelijk en toont aan dat zich hier kennelijk een belangrijke boer had gevestigd.

Museum voor design en toegepaste kunst

Garðatorg 1, tel. 512 15 25, www.honnunarsafn.is, di.-zo. 12-17 uur, ISK 500

Een van de nieuwste musea in Groot-Reykjavík is het Museum voor design en toegepaste kunst (Hönnunarsafn Íslands). De collectie werd gesticht in 1998 en in 2010 kon het gebouw worden betrokken. Er zijn regelmatig tentoonstellingen over IJslands en Scandinavisch design en in monografische tentoonstellingen worden de ontwerpers gepresenteerd. Interessant is vooral de collectie IJslands design van het begin van de 20e eeuw tot heden. Verzameld zijn niet alleen objecten, zoals sieraden, keramiek en meubels, maar ook de ontwerpen en tekeningen, om het ontwikkelingsproces en de aanpassingen te documenteren.

Met zijn heldere vormentaal behoort IJslands design tot de Scandinavische stijl

IN EEN OOGOPSLAG

De Gouden Cirkel en Reykjanes

Hoogtepunt✸

Geysir: een fascinerend geothermisch gebied met talrijke kleine, bruisende en levende bronnen. Hoewel Stóri Geysir, de grote geiser, zelden actief is, laat zijn kleinere buurman Strokkur zich gelukkig nog wel zien. Zie blz. 117.

Op ontdekkingsreis

De vergadering van vrije mannen in Þingvellir: een wandeling naar de plekken in het nationale park Þingvellir, waar in de middeleeuwen de IJslanders bij elkaar kwamen om recht te spreken. Veel ruïnes zijn er nog te zien en op de Lögberg, waar recht werd gesproken, kunt u de akoestiek zelf testen. Zie blz. 114.

Bezienswaardigheden

Gljúfrasteinn: het huis van Nobelprijswinnaar Halldór Laxness is nu een museum. Hier kunt u zijn leven en werken volgen en u net als de schrijver laten inspireren door de omgeving. Zie blz. 112.

Skálholt: de zetel van de eerste bisschop is een van de belangrijkste historische plaatsen in het land. In de moderne kerk vindt u nog veel sporen van de eens zo machtige bisschoppen. Zie blz. 120.

Actief

Duiken in het Þingvallavatn: een duik in de kloof tussen de continenten is een bijzondere ervaring die je bij DiveIceland.com kunt boeken. Zie blz. 117.

Wandeling naar de Krýsuvíkurberg: de kliffen van de Krýsuvíkurberg strekken zich over 5 km uit en bieden veel vogels een ideale nestplek. Zie blz. 133.

Sfeervol genieten

Bláa Lonið: IJsland beroemdste kuuroord is een plaats van ontspanning en plezier. In het aangename, warme water kunt u volledig gewichtloos drijven, terwijl u naar de hemel kijkt. Zie blz. 132.

Uitgaan

Vikingrestaurant in Hafnarfjörður: een feest zoals in Vikingtijden met stevig eten en gezang. De liederen worden uitgelegd en bij sommige kunt u ook meezingen. Zie blz. 124.

Gouden Cirkel

Vanuit Reykjavík kunt u in een rondrit, die de Gouden Cirkel wordt genoemd, een aantal van de belangrijkste bezienswaardigheden van het land bezoeken: van de vergaderplaats bij Þingvellir naar Geysir en de waterval Gullfoss. Er is waarschijnlijk geen andere rondrit mogelijk, waarbij u de verscheidenheid aan landschappen in IJsland zo goed kunt beleven. Alles wat IJsland vormt, vuur en ijs, zee en weiden, vindt u hier. Bij Gullfoss begint het ongerepte hoogland, waarvan de gletsjers al in de verte zijn te zien.

INFO

Internet

www.thingvellir.is: praktische, historische en geologische informatie over het nationale park.

Naar en van Þingvellir

Auto: van Reykjavík via weg 1 naar Mosfellsbær, rechtsaf via weg 36 en weg 365 naar Laugarvatn, dan weg 37 en weg 35 naar Gullfoss, die naar het zuiden toe ook naar Skálholt voert.
Bus: de Gouden Cirkel kunt u ook als bustocht vanuit Reykjavík maken (dag. bijv. bij Grayline, www.grayline.is).

Let op: massatoerisme!

Omdat de GoudenCirkel de populairste excursie vanuit Reykjavík is, zijn hier uiteraard heel veel toeristen bij en rond de bezienswaardigheden te vinden. Toch zijn die nog steeds de moeite waard, omdat dit de plekken zijn die men nu eenmaal in IJsland gezien moet hebben, zoals Þingvellir, Geysir en Gullfoss.

Mosfellsbær ▶ C 6

Deze noordelijke buurstad van Reykjavík was een centrum voor de verwerking van wol. De gebouwen van de voormalige wolfabriek Álafoss worden tegenwoordig gebruikt voor tentoonstellingen en enkele kunstenaars hebben hier hun ateliers. Halldór Laxness woonde bijna vijftig jaar in Gljúfrasteinn, enkele kilometers ten oosten van het centrum. Hij ligt begraven op het kerkhof van Mosfell.

Gljúfrasteinn

270 Mosfellsbær, www.gljufrasteinn.is, juni-aug. dag. 9-17, sept.-mei di.-zo. 10-17 uur, ISK 800
Halldór Laxness (1902-1998), winnaar van de Nobelprijs voor Literatuur, betrok in 1945 samen met zijn vrouw dit huis. In 2002 werd het vermaakt aan de stad Mosfellsbær en is tegenwoordig een museum. Het privékarakter van het huis is behouden gebleven en met een audiogids komt u veel te weten over het leven en werk van de schrijver. U kunt er wandelingen maken in de tuin en de omgeving.

Þingvellir ▶ D 6

Geen plaats in IJsland heeft zo'n grote betekenis voor het historische zelfbeeld van de IJslanders en voor de natie als Þingvellir (de oude vergaderplaats). Hier werd de eerste IJslandse Vrijstaat in 930 verkondigd en op 17 juni 1944 de Republiek IJsland uitgeroepen. Geologisch is het gebied een bijzonderheid, want hier ontmoeten de Oude en Nieuwe Wereld, Europa en Amerika, elkaar duidelijk zichtbaar. Kilometers lange kloven, die van het noordoosten naar het zuidwesten lopen, zijn kenmerkend voor het 50 km² grote, in 1928 opgerichte, nationale park. Sinds juli 2004 staat Þingvellir ook op de Werelderfgoedlijst van de UNESCO.

De vlakte Þingvellir, begrensd door de kloven Almannagjá in het westen en Hrafnagjá in het oosten, is de voortzetting van de Mid-Atlantische Rug. Metingen hebben aangetoond dat de vlakte per jaar maximaal 8 mm daalt en met dezelfde hoeveelheid breder wordt. De Euraziatische plaat met het oostelijke deel van de Atlantische zeebodem en de Amerikaanse plaat met de westelijke Atlantische bodem drijven hier geleidelijk uit elkaar.

Multimediaal informatiecentrum en uitzichtpunt Hakið

801 Selfoss, www.thingvellir.is, dag. 9-17, juni-aug. tot 18 uur, toegang gratis, ISK 200 voor het gebruik van de toiletten

Bij het uitzichtpunt Hakið boven de Almannagjá is een informatiecentrum waar u alles te weten kunt komen over de geschiedenis en geologie van Þingvellir. Vanaf het platform hebt u een goed uitzicht op de omgeving met het meer Þingvallavatn in het zuiden en de schildvulkaan Skjaldbreiður (1060 m) en de tafelberg Hlöðufell (1188 m) in het noorden. Schildvulkanen zijn opgebouwd uit dunne lava, wat hun grote oppervlakte verklaart. Skjaldbreiður stijgt vrij gelijkmatig met een helling van 6 graden. Behalve in IJsland komt dit type vulkaan ook voor op Hawaii.

Lögberg en Lögrétta

Vanaf Hakið leidt een weg door de Almannagjá, de Almannenkloof, naar de Lögberg, de plek waar de wetspreker het woord voerde. Niet ver daarvandaan kwam de Lögrétta samen, de verzameling van stamhoofden (zie Op ontdekkingsreis blz. 114).

Öxarárfoss

Om bij de 10 m hoge waterval Öxarárfoss te komen moet u de Almannagjá voorbij de Lögberg in de richting van het noorden verlaten. De waterval werd in de middeleeuwen kunstmatig gecreeerd om de vergaderplaats te voorzien van drinkwater.

Þingvallavatn

Het meer Þingvallavatn met de vulkanische eilanden Nesjaey en Sandey is het grootste meer in IJsland (84 km²) met een diepte tot 114 m. De belangrijkste bronrivier is de Öxará. Zijn huidige omvang kreeg het meer door een aardbeving in 1789, toen het 60 cm daalde en zich verder noordwaarts kon uitbreiden.

Op de oevers staan talrijke zomerhuizen, niet in het minst vanwege de goede vismogelijkheden. Duikenthousiastelingen kunnen hier ook op onderzoek uitgaan en er worden heel wat duik- en snorkelactiviteiten aangeboden, zoals in de kloof Silfra tussen de Amerikaanse en Euraziatische platen.

Þingvallakirkja

Mei-aug. dag. 9-19.30 uur

In de kerk van Þingvellir hangt de klok van IJsland – een geschenk van koning Olaf van Noorwegen uit het jaar 1018 – die ongeveer negenhonderd jaar later geluid werd bij het uitroepen van de republiek en waar Laxness' roman *Íslandsklukkan* naar is genoemd. De middeleeuwse kerk stond waarschijnlijk op dezelfde plaats als die van de huidige in 1859 gewijde kerk, en die was zo groot dat bij slecht weer de vergadering binnen kon plaatvinden.

Huis met de vijf gevels en de nationale begraafplaats

In het huis met de vijf gevels (Þingvallabær) naast de kerk woonde vroeger de dominee, die tegelijk ▷ blz. 117

Op ontdekkingsreis

De vergadering van vrije mannen in Þingvellir

Een wandeling naar de plek in het nationale park Þingvellir, waar in de middeleeuwen de 'goðar' bijeenkwamen om recht te spreken. Veel ruïnes zijn nog te zien en op de Lögberg, de plek waar ze recht spraken, kunt u de akoestiek zelf testen.

Uitneembare kaart: ▶ D 6
Start: vanaf het uitzichtpunt Hakið gemarkeerde paden.
Duur: 2-3 uur.

Vanaf 930 werd het Alþingi, de algemene vergadering van vrije mannen onder leiding van de *goðar*, elk jaar in de zomer gehouden bij het meer Þingvallavatn. Þingvellir werd gekozen als ontmoetingsplaats vanwege de gunstige ligging in het centrum van de dichtst bevolkte strook land van IJsland en de weelderige weiden en een overvloed aan water voor de paarden. Kooplieden, ambachtslieden en boeren uit het hele land kwamen naar het twee weken durende jaarlijkse evenement; ze ontmoetten vrienden en familieleden, maakten nieuwe vrienden en sloten huwelijken.

Het was een festival met wedstrijden, worstelen, zingen, bier en nieuws. Tot wel vijfduizend mensen kwamen bijeen op Þingvellir waar ze onderdak vonden in tenten of hutten van steen en turf.

Huisjes voor de deelnemers

Vanaf het uitkijkpunt Hakið gaat een iets steiler pad door de Almannagjá, de 'kloof van de mannen/mensen' (zie foto), waarvan de basalten wanden aan de westzijde tot 40 m hoog zijn. In het noordelijke deel van de kloof stonden in de middeleeuwen de hutten waarin de bezoekers overnachtten. De ruïnes die hier te zien zijn dateren van de 17e en 18e eeuw. De hutten uit de middeleeuwen waren waarschijnlijk aanzienlijk groter. Ze werden gebouwd van steen en turf rondom een houten structuur.

De macht van de goði

Het is bekend dat er al dingplaatsen op IJsland waren vóór het jaar 930. Daar werden de wetten geformuleerd, uitgelegd en er werd recht gesproken, een uitvoerende macht had het ding oorspronkelijk niet. De leiding was aan de *goðar*, mannen die als priester of stamhoofd een *goðorð* – een domein of gebied dat onder hun invloed stond – leidden. Hun status was gestoeld op de reputatie van hun voorouders, die als kolonisten naar IJsland waren gekomen. De *goðorð* was gebaseerd op een wederzijdse loyaliteit en steun tussen de *goði* en zijn volgelingen, een akkoord dat van beide kanten kon worden opgezegd. De band met een *goði* was onafhankelijk van de geografische locatie, maar geheel en al de vrije keuze van de individuele boeren.

Berg van de wetgeving

De Lögberg, in de tijd van de *goðar* de plek van de wetspreker, is nu gemarkeerd met een vlaggenmast en een stenen monument. De wetspreker leidde het Alþingi en droeg hier in de loop van zijn termijn van drie jaar alle uitspraken in individuele zaken uit het hoofd voor. Bovendien moest hij de Lögrétta, de vergadering van de *goðar*, leiden. Hij werd gekozen en als enige van de Lögrétta betaald. Tot op heden kon niet precies worden bepaald waar de Lögberg was, maar zeker in dit gebied.

De aanwezige 36, later zelfs 48 *goðar* vormden de wetgevende en handhavende macht van de **Lögrétta**. Ze zaten samen met twee adviseurs onder de Lögberg. Stemrecht bezaten alleen de *goðar*. Zij benoemden ook de rechters van de nieuwe streekrechtbanken, die hun zitting hadden tijdens het Alþingi. Na de aanname van het christendom in het jaar 1000, kwamen ook de bisschoppen met hun mannen erbij.

De Noorse koning maakte in 1262 een einde aan de Lögrétta. In plaats van een wetspreker benoemde hij een soort schout en ambtenaren vervingen de *goðar*. Aan het hoofd van het landsbestuur kwam in 1279 de gouverneur van de koning te staan. De nieuwe ambten werden in toenemende mate bekleed door Noren en later Denen. Het nog slechts vier dagen durende Alþingi diende bijna uitsluitend als rechtbank.

Gruwelijke terechtstellingen

Als u over het pad door de Almannagjá naar de Lögberg en de Lögrétta verder naar het noorden loopt, steekt u al snel via een brug de Öxará over. De rivier werd in de middeleeuwen omgeleid over de vlakte. Vanaf de brug kijkt u uit op een diepte in het water, **Drekkingahylur**, waarin sinds 1618 vrouwen die buitenechtelijke kinderen gebaard hadden, overspel hadden

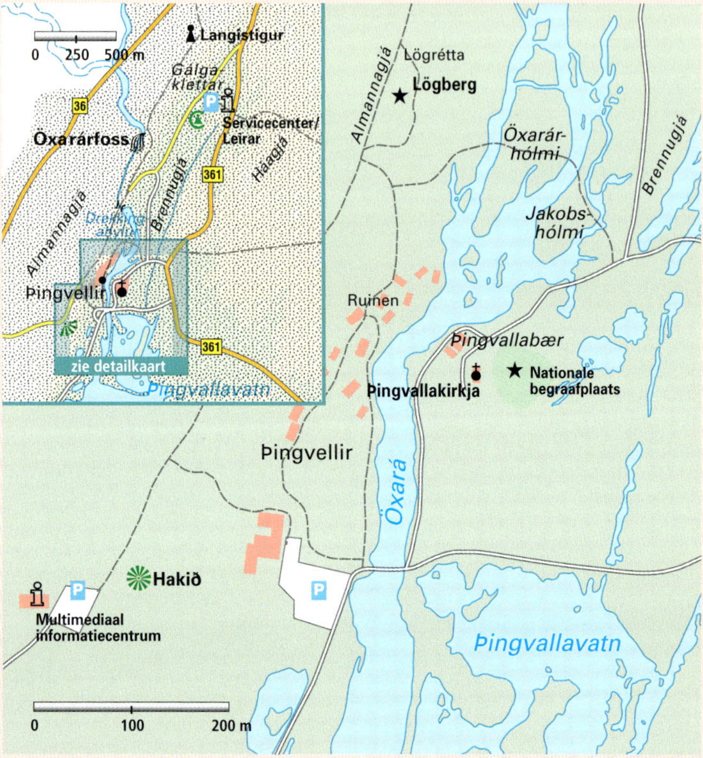

gepleegd of hun man onwettig hadden vermoord, werden terechtgesteld door verdrinking. Achttien verdrinkingen zijn gedocumenteerd. In de nabijgelegen kloof **Brennugjá** werden in de tijd van de heksenjachten in de 17e eeuw negen mensen verbrand wegens hekserij. Vandaar de naam van de kloof, verbrandingskloof.

Plek van nationale identiteit

In 1798 kwam het Alþingi voor de laatste keer samen in Þingvellir. In 1800 werd het opgeheven, maar 43 jaar later weer ingesteld als een raadgevende vergadering. De nieuwe locatie was Reykjavík. Þingvellir verloor daarmee zijn politieke belang, maar historisch gezien heeft het zijn plaats behouden in het bewustzijn van elke IJslander. Op bepaalde gedenkdagen kan het gebied bogen op een grote toestroom van bezoekers. In 1994 werd de 50e verjaardag van de republiek hier gevierd, wat zorgde voor kilometers lange files richting Þingvellir. Voor bezoeken van buitenlandse staatshoofden is een bezoek aan dit Werelderfgoed een must, vaak gecombineerd met het planten van een boom in het bos van de vriendschap, dat in 1990 ter gelegenheid van de 60e verjaardag van de toenmalige president Vigdís Finnbogadóttir werd aangelegd.

de directeur van het nationale park was. Tegenwoordig zijn er alleen maar kantoren. Op de in 1939 aangelegde nationale begraafplaats zouden de grootste strijders voor een onafhankelijke staat worden bijgezet. Naast de dichters Jónas Hallgrímsson (1807-1845) en Einar Benediktsson (1864-1940) heeft echter niemand daar zijn laatste rustplaats gevonden. Het gerucht gaat zelfs, dat men de stoffelijke resten van een vreemde in plaats van die van Jónas Hallgrímsson vanuit Kopenhagen naar hier heeft gebracht.

Overnachten

Natuurlijk – **Campings:** www.thingvellir.is/plan-your-visit/camping.aspx. De vijf campings in het nationale park zijn goed uitgerust en deels rustig gelegen. ISK 1400/pers.

Eten en drinken

Fast Food – **Servicecentrum Þingvellir:** bij de camping van Leirar, apr.-okt. dag., nov.-mrt. za./zo., vanaf ISK 1200. De klassiekers van de grill en sandwiches zijn op dit moment alleen verkrijgbaar bij dit enige restaurant ter plaatse.

Actief

Vissen – **Servicecentrum Þingvellir:** zie rechts. Hier zijn visvergunningen voor het seizoen van 1 mei-15 sept. te koop.
Duiken – **DiveIceland.com:** Ásbúdartröð 17, 220 Hafnarfjörður, tel. 699 30 00, www.diveiceland.com. Duikexcursies in de Silfra, de kloof tussen de twee aardschollen. De Silfra wordt gerekend tot de beste duikplekken ter wereld.
Snorkelen – **Arctic Rafting:** Laugarvegur 11, 101 Reykjavík, tel. 571 22 00, www.arcticrafting.com. Snorkelen in de Silfra en aansluitend warme chocolademelk drinken.

Informatie

Servicecentrum Þingvellir: bij de camping van Leirar, tel. 482 26 60, fax 482 36 35, www.thingvellir.is, mei-sept.
Bus: dag. bussen uit Reykjavík, verder het hele jaar georganiseerde rondritten.

Geysir* ▶ E 6

De beroemde geiser (Stóri) Geysir gaf het geothermische veld in het dal Haukadalur zijn naam. De multimediale show in het Geysircenter biedt inzichtelijk informatie over de geologische bijzonderheden en is een ideaal startpunt om vertrouwd te raken met de regio.

Het werkingsprincipe van een geiser werd in 1846 bestudeerd door de natuurwetenschapper Robert Bunsen tijdens een reis door IJsland. Hij mat de watertemperatuur op verschillende plekken in de schacht en stelde vast dat deze met de diepte toenam. Verklaring: met de waterdiepte stijgt de waterdruk en daarmee ook het kookpunt. Daalt de waterdruk, dan kookt het water in de diepte, en ontstaat er een uitbarsting. Daarbij komt nog dat mineralen en de luchtdruk het kookpunt verlagen.

Het dal Haukadalur was ooit rijk aan bossen en weiden. Met een herbebossingsproject poogt men deze situatie te kunnen herstellen.

Geysircenter

Haukadalur, 801 Selfoss, tel. 480 68 00, www.geysircenter.is, mei-aug. dag. 10-17, sept.-apr. dag. 12-16 uur, ISK 1000

Een waardevolle tentoonstelling, maar u moet erin het enorme centrum met een restaurant, een café, een souvenir- en wolwinkel bijna naar zoeken. Wie houdt van drukte is hier aan het goede adres. De tentoonstelling is een multimedia-show over de geologische kenmerken van het gebied, bijvoorbeeld over hoe een aardbeving voelt of hoe het noorderlicht eruitziet.

Stóri Geysir

De Stóri Geysir, de grote geiser in Haukadalur, werd in 1294 voor het eerst genoemd door een waargenomen uitbarsting die door bisschop Brynjólfur Sveinsson in 1647 beschreven werd onder de naam 'Geysir'. Geologen schatten zijn leeftijd op basis van de sinterafzettingen in het bekken op ongeveer 10.000 jaar. Zijn meest actieve periode had de geiser in de 18e eeuw. In 1772 schoot elk halfuur een fontein van maximaal 70 m omhoog. Door de jaren heen verminderde de activiteiten totdat hij 1915 helemaal stopte. In 1935 werd een ondergronds kanaal gegraven dat de grondwaterstand verlaagde en daarmee ook de druk. Het succes na de drukverlaging was indrukwekkend, maar dat duurde slechts tot 1964. Na nog eens zeven jaar stilte werkte de geiser schijnbaar willekeurig of alleen nadat er een handvol zeep in werd gegooid. Deze uitgelokte uitbarstingen deden sterk denken van een overkokende waterketel. Aardbevingen in 2000 bliezen nieuw leven in de geiser, die nu weer op een natuurlijke manier uitbrak. Fascinerend zijn de oude kiezelsinters langs het bijna cirkelvormige 14 m grote bekken die in fijne lagen een miniatuur landschap vormen. In het midden van het bekken is de 2 m brede opening van de bron te zien.

Strokkur

Slechts 100 m van de grote geiser schieten de fonteinen van Strokkur (botervat) nu regelmatig omhoog, nadat in 1963 de bronschacht werd gereinigd. Indrukwekkend is de met lucht of stoom gevulde waterbel boven de 2 m brede schachtopening, die zich een seconde voor de uitbarsting vormt en schittert in verschillende tinten blauw.

Naast deze twee geisers bevinden zich nog vele kleine hete bronnen in Haukadalur, waarvan de kleur afhankelijk is van de minerale samenstelling en die varieert van diep turkooisblauw tot fel rood.

Kerk van Haukadalur

Interessant is ook de niet ver van de warmwaterbronnen staande kerk van Haukadalur, waarvan de deurring afkomstig zou zijn van de wandelstok van de reus Bergþór. Bergþór had zijn vriend, de boer van Haukadalur, gevraagd om hem te begraven op een plek waar hij klokgelui en ruisende beken kon horen. De boer beloofde om deze wens te vervullen, en op een dag vond hij het afgesproken teken van Bergþórs dood, de wandelstok van de reus, voor de deur van zijn boerderij. Hij bracht de dode reus naar Haukadalur en begroef hem bij de rivier Beiná, waar nu een stenen plaat het graf markeert.

Pas op verbrandingsgevaar!

Neem de borden en de barrières op het terrein van geisers in Haukadalur serieus, omdat de watertemperaturen kunnen oplopen tot ruim boven de 60 °C! Tijdens de zomermaanden gebeuren er gemiddeld drie ongevallen door verbranding in de week.

Strokkur is de actiefste geiser in Haukadalur, gezien vanaf Stóri Geysir

Overnachten

Uitzonderlijk – **Hótel Geysir:** aan weg 35, Haukadalur, 801 Selfoss, tel. 480 68 00, fax 480 68 01, www.geysircenter.is, 2 pk ISK 26.000. Naast gezellige kamers ook luxekamers met whirlpool. Het hotel beschikt over een klein zwembad.
Alternatief – **Camping:** de camping wordt geëxploiteerd door Hótel Geysir (zie blz. 117), waardoor u ook het zwembad van het hotel mag gebruiken.

Eten en drinken

Gedegen – **Hótel Geysir:** zie boven, lunchbuffet ISK 3700, hoofdgerechten ’s avonds vanaf ISK 3000. Op de menukaart staan ook vegetarische en glutenvrije gerechten.
Snel – **Geysircenter:** zie boven. Hier vindt u fastfood, levensmiddelen, een restaurant en een café.

Gullfoss ▶ E 6

Een van de mooiste watervallen in IJsland is zonder enige twijfel de Gullfoss, de ‘gouden waterval’, die zijn naam in het licht van de avondzon alle eer aandoet. Hier stort de gletsjerrivier Hvítá, vanaf de Langjökull komend, in twee trappen, die onder een hoek van 90° op elkaar staan, in totaal 31 m diep de kloof Hvítárgljúfur in. De Hvítá heeft bij de Gullfoss een 3-4 km lange kloof uitgesleten in het plateau, die tot 70 m diep is. De rivier had daarvoor ongeveer 10.000 jaar nodig, het huidige rivierbed, d.w.z. vooral de noordelijke 400 tot 500 m van de kloof, volgt de Hvítá pas sinds 1766.

Paden leiden vanaf de parkeerplaats direct naar de twee cascades en als u geluk hebt kunt u een regenboog zien schitteren als de zon door de waternevel schijnt. Op het pad er naartoe ziet u een basaltkolom met een reliëfportret van de boerendochter Sigriður Tómasdóttir van de boerderij Brattholt. Sigríðurs vastberadenheid verhinderde in het begin van de 20e eeuw de bouw van een waterkrachtcentrale bij de Gullfoss, die eerst door Britten en later door IJslanders was gepland. Sinds 1979 zijn de Gullfoss en het gebied ten westen van de Hvítá van de Hvítárgljúfur tot Brattholt beschermd natuurgebied.

Zo charmant als de waterval in de zomer lijkt, zo fascinerend is hij zeker ook in de winter, wanneer de nevel bevroren is tot fantastische ijsformaties.

Informatie

Informatiecentrum: bij de bovenste parkeerplaats. Een tentoonstelling laat zien hoe de waterval ontstond en wat zijn geschiedenis is. Groot cafeteria en souvenirwinkel.
Bus: ’s zomers dag. van/naar Reykjavík, verder georganiseerde tochten.

Skálholt ▶ E 6

In 1056-1785 was Skálholt bisschopszetel en vele eeuwen het culturele en politieke centrum van het land. In totaal zetelden hier 31 katholieke en twaalf protestantse bisschoppen. Ísleifur Gissurarson, kleinzoon van de eerste bewoner van Skálholt, werd in 1056 als eerste bisschop gewijd. Zijn zoon Gissur Ísleifsson, bisschop van 1082 tot 1118, doneerde het gebied Skálholt aan de Kerk met de bedoeling hier de bisschopszetel van het land te stichten. Tijdens zijn ambtstermijn werd in het Alþingi besloten tot kerkbelasting, zodat elke IJslander een tiende van zijn inkomen moest betalen aan de bisschop.

Al in de 11e eeuw was er in Skálholt de eerste Latijnse school, die met de verplaatsing van het bisdom naar Reykjavík ook naar daar werd verplaatst. Nu is het een conferentiecentrum voor zowel religieuze als andere organisaties.

Dat conflicten in geloofszaken niet altijd vreedzaam verlopen, daarvan getuigt de gedenksteen ten noorden van de kerk. Hij herinnert aan de laatste katholieke bisschop, Jón Arason, die hier op 7 november 1550, samen met zijn twee zonen, Björn en Ari, werd onthoofd. Het opschrift luidt vertaald: 'Jón Arason, bisschop, liet hier het leven voor zijn geloof en zijn land.'

Domkerk

Veel kerken hebben erin Skálholt gestaan, allemaal op de locatie van de huidige. De grootste was de 50 m lange staafkerk van bisschop Klængur Þorsteinsson (gebouwd in 1155). De eerste steen van de huidige kerk werd gelegd op 1 juli 1956 om het 900-jarig jubileum van de eerste bisschopswijding te markeren. Het grondplan van het 30 m lange godshuis, ontworpen door rijksbouwmeester Hörður Bjarnason, vormt – in de traditie van de middeleeuwse kathedraal van de plaats – een kruis. De kerk werd ingewijd op 21 juli 1963. In de crypte liggen de stoffelijke overschotten van de bisschoppen van Skálholt, bovendien bevindt zich daar ook de stenen sarcofaag van bisschop Páll Jónsson uit 1211 en een collectie oude grafstenen. Het materiaal van de sarcofaag bestaat waarschijnlijk uit tufsteen van de Vörðufell (319 m) ten zuiden van Skálholt. In de kelder kunt u de blootgelegde fundamenten van een gang zien, die van de kerk naar de school en de woonhuizen leidde. Naast de kerk werd een aantal oude gebouwen ontdekt.

Aan de bouw van de huidige kerk namen de Scandinavische landen deel met geschenken. Zo schonken ze bijvoorbeels vijf van de acht klokken. Noorwegen stuurde onder meer dakpannen, tegels en de kerkdeuren, Denemarken financierde het orgel, de banken en de glas-in-loodramen en het mozaïek in het koor. De granieten doopvont is een geschenk van de Faeröer. De gebrandschilderde ramen werden ontworpen door Gerður Helgadóttir en het mozaïek in het koor is van Nina Tryggvadóttir. De preekstoel dateert uit de ambtsperiode van bisschop Brynjólfur Sveinsson (1639-1674).

Overnachten, eten

Eenvoudig – **Skálholtsskóli:** tel. 486 88 70, fax 486 89 94, www.skalholt.is, 2 pk vanaf ISK 15.600. Overnachtingsmogelijkheden in de school. Eenvoudige, smaakvol ingerichte accommodatie, deels met badkamer.

Aangezien Skálholt ook wordt gebruikt voor seminars, is het raadzaam om vooraf te reserveren. De gerechten die worden aangeboden zijn meestal typisch IJslands, tegen redelijke prijzen. Een ideale plek om wat te ontspannen en om uitstapjes in de omgeving te maken.

Info en festiviteiten

Bus: www.sternatravel.com. Lijndienst van Reykjavík naar Laugarvatn, de laatste kilometers moet u lopen. Verder met georganiseerde bustochten.

Kerkconcerten: juli, in de domkerk. Contactadres in Reykjavík: Laufásvegur 4, tel. 866 46 00, 846 52 64, www.sumartonleikar.is. Sinds 1975 worden de zomerconcerten georganiseerd met internationale musici en nieuwe composities.

Het schiereiland Reykjanes

Iedereen die met het vliegtuig aankomt, landt op het schiereiland Reykjanes, maar de meeste zien daar slechts de snelweg tussen Keflavík en Reykjavík. Reykjanes heeft echter meer te bieden: grote lavavelden, geothermische gebieden, kliffen met zeevogelkolonies en een prachtig vulkanisch landschap. Een tochtje naar de Blue Lagoon, het populairste kuuroord van IJsland, is ook een goede gelegenheid om het schiereiland in het zuidwesten te verkennen. De wandelmogelijkheden zijn ook een reden om er langer te blijven.

INFO

Internet

www.visitreykjanes.is: hier kunt u onder meer een brochure in het Engels downloaden met goede informatie over en adressen in de regio.
www2.norvol.hi.is: op de Engelstalige website van het Instituut voor Aardwetenschappen in Reykjavík vindt u uitgebreide informatie over de fascinerende geologie van de streek en is dus een goede start voor een bezoek aan Reykjanes.

Van en naar Reykjanes

Auto: de meeste reizigers komen aan in Keflavík en zijn meteen op Reykjanes. Hier kunt u een auto huren.
Bus: de lokale busdiensten zijn goed. Het kuuroord Blue Lagoon kan dag. met de bus bereikt worden vanuit Reykjavík, bijv. met Gray Line (www.grayline. is). De regionale busmaatschappij Strætó somt op de voorpagina van haar website alle lijnen (Leið) op Reykjanes op (www.sbk.is, alleen in het IJslands).

Hafnarfjörður en omgeving ▶ C 6/7

Hafnarfjörður is gebouwd op de uitlopers van het Búrfellshraun, een lavaveld dat zo'n zevenduizend jaar geleden is ontstaan. Door de uitstekende haven en de rijke visgronden van de plaats werd het een populair handelscentrum. Tot aan het begin van de 17e eeuw, toen Denemarken het handelsmonopolie invoerde, diende het als stapelplaats van de Duitse Hanze en als hun belangrijkste haven in IJsland. De handelaren bouwden er woningen, pakhuizen en een kerk. Nu herinnert een monument van de Duitse kunstenaar Lupus aan de eerste Lutherse kerk van IJsland.

Hafnarfjörður is op veel manieren een bijzondere stad. Er zijn regelmatig Vikingfestivals, waardoor het gezien kan worden als dé Vikingstad van de moderne tijd. Boven alles is het de stad van de elfjes, omdat men gelooft dat die leden van het verborgen volk in de lava in en rond de stad wonen.

Lavatuin Hellisgerði

Skúlaskeið, alleen met gids vanaf het toeristenbureau (Strandgata 6)

In de buurt van de haven ligt het park Hellisgerði (helletuin), een geslaagde synthese van een bos en het lavalandschap. Het park werd aangelegd in 1922. De tuin is geliefd bij de liefhebbers van elfjes. Op een speciale stadsplattegrond is ingetekend waar de onzichtbare wezens zouden wonen.

Byggðasafn Hafnarfjarðar

Vesturgata 8, tel. 585 57 80, toegang gratis

Byggðasafn Hafnarfjarðar (stads- en scheepvaartmuseum) bestaat uit ver-

Veel IJslanders zijn blond: twee meisjes in Hafnarfjörður

schillende gebouwen. In de eerste plaats het voormalige **pakhuis** (Pakhús, juni-aug. dag. 11-17, sept.-mei za./zo. 11-17 uur), dat dateert van 1865. Hier zijn tentoonstellingen over de stadsgeschiedenis, een speelgoedverzameling en wisselende exposities te zien. Daarnaast staat het oudste gebouw van de stad, het **woonhuis van Bjarni Sívertsen** (1760-1833), gebouwd in 1803 (Sívertsens Hús, juni-aug. dag. 11-17 uur). Sívertsen was een van de eerste ondernemers in het land na de opheffing van het Deense monopolie. Hij was eigenaar van een vissersvloot en bouwde de eerste scheepswerf. Het museum documenteert het leven van een rijke burgerfamilie in de 19e eeuw. De arbeiders en matrozen leefden in die tijd in heel andere omstandigheden, zoals u in een kleine arbeiderswoning kunt zien (Siggubær, Kirkjuvegur 10, juni-aug. za./zo. 11-17 uur).

Kunstmuseum Hafnarborg

Strandgata 34, www.hafnarborg.is, wo.-ma. 12-17, do. 12-21 uur, toegang gratis

Hier zijn interessante tentoonstellingen van eigentijdse IJslandse kunstenaars te zien. Ook vinden er regelmatig kleine concerten plaats. Fijn is het alleen al om tijdens een bezoek aan het museum even in het cafetaria te zitten.

Overnachten

Oud-Scandinavisch – **Hótel Viking:** Strandgata 55, tel. 565 12 13, www.vikingvillage.is, 2 pk mei-sept. vanaf ISK 22.700, rest van het jaar ISK 18.100. 42 Mooie kamers, enkele met plek voor 4 pers., met decoraties en afbeeldingen uit de Scandinavische mythologie en de drie landen IJsland, Groenland en de Faeröer. Hotpot.

Tip

Vikingsieraden in Hótel Viking
Hótel Viking biedt niet alleen zachte bedden, maar ook decoratieve kunst uit IJsland, Groenland en de Faeröer. Bijzonder mooi zijn de sieraden uit Groenland, vervaardigd van rendiergewei. Kleine tupilaks of ijsbeerkoppen als hangers. De prijzen zijn zeer acceptabel. Als je niet meteen kunt beslissen, neem dan een kopje koffie of thee om er nog even over na te denken. Schilderachtige sfeer (adres zie blz. 123).

Modern Scandinavisch – **Lava Hostel:** Hjallabraut 51, tel. 565 09 00, www.lava hostel.is, 15 mei-31 aug., 2 pk ISK 13.400, slaapzakaccommodatie vanaf ISK 5100. Fraai gelegen, direct langs het beeldenpad. In het architectonisch fraaie gebouw zijn kamers beschikbaar met 2-6 bedden. Fraai uitzicht over het park vanuit de ontbijtzaal.
Outdoor – **Camping:** direct bij het hostel (zie boven). U kunt de voorzieningen van het hostel gebruiken. Beschutte ligging tussen de lava.

Eten en drinken

Toepasselijk – **Viking Restaurant Fjörukráin:** Strandgata 55, tel. 565 12 13, www.fjorukrain.is, zo.-vr. 18-24, za. 18-3 uur, menu circa ISK 8900 (incl. een glas bier en een borrel). Een rustiek Vikingrestaurant dat tegenwoordig bijna een instituut is in IJsland! Hier vindt u een kopie van het tapijt van Bayeux naast een opgezette ijsbeer en talrijke zeevogels. Het menu met lam, zalm en skyr wordt geserveerd in een bijpassende stijl en begeleid met muziek en een Viking-borrel.
Cultureel verantwoord – **Súfistinn:** Strandgata 9, tel. 565 37 40, ma.-do. 8.15-23.30, vr. 8-23.30, za. 10-23.30, zo. 11-23.30 uur. Hier vindt u kleinere gerechten, bijv. vegetarische lasagne (ISK 1460), quiches en salades, daarnaast ook lekkere taarten en zeer goede koffie (ISK 400). Zeer gewild.
Volkoren en kunst – **Gló:** Hafnarborg, tel. 578 11 11, www.glo.is, ma.-vr. 11-21, za./zo. 11-17 uur, hoofdgerechten vanaf ISK 1790, soep met brood ISK 1250. Een overdadig saladebuffet en dag. een vlees- en een groentegerecht. Altijd verse producten, ook om mee te nemen.

Actief

Paardrijden – **Íshestar:** Sörlaskeið 26, tel. 555 70 00, www.ishestar.is. Ook mogelijkheden voor beginners. Aantrekkelijk is de Viking-tocht rondom de berg Helgafell en verder door de lava.
Gegidste wandeling – **Hidden World Tours:** tel. 694 27 85, www.alfar.is, di. en vr. 14.30 uur, ISK 4500, incl. kaart van de Hidden World. De wandeling begint bij het toeristenbureau.
Bergtocht – **Mountain Climbing:** boekingen tel. 891 70 74, www.mountain climbing.is, contact ook mogelijk via de hotels en het toeristenbureau. Lichte bergtocht op de huisberg van Hafnarfjörður, de Helgafell (340 m). Ook gegidste tochten over het schiereiland Reykjanes. Tochten vanaf ISK 32.000.

Info en festiviteiten

Informatie

Toeristenbureau: Strandgata 6, tel. 585 55 00, fax 585 55 99, www.visithafnar fjordur.is, ma.-vr. 8-16 uur. In het stads- en scheepvaartmuseum, Vesturgata 8, juni-aug. dag. 11-17 uur. Kaarten over de omgeving en de stadswandeling.

Verkeer

Bus: www.straeto.is. Regelmatige lijndienst tussen Reykjavík en Hafnarfjörður. Informatie over vertrektijden en lijnen op de website. Daarnaast heeft de bus naar het vliegveld een halte bij de invalsweg naar de stad.

Festiviteiten

Cultuurfestival 'Bright Days': 30 mei-2 juni. Jaarlijks festival met veel voorstellingen van vooral lokale artiesten.
Vikingfeest: www.fjorukrain.is. In de zomer ontmoeten Vikingen uit de hele wereld elkaar hier een week lang en laten zien hoe men in vroegere tijden leefde, werkte en feestte.
Kerstmarkt: van het laatste weekend in november tot Kerstmis wordt de kerstmarkt – naar Duits voorbeeld – gehouden.

Kapelluhraun ▶ C 7

Het grote lavaveld Kapelluhraun strekt zich uit van de kust ten zuiden van Hafnarfjörður tot het Kleifarvatn. Hier is in Straumsvík de grootste industriële onderneming van het land te vinden: de aluminiumsmelterij Alcan. Het lavaveld ontleent zijn naam aan de middeleeuwse kapel waar reizigers voor hun tocht door de onherbergzame lava konden bidden. Bij onderzoek van de uit gestapelde lavaplaten opgebouwde ruïnes werd in 1950 een kleine vrouwenfiguur gevonden, die de heilige Barbara voorstelt. Dit beeldje is nu te zien in het Nationaal Museum in Reykjavík.

Njarðvík ▶ B/C 7

Njarðvík is een oude nederzetting, waarvan de eerste kerk werd gewijd in 1269 en op dezelfde plaats stond als de huidige, in 1886 gebouwde stenen kerk. Van oudsher leefde de bevolking van de visserij en visverwerking. De oude vissershut Stekkjarkot geeft een levendig inzicht in het leven van een visser in de 19e eeuw (op aanvraag te bezichtigen, tel. 421 67 00).

Víkingaheimar

Víkingabraut 1, www.vikingaheimar.com, dag. 11-18 uur, 's winters dag. 12-17 uur, ISK 1300
De wereld van de Vikingen verklaard in een multimediale tentoonstelling, die in 2000 in het Smithsonian Museum in Washington D.C. te zien was. Midden in het gebouw staat het gereconstrueerde Vikingschip 'Íslendingur', dat in 2000 van IJsland naar de VS zeilde.

Landnámsdýragarðurinn

Víkingabraut, direct naast het museum, tel. 421 67 00, mei-aug. dag. 11-17 uur, toegang gratis
In de Landnámsdýragarðurinn zijn de huisdieren te zien die de kolonisten al hadden, zoals schapen, geiten, kippen, eenden enz.; vooral leuk voor kinderen.

Overnachten

Voor wie zich jong voelt – **Jeugdherberg Njarðvík:** Fitjabraut 6 a/6 b, tel. 421 88 89, fax 421 88 87, www.fithostel.is, ISK 4000, beddengoed ISK 1000, met gebruik van de keuken. De moderne jeugdherberg is uitgerust met een internetaansluiting en een hotpot. Kamers met 2-8 bedden. Goede verbindingen met Keflavík en Reykjavík. Camping.

Keflavík ▶ B 7

De stad Keflavík is de grootste plaats en het bestuurscentrum van de regio.

Samen met Njarðvík en Hafnir (zie blz. 130) vormt de stad de gemeente Reykjanesbær. Het was door de eeuwen heen een prominent handelscentrum en werd voor het eerst in de 13e genoemd. Hij bezit nu de op een na grootste haven van IJsland met een grote scheepswerf.

Grote economische invloed had ook de nabijgelegen Amerikaanse luchtmachtbasis. Door het vertrek van de Amerikanen in 2006 verloren ongeveer negenhonderd mensen in Keflavík hun werk. De groei is de afgelopen jaren afgeremd door de wereldwijde financiële crisis en een aantal nieuwe gebouwen staat leeg. Cultuur, natuur en de regionale geschiedenis spelen tegenwoordig een belangrijke rol in de presentatie van de stad.

Spannende wandelingen langs de kust zijn zowel in oostelijke als in westelijke richting mogelijk, waarbij u heel veel vogels kunt waarnemen.

Duus Hús

Duusgata 2-8, Grófin, tel. 421 37 96, ma.-vr. 12-17, za./zo. 13-17 uur

Het cultuurcentrum met drie afzonderlijke tentoonstellingslocaties bevindt zich in het oude centrum van Keflavík in de buurt van de jachthaven. Het oudste gebouw van het complex werd in 1877 gebouwd door de Deense koopman Peter Duus. Naast het lokale kunstmuseum is er een verzameling scheepsmodellen van een voormalige kapitein en een informatief streekmuseum.

Rokksafn Íslands

Hjallavegur 2, tel. 420 10 30, dag. 11-18 uur, www.rokksafn.is, ISK 1500

Hier wordt de IJslandse muziek sinds de 19e eeuw, maar vooral van na 1945, luisterrijk en informatief gepresenteerd. Bovendien kunt u er zelf veel instrumenten bespelen.

Overnachten

Er zijn voldoende hotels in Keflavík, maar sommige zijn wel heel erg duur voor wat ze te bieden hebben.

Eenvoudig en goed – **B&B:** Hringbraut 92, tel. 421 89 89, 867 44 34, www.bbguesthouse.hostel.com, 2 pk vanaf € 50. Centraal gelegen, eenvoudige inrichting. Transport naar het vliegveld is bij de prijs inbegrepen.

Pension – **Alex:** Aðalgata 60, tel. 421 28 00, www.alex.is, 2 pk vanaf ISK 15.900. Camping bij het gelijknamige pension (ISK 1100/pers.). Het dichtst bij het vliegveld. Transport mogelijk.

Eten en drinken

Bijna alle restaurants zijn te vinden langs de Hafnargata. Ook de meeste bars rijgen zich hier aaneen en zijn in het weekend tot 5 uur geopend.

Zeezicht – **Kaffi Duus:** Duusgata 10, tel. 421 70 80, www.duus.is, dag. 11-22 uur, Visgerechten vanaf ISK 1800, 's avonds à la carte: vis vanaf ISK 3000 en vleesgerechten vanaf ISK 3500. In het cultuurhuis, veel tafels met zicht op zee.

Asiatisch – **Thai Keflavík:** Hafnargata 39, tel. 421 86 66, ma.-vr. 11.30-22, za. 12-22, zo. 16-22 uur. Gerechten vanaf ISK 1690, ook om mee te nemen. Grote keuze, vegetarische variaties.

Kaffeeduft – **Kaffitár:** Stapabraut 7, tel. 420 27 00, http://kaffitar.is, ma.-vr. 9-17, za. 11-16 uur. Café, winkel en koffiebranderij. Originele IJslandse koffie, heerlijke toffees.

Info en festiviteiten

Reykjanes Information Center: in het Duus Hús, Duusgata 2-8, tel. 421 37 26, www.visitreykjanes.is, juni-aug. ma.-vr. 12-17, za./zo. 13-17 uur.

Toeristenbureau op het vliegveld van Keflavík: in de aankomsthal, tel. 425 03 30, www. visitreykjanes.is, juni-aug. dag. 6-18, 21-1 uur, verder afhankelijk van aankomende vliegtuigen.
Bus: SBK, Grófin 2-4, tel. 420 60 00, www.sbk.is. Dag. bussen tussen Reykjavík en Keflavík. Tussen Keflavík, Njarðvík en Hafnir lijnbussen.
Nacht van het licht: 1e weekend van september. In de jachthaven van Keflavík steekt een basaltklif in de zee, die sfeervol wordt verlicht.

De noordwestkust van Reykjanes

Langs de noordwestkust liggen slechts drie kleine steden. Vanwege de vlakke streek opent hier zich een enorme weidsheid, die bijzonder indrukwekkend is tijdens een strandwandeling van slechts 5 km van Garðskagi naar Sandgerði. Talrijke trekvogels verzamelen zich hier in de lente en de herfst, en niet zelden ziet u zeehonden op de rotsen liggen. Het pad loopt langs de heuvel Kirkjuhóll waarop zich in naam van het geloof gewelddadige zaken hebben voltrokken, bijv. de bloedige wraak op de beulen van aartsbisschop Jón Arason.

Garður ▶ B 6

Het 9 km westelijk van Keflavík gelegen dorp Garður staat niet alleen bekend als plaats die al vroeg werd bewoond – een tante van Ingólfur Arnarson zou hier gewoond hebben – maar ook vanwege de beide vuurtorens. Vanaf de landengte **Garðskagi**, waar de vuurtorens staan, kunt u over de hele Faxaflói uitkijken tot aan de Snæfellsjökull. De oudste van beide torens werd gebouwd in 1897, terwijl de jongste uit 1944 zelfs de hoogste van IJsland is (zie ook Favoriet blz. 128). Talrijke zeevogels zijn hier waar te nemen, die ook op de informatieborden ter plekke staan afgebeeld.

Overnachten

Kamperen – **Camping Garðskagi:** direct bij de vuurtoren, eenvoudig ingericht, maar met een sensationeel uitzicht over de Atlantische Oceaan.

Sandgerði ▶ B 7

Een mooi kustplaatsje dat zijn hoogtijdagen beleefde als Deens handelscentrum. Tegenwoordig heeft de haven zich ontwikkeld tot actief visserijstadje. Bij de toegangsweg staat het beeldhouwwerk ‘Álög’ (betovering) van Steinunn Þórarinsdóttir, een zoekende man en drie stalen opstaande golven. Niet alleen de prachtige locatie is een bezoek waard, maar ook het **Fræðasetrið Nature Center** (Garðvegur 1, mei-sept. ma.-vr. 10-16, za./zo. 13-17, rest van het jaar ma.-vr. 10-14 uur, ISK 600), een natuurhistorisch museum met een tentoonstelling over het leven in zee en over de Franse poolonderzoeker Baptiste Charcot.

Informatie

www.sandgerdi.is: informatie over het standje en zijn instellingen.
Bus: www.sbk.is. Dag. busverbindingen naar Keflavík.

Hvalsnes ▶ B 7

Vier kilometer ten zuiden van Sandgerði staat in Hvalsnes de oude en bezienswaardige ▷ blz. 130

Favoriet

Tijd voor ontdekkingen – het museum in Garðskagi ▶ B 6

In dit eenvoudige, lichte gebouw met de charme van een grote garage bevindt zich een prachtig museum (Byggðasafn Garðskaga) met een leuk café. Woninginrichtingen, koelkasten, radio's, kortom, alles wat de burgers van de regio niet meer wilden hebben, omdat het oud was, is hier tentoongesteld. Bijzonder indrukwekkend in de privécollectie is de motorenhal. Door elkaar staan ongeveer zestig motoren in een grote zaal (foto), de oudste dateert van 1920. In deze collectie is altijd wel wat te ontdekken. Daarna kunt u genieten van huisgemaakte taart met uitzicht op de baai Faxaflói – of de middernachtzon (Skagabraut 100, 250 Garður, tel. 422 72 20, apr.-okt. dag. 13-17 uur, toegang gratis; café: 's zomers dag. 13-24, rest van het jaar 13-22 uur).

Hvalsneskirkja. Hier was de passiedichter Hallgrímur Pétursson tussen 1644-1651 predikant. In die periode stierf zijn dochtertje, voor wie hij eigenhandig de grafsteen beitelde, die nu in de kerk staat. De huidige kerk werd gebouwd in 1885-1887. Vanuit Hvalnes kunt u langs de kust wandelen, langs een Duitse handelsplaats uit de 15e-16e eeuw. Voor deze kust zijn tal van schepen vergaan, want tegen het einde van de 18e eeuw waren hier belangrijke handelsplaatsen. Zo'n 10 km verderop ligt het dorp Hafnir.

De zuidwestkust van Reykjanes

Hafnir ▶ B 7

Hafnir aan de zuidwestkust van Reykjanes was ooit een belangrijke vissershaven, maar nu wijzen alleen de schilderachtige ligging en een paar oude gebouwen, zoals de houten kerk uit 1861, daar nog op. Van Hafnir gaat ook een oude verbindingsweg over het schiereiland, de Prestastigur, die destijds de parochies van de regio met elkaar verbond. In de haven zijn 's winters veel overwinterende vogels te zien (ijsduikers, harlekijneenden, meeuwen)

Langs kustweg 425 ▶ B 7

Van Hafnir naar Grindavík gaat de mooie weg 425 langs de kust met interessante mogelijkheden om omwegen te maken. U komt dan langs enkele geologisch fascinerende punten en tijdens korte wandelingen kunt u genieten van de prachtige kust. De kliffen van de **Hafnarberg** zijn bijv. een paradijs voor vogelliefhebbers. Talloze zeevogels nestelen hier. Bovendien verzamelen trekvogels zich hier voor de oversteek naar en van Groenland. Ten zuiden van de 30 m hoge klif ligt de baai Stóra Sandvík met een van de mooiste stranden.

Wie ooit eens van Europa naar Amerika zou willen lopen, moet zeker de **brug tussen de beide continenten** in de buurt van Stóra Sandvík opzoeken. Deze overspant de kloof tussen de Euraziatische en de Noord-Amerikaanse continentale platen, die door heel IJsland trekt en ook bij Þingvellir goed te onderscheiden is (zie blz. 114).

In het geothermische gebied **Gunnahver** worden op sommige plekken temperaturen tot 300 °C bereikt; het bestaat vooral uit fumarolen en solfataren. Heel bijzonder voor dit gebied is dat het grondwater puur zeewater is. De naam gaat terug op een volksverhaal over ene Gunna, die in een hete bron werd verdronken, omdat ze ervan beschuldigd werd een echtpaar gedood te hebben.

Een tentoonstelling in de energiecentrale **Reykjanesvirkjun** langs weg 425, kort voor het geothermische veld informeert over geothermische energie in het algemeen en de toepassing ervan in IJsland in het bijzonder. Bijna futuristisch oogt het gebouw in dit woeste lavalandschap (www.powerplantearth.is, 21 mei-16 sept. za./zo. 12.30-16.30 uur, bezichtiging van de tentoonstelling mogelijk).

Op de westelijkste punt van het schiereiland staat de vuurtoren **Reykjanesvití**. De eerste vuurtoren werd hier in 1878 gebouwd, maar deze werd vernietigd door een aardbeving. Bij helder weer kunt u het 14 km zuidwestelijk gelegen vogeleiland Eldey zien, dat in 1974 uitgeroepen werd tot natuurreservaat en alleen met speciale toestemming betreden mag worden. In het jaar 1844 werd op dit eiland de laatste reuzenalk gedood. De 77 m hoge rotswanden van palagoniettufsteen wordtbewoond door de met ca. 20.000 paren waarschijnlijk grootste jan-van-gentkolonie ter wereld.

Langs de steile kusten van de Hafnarberg kunt u tijdens een wandeling vogels kijken

Grindavík ▶ C 7

Grindavík beschikt over een van de belangrijkste vissershavens van IJsland en was in de middeleeuwen een handelscentrum van Duitse en Engelse kooplieden. In 1627 overvielen Algerijnse piraten de stad en namen een groot deel van de lokale bevolking mee. Vanaf Grindavík kunt u zeer mooie wandelingen langs de kust maken, bijvoorbeeld naar Selatangar, waar de ruïnes van een 19e-eeuws vissersplaatsje nog goed te zien zijn. Vanaf de nabijgelegen berg Þorbjarnarfjell (243 m) heeft u een prachtig uitzicht over het landschap.

Saltfisksetur

Hafnargata 12 a, www.grindavik.is/kvikan/saltfisksetur, 14 mei-aug. dag. 10-17, sept.-13 mei za./zo. 11-17 uur, ISK 1200

Het cultuurhuis 'Kvikan' huisvest naast een leerzame geologische tentoonstelling het 'gezouten-vismuseum'. Foto's, gereedschappen en diorama's brengen het harde werk van de vissers en vissersvrouwen in beeld. Gezouten vis is nog steeds één van de belangrijkste IJslandse exportproducten. De uitdrukking 'Het leven is gezouten vis' is een citaat uit Halldór Laxness' beroemde roman 'Salka Valka', die hij in Grindavík geschreven heeft.

Eten en drinken

Gezouten – **Salthúsið:** Stamphólsvegur 9, tel. 426 97 00, www.salthusid.is, mei-sept. dag. 12-22, visgerechten vanaf ISK 3300. Rustiek en vriendelijk. U zou hier beslist de gezouten vis moeten proberen en van het dorpsleven genieten.

Nautisch – **Kaffi Bryggjan:** Miðgarður 2, tel. 426 71 00, ma.-vr. 8-23, za./zo. 10-23 uur, vanaf ISK 650. Café direct aan de haven met een nautische inrichting.

Dag. verse soep, huisgemaakte taart, alles wat vissers eten.

Bláa Lónið ▶ C 7

240 Grindavík, tel. 420 88 00, www.bluelagoon.com, juni dag. 9-21, juli-aug. dag. 8-22, sept.-mei. 10-20 uur, juni-aug. vanaf € 45, sept.-mei € 35, reserveren noodzakelijk

Bláa Lónið of Blue Lagoon is veruit het populairste kuuroord van IJsland en al bijna een synoniem voor het land. De poëtische naam past eigenlijk niet bij de prozaïsche feiten, want het betreft hier het zoute restwater van de geothermische energiecentrale Svartsengi. De centrale bevindt zich in een gebied met hoge temperaturen en zoutwaterbronnen waarin de temperaturen oplopen tot 240 °C. Met het hete water wordt in de eerste plaats koud zoetwater verhit dat wordt gebruikt voor het verwarmen van de steden op en het vliegveld van Reykjanes, en in de tweede plaats wekt men met de opstijgende stoom via een turbine stroom op. Omdat het afvalwater rijk aan mineralen is, voerde men in 1982 een aantal medische onderzoeken uit en ontdekte de helende werking van het water bij psoriasis en andere huidziekten. Het in het voorjaar van 1999 geopende gebouw is niet alleen architectonisch geslaagd, het biedt ook maximaal zevenhonderd gasten de gelegenheid om zich te verkleden. Het meer – dat voortdurend groter wordt – met zijn melkachtig blauwe water waarvan de kleur afhankelijk van de lichtomstandigheden kan variëren van turkoois tot diep donkerblauw, ligt omsloten door lavavelden. Het water heeft een constante temperatuur van 38 °C en elk bad is een feest voor lichaam en geest. Daarnaast worden er diverse massageprogramma's aangeboden (€ 60-95).

Overnachten

Gezond – **Blue Lagoon Clinic:** tel. 420 89 00, 2 pk € 270 (incl. toegang tot de Blue Lagoon). Kamer met uitzicht op de lavavelden, klein balkon, eigen bad. Er word avondeten geserveerd.

Winkelen

Cosmetica – **Blue Lagoon Shop:** zie boven. De cosmetische lijn gemaakt van de mineralen en algen van de lagune is zeer geschikt als souvenir.

Informatie

Bus: dag. rijden regelmatig bussen naar de Blue Lagoon vanuit Keflavík Airport, Keflavík en Reykjavík.

Krýsuvík en Kleifarvatn ▶ C 7

Voor de terugreis van Grindavík naar Reykjavík is weg 427 langs de kust aan te bevelen, die bij Krýsuvík kruist met weg 42. Een vulkanisch landschap met een fascinerend kleurenspel nodigt hier uit om te gaan wandelen (zie onder). De rit over de deels onverharde weg 42 is een ervaring op zich en geeft een indruk van het IJslandse hoogland in het klein.

In het geothermische gebied van **Krýsuvík** komt stoom uit gaten in de grond en zijn er borrelende zwavel-, modder- en warmwaterbronnen. Ondanks enkele eerder uitgevoerde boringen wordt het enorme potentieel nog niet gebruikt om geothermische energie op te wekken. Brede paden leiden door het gebied waarin het op sommige plekken sterk naar zwavel ruikt. Tegenover het geothermische gebied ligt het meer Grænavatn, vernoemd naar de intens groene kleur. Eerder waren hier zelfs verschillende boerderijen en tot januari 2010 stond hier een kleine houten kerk uit de 19e eeuw.

Ten noorden van Krýsuvík ligt het 10 km² grote meer Kleifarvatn, in wiens diepten een monster ter grootte van een walvis zou leven. Sinds enkele jaren bevinden zich op de zuidelijke oever enkele borrelende solfataren. Bovendien neemt het wateroppervlak af, omdat er water door barsten die na een aardbeving werden gevormd, wegsijpelt.

Lavawandelingen

Krýsuvík en Kleifarvatn zijn goede uitgangspunten voor wandeltochten, bijvoorbeeld naar het in een maanlandschap liggende meer **Djúpavatn.** Niet ver daarvandaan ligt de dubbele vulkaan **Trölladyngja** (375 m/393 m), vanwaar het niet ver is naar een ander geothermische gebied bij **Höskuldarvellir,** een groene grasoase. Midden in het lavalandschap verheft zich de piramidevormige vulkaan **Keilir** (379 m). Een 4 km lang pad leidt van het Kleifarvatn naar het **Grænavatn.**

Een bijzondere wandeling gaat naar de krater van de uitgedoofde vulkaan **Þrihnúkagígur.** Na 40-50 min. lopen kunt u met een liftje de krater in om te genieten van de kleuren. www.insidethevolcano.com, ISK 42.000.

Wandeling naar de Krýsuvíkurberg

Duur: 3-4 uur, afstand: 14 km heen en terug

Vanaf weg 42 gaat u verder over weg 427 naar het westen, na ongeveer 4 km is er een afslag die u met de juiste auto kunt volgen naar de parkeerplaats. In het westen ziet u al de 40 m hoge, steile kust en in oostelijke richting ziet u de vogels. U loopt over de zacht glooiende uitlopers van de heuvel **Raudaskriða.** Na ongeveer 2 km (30 min.) bereikt u een rood-oranje vuurtoren, vanaf hier gaat een ander pad direct boven langs de Krýsuvíkurberg. Op het hoogste punt dondert de branding 70 m in de diepte. Het loont de moeite om te zoeken naar een goede en veilige plek om de vogels te bekijken. Zo'n 57.000 paren zeevogels nestelen op de rotsen. Boven de vuurtoren zult u ook papegaaiduikers zien. De grasvlakte is ideaal voor hun nesten. Vanaf de vuurtoren kunt u nog eens 5 km langs de kliffen lopen.

Wandeling naar de Krýsuvíkurberg

Het zuidwesten

Op ontdekkingsreis

Energie uit de diepte – de nieuwe centrale op Hellisheiði: geothermische centrales produceren groene stroom en vooral ook het warme water voor de verwarming. IJsland is een van de gelukkige landen die op grote schaal geothermische energie als energiebron kunnen gebruiken. Een bezoek aan de moderne elektriciteitscentrale Hellisheiðarvirkjun, zo'n 18 km ten westen van Hveragerði, is niet alleen voor ingenieurs interessant. Zie blz. 138.

Wraak en vergelding – in het land van Njáls Saga: wie door de ronduit prachtige landschappen in het zuidwesten van IJsland rondreist, kan zich nauwelijks voorstellen dat hier de gewelddadigste en bloedigste machtsstrijd tussen verschillende clans van IJsland heeft plaatsgevonden. Zie blz. 150.

Bezienswaardigheden

Hekla-centrum in Hótel Leirubakki: de Hekla is waarschijnlijk de vulkaan die de gemoederen en de fantasie door de eeuwen heen het hoogst deden oplopen. In het Hekla-centrum krijgt u niet alleen informatie over de geologie. Zie blz. 149.

Sagnheimar op Heimaey: hier komt u alles te weten over de spectaculaire vulkaanuitbarsting en zijn gevolgen. Historische opnamen laten zien hoe het er hier vroeger uitzag. Zie blz. 156.

Actief

Wandeling op de Hekla: fantastisch is het uitzicht op de gletsjers Langjökull en Hofsjökull bij een beklimming van de Hekla. Zie blz. 148.

De kliffen van Herjólfsdalur: weidse uitzichten over de kusten van Heimaey gecombineerd met het kijken naar papegaaiduikers – dat maakt de vrij steile beklimming meer dan goed. Zie blz. 157.

Sfeervol genieten

Kreeften eten in Stokkseyri: het restaurant Víð fjöruborðið staat bekend om zijn kreeften. U krijgt onder het eten het fantastische uitzicht over zee er gratis bij. Zie blz. 144.

Uitgaan

Nationale feestdag op Heimaey: in het eerste weekend van augustus beginnen de megaparty en het familiefeest, waarvoor de IJslanders graag hun 'vasteland' verlaten. Zie blz. 153.

De zuidwestkust

Het zuidwesten is uitgestrektste laaggelegen gebied van IJsland. Gunstige weersomstandigheden en de vruchtbare bodem bieden ideale omstandigheden voor de landbouw. De teelt en verkoop van agrarische producten zijn de belangrijkste bedrijvigheden van de steden en dorpen in het gebied. Naast de vele weilanden vallen ook talloze proefboringen op, vooral op Hellisheiði, waar een van de actieve breukzones loopt. In Hveragerði maakt men gebruik van de plaatselijke geothermische energie voor de grote kassencomplexen. Het grote aantal paardenboerderijen maakt dit deel van het land tot een ruiterparadijs. Ook andere activiteiten, zoals wandelen, raften en zelfs hondensleetochten, worden hier aangeboden. De legendarische vulkaan Hekla is één van de populairste wandelbestemmingen en de rivier de Hvítá een van de opwindendste raftingrivieren van het land. Over rivieren gesproken: in het zuidwesten zijn ook de beste zalmrivieren te vinden!

Niet alleen het landschap nodigt uit om te blijven, ook de regionale geschiedenis met haar avontuurlijke verhalen. Tal van steden en boerderijen werden al bewoond in de tijd van de IJslandse Vrijstaat. Sommige zijn gerestaureerd, andere zijn alleen aanwezig als naam, maar behoren tot het levende verleden, die zijn weerslag heeft gevonden in de oude literatuur: de IJslandse saga's.

INFO

Internet

www.south.is: op de website van Zuid-IJsland staat informatie over de afzonderlijke gemeenten langs de zuidwestkust, waarbij links u verder leiden. Er zijn veel adressen te vinden van paardenboerderijen (rijtochten, paardenshows en verkoop van paarden).

Reizen naar en van het zuiden

Auto: de route naar de meeste locaties in het hoogland gaat via de zuidelijke ringweg.
Bus: de regionale busverbindingen zijn goed. Vanuit Hveragerði en Selfoss gaan dag. meerdere bussen naar de kleinere plaatsen.

Hveragerði ▶ D 7

Ten oosten van het bergplateau Hellisheiði ligt in een idyllische vallei de stad Hveragerði. De rit erheen voert door een fascinerend lavalandschap met de pseudokrater Rauðhólar, waarvan het materiaal werd gebruikt voor de aanleg van wegen en de landingsbaan van Keflavík. Inmiddels wordt hij beschermd. Ten westen van Vífilsfell (655 m) – met een uitkijkpunt op de top – leidt de weg naar het skigebied van de Bláfjöll. Geen wonder dat de Italiaanse kunstenaar Claudio Parmiggiani deze omgeving als decor gebruikte voor zijn vuurtoren, die werd gebouwd ter gelegenheid van Reykjavík Culturele Hoofdstad in 2000.

Hveragerði is vooral bekend geworden door de steeds terugkerende foto's van bananen in IJsland-fotoboeken uit de jaren 60 en 70. De beschutte vallei en de vele geothermische bronnen, vandaar de naam – hij betekent zoiets als 'muur van de warme bron' – hebben ertoe bijgedragen dat Hveragerði nu de tuinbouwstad van IJsland is. Met de eerste huizen bouwde men in 1929 tegelijkertijd de eerste kassen.

Bloemen aan de poolcirkel: de kassen in Hveragerði maken het mogelijk

In 1939 werd de rijkstuinbouwschool opgericht, die onder meer pilotprogramma's uitvoerde voor de teelt in kassen en op kunstmatig verwarmde akkers in de openlucht. Tegenwoordig is zij een dependance van de landbouwuniversiteit van IJsland. Interessant en lonend is een bezoek aan de wintertuin van de school. Hier voel je je als in een tropisch regenwoud in het klein, de vochtigheid en de temperatuur doen je het IJslandse klimaat helemaal vergeten.

Hveragerði staat ook bekend als een revalidatiecentrum voor patiënten met reumatische aandoeningen. Hier werd namelijk in 1955 het kuuroord van de IJslandse homeopatenvereniging geopend. Om toeristen te trekken biedt de kliniek ook wellnessprogramma's aan met massages en modderbaden voor iedereen.

Geothermisch gebied

Hveramörk 13, tel. 483 50 62, mei-aug. 8-18, za./zo. 12-16 uur

In een geothermisch gebied in het centrum van de stad kunt u kennismaken met de verschillende bronnen, hun aard en werkingswijze. Geothermische energie wordt in de hele stad gebruikt voor het verwarmen van de huizen, het zwembad en de meer dan 50.000 m² kasruimte. In Hveragerði wordt ongeveer 60% van de kasproducten van IJsland geproduceerd. Groenten, snijbloemen en potplanten groeien hier in grote hoeveelheden.

Kunstmuseum

Austurmörk 21, mei-sept. dag. 12-18, okt.-apr. do.-zo. 12-18 uur, 15 dec.-15 jan. gesl., toegang gratis

Het zwaartepunt van de verzameling van het moderne ▷ blz. 140

Energie uit de diepte – de nieuwe energiecentrale op Hellisheiði

Geothermische centrales produceren groene stroom en vooral het warme water voor de stadsverwarming. IJsland is een van de gelukkige landen die op grote schaal geothermische energie kunnen gebruiken als energiebron. Een bezoek aan de moderne elektriciteitscentrale Hellisheiðarvirkjun, ongeveer 18 km ten westen van Hveragerði, is niet alleen interessant voor ingenieurs.

Uitneembare kaart: ▶ D 7

Info: tel. 412 58 00, 660 94 00, www.orkusyn.is, ISK 900, met café en shop.

Route vanuit Hveragerði: neem de ringweg in de richting van Reykjavík, na ca. 18 km is er een afslag naar rechts naar de centrale.
Openingstijden: dag. 9-17 uur.

Gaven vulkaanuitbarstingen en warmwaterbronnen in vroeger eeuwen aanleiding tot verhalen over mysterieuze spoken en monsters of zelfs de straf van de goden, de IJslanders van nu hebben in de 20e eeuw manieren gevonden om de energie van de aarde voor zichzelf te gebruiken. De modernste en op dit moment grootste geothermische energiecentrale, de in 2006 gebouwde Hellisheiðarvirkjun, staat op de uitlopers van het plateau Hellisheiði. Hier strekt zich een van de vulkanisch actiefste gebieden in IJsland uit, een hogetemperatuurzone die bovendien ook nog op de kloof tussen de Noord-Amerikaanse en Euraziatische aardschollen ligt.

Aardwarmte voor iedereen

Als een pijlpunt domineert het dak boven de ingang van Hellisheiðarvirkjun het landschap, rechts en links daarvan staan enorme hallen. Voor architect Iven Stefán Cilia symboliseren de iets uit elkaar wijkende fabriekshallen de beide aardschollen en het dak wijst precies in de richting van de Snæfellsjökull, de legendarische gletsjer in het westen. Zo zou in de gebouwen de spirituele energie die wordt toegeschreven aan die vulkaan met de werkelijke worden verenigd.

In de lichte lobby valt direct de grote trap op, waarvan de reusachtige middelste treden niet werden gemaakt voor reuzen, maar dienen als zitplaatsen. De rondleiding begint met een lezing over de geschiedenis van de energievoorziening van Reykjavík. In 1909 werd het bedrijf Orkuveita Reykjavíkur opgericht, dat 67% van de IJslandse bevolking bedient en daarmee de grootste energieproducent van het land is. Ongeveer 95% van de IJslandse huishoudens wordt tegenwoordig verwarmd met door aardwarmte verhit water, de rest met groene stroom.

Heet water verhit koud water

Met deze voorinformatie gaan we nu verder naar de eerste verdieping waar een touchscreenwand de energiewinning inzichtelijk maakt. Via ongeveer 2000 m diepe boorgaten wordt heet water en stoom naar de oppervlakte gepompt en onder druk gescheiden. Met de stoom wordt elektriciteit door middel van turbines gewonnen en het 180 °C hete water gebruikt voor het verwarmen van gletsjerwater uit het hoogland. Als het gletsjerwater een temperatuur van 85 °C heeft bereikt, begint het door buizen zijn reis naar de consument. Als het uiteindelijk bij de huishoudens aankomt, is het nog 78-80 °C. In Reykjavík wordt het tijdelijk opgeslagen in de waterreservoirs van Grafarholt. Tegenover het touchscreen informeren in een kleinere ruimte nog meer schermen over de flora en fauna in de regio en over de lokale geschiedenis.

Turbines op volle toeren

Als u naar rechts gaat, bereikt u een platform met zicht op de turbinehal. Vier dreunende machines staan hier, maar ze zijn alleen te horen wanneer de glazen deuren worden geopend. Aan één uiteinde draait een film uit de jaren veertig over Reykjavík. Het is verbazingwekkend hoeveel de stad in de afgelopen decennia is veranderd: toen was het niet meer dan een uit zijn krachten gegroeid dorp, nu is het een metropool. In de zaal links kunt u een korte film bekijken over de geologie, een informatief verhaal met de nadruk op het gebied rond Hengill. Vanaf het linker platform kijkt u naar de lagedrukturbine. De architectuur nodigt u uit om wat langer te blijven en te genieten, en met een kop koffie op het entreeniveau kunt u de tocht voltooien.

kunstmuseum (Listasafn Árnesinga) ligt op internationale hedendaagse kunst. Interessante tentoonstellingen, die geen mainstreamkunst tonen. Er is een klein café.

Uitstapjes in de omgeving

De omgeving van Hveragerði is ideaal om te wandelen. In de vele valleien en kloven die van het noordelijker gelegen Hengill-gebergte omlaag lopen naar de stad, kom je telkens weer stoomputten en modderpoelen tegen. Het Hengill-massief (803 m) bestaat uit basalt, ryoliet en tufsteen. Onder de berg schuilt een van de grootste geothermische gebieden van het land, met een temperatuur van 400 °C op een diepte van 2 km. De goed gemarkeerde paden leiden naar Nesjavellir en dan verder naar het Þingvallavatn.

Een leuk tochtje met de auto gaat naar de nabijgelegen geothermische energiecentrale Hellisheiðivirkjun aan de zuidkant van Hengill. U ziet er hoe geothermische energie wordt gebruikt voor de stadsverwarming en de opwekking van groene stroom (zie Op ontdekkingsreis blz. 138).

Overnachten

Voor onafhankelijke mensen – **Pension Frumskógar:** Frumskógar 3, tel. 896 27 80, www.frumskogar.is, appartement vanaf ISK 21.500, 2 pk ISK 16.400, ontbijt ISK 1700. Rustig gelegen in de buurt van het geothermische gebied. De vijf appartementen voor 2-4 pers. zijn fraai ingericht met een klein terras, een hotpot en een grill. De kamers in het pension beschikken slechts over een wastafel.

Voor liefhebbers van frisse lucht – **Camping:** tel. 483 46 01, 1 juni-15 sept. In de buurt van het openluchtzwembad. goede voorzieningen.

Eten en drinken

IJslands op een andere manier – **Kjöt og Kúnst:** Breiðamörk 21, tel. 483 50 10, www.kjotogkunst.is, ma.-za. 11.30-21 uur, hoofdgerechten vanaf ISK 2500. 'Vlees en Kunst', zo luidt de vertaalde naam, is winkel en restaurant in één. Het aanbod bestaat uit IJslandse gerechten en biologische producten, ook om mee te nemen. Bovendien wordt het voedsel gegaard met stoom.

Typisch IJslands – **Conditori Hverabakarí:** Breiðumörk 10, tel. 483 48 79, dag. ma.-vr. 7.30-18, za./zo. 8-17 uur. De plaatselijke bakkerij, niet alleen voor gewoon brood, maar ook voor kleine gerechten, broodjes en lekkere taarten.

Actief

Te paard – **Eldhestar:** Vellir, tel. 480 48 00, fax 480 48 01, www.eldhestar.is. Allerlei paardrijtochten.

Informatie

Regionaal toeristenbureau: Sunnumörk 2, tel. 483 46 01, www.south.is, 's zomers ma.-vr. 9-16.30, za. 12-14, 's winters ma.-vr. 9-16 uur. Met aardbevingstentoonstelling – te zien zijn onder meer voorwerpen die bij de aardbeving van 2008, die een kracht van 6,3 op de schaal van Richter had, vernield werden, en u kunt er zelf beleven hoe een aardbeving aanvoelt.

Bus: alle bussen tussen Reykjavík en Höfn stoppen hier, bovendien een lijndienst op Þorlákshöfn.

Þorlákshöfn ▶ D 7

Eeuwenlang heeft het vissersdorp Þorlákshöfn al bijgedragen aan de welvaart van de regio. Vis en visserijproducten vormen de economische basis voor de bewoners. Langs de zuidkust tussen Grindavík en Höfn in het zuidoosten is Þorlákshöfn de enige goede haven. Tot de zomer van 2010 vertrok de veerboot naar Heimaey van hier (zie blz. 153). Opmerkelijk in de haven is de golfbreker die bestaat uit 2930 rotsblokken, ieder met een gewicht van 9,3 ton, die voor het eerst in IJsland op deze manier werd gebouwd. Ook een bezoek waard is de architectonisch opvallende kerk, gewijd aan de heilige Þorlák. Þorlákshöfn is een ideaal vertrekpunt voor wandelingen op het strand. Sinds de bouw van de brug over de Ölfusá (weg 34) in 1988 zijn er rechtstreekse busverbindingen naar de zuidelijke kustdorpen Eyrarbakki en Stokkseyri.

Winkelen

Glas – **Hendur í Höfn:** Unubakka 10-12, tel. 848 33 89, juni-aug. ma.-vr. 14-18, sept.-mei di.-vr. 14-18 uur. Zeer fraaie glaskunst, ook gebruiksglas als schalen en schotels. Inclusief café.

Informatie

Boekwinkel en museum Ölfuss: Hafnarberg 1, tel. 480 38 30, www.olfus.is/bokasafn.

Bus: vanuit Selfoss rijdt ma.-vr. een bus via Eyrarbakki naar Stokkseyri. Info: www.straeto.is, lijn 74.

Selfoss ▶ D 7

De plaatsen Selfoss, Eyrarbakki en Stokkseyri zijn samengevoegd tot de gemeente Árborg, maar de oorspronkelijke plaatsnamen zijn nog in gebruik. De stad Selfoss aan de gletsjerrivier Ölfusá is het commerciële centrum van het zuiden. De inwoners leven voornamelijk van de handel in landbouwproducten; zo bevindt zich hier bijvoorbeeld een van de oudste zuivelfabrieken van IJsland, Mjólkurbúð Flóamanna, die in 1929 werd geopend. De brug in Selfoss uit 1891 was niet alleen het grootste bouwwerk van zijn tijd, maar veranderde vooral de infrastructuur in het zuiden. Eyrarbakki, duizend jaar het centrum voor handel en commercie, verloor daardoor zijn belangrijke economische positie. In september 1944 bezweek de brug, die niet bedoeld was voor vrachtwagens, onder de last van twee melkwagens. Drie maanden later werd de nieuwe hangbrug ingehuldigd.

De charme van de stad zal de reiziger niet meteen duidelijk zijn, omdat hij met de eengezinswoningen en het rechthoekige stratenpatroon de indruk wekt van een Amerikaanse buitenwijk. Tijdens wandelingen langs de rivier de Ölfusá of door de kleine straatjes kunt u mooie hoekjes ontdekken.

Tip

Voor liefhebbers van luxe

Bijzonder fraai gelegen en luxueus ingerichte appartementen en kamers biedt het resort Grímsborgi. Als standplaats voor uitstapjes, zoals naar de Gouden Cirkel, is het ideaal. Het buitenterrein met hotpots is erg aantrekkelijk. In het restaurant worden uitstekende gerechten met vis of lamsvlees en vegetarische gerechten geserveerd (Ásborgir 30, ten noorden van Selfoss, langs weg 36, via weg 35 te bereiken, tel. 555 78 78, www.grimsborgir.com, 2 pk vanaf ISK 41.800, 's zomers dinerbuffet ISK 6900).

Selfoss doet zijn best om ook aantrekkelijk voor toeristen te zijn. Cultuur, sport en accommodatie zijn in de afgelopen jaren uitgebreid, evenals het aanbod van excursies naar de zuidkust of Geysir, Gullfoss enz. die u vanaf hier kunt ondernemen.

Wandelingen in de omgeving

De berg Ingólfsfjall (551 m) bij de stad is vernoemd naar de eerste kolonist van IJsland, Ingólfur Arnarson, die in een kleine grafheuvel op de berg begraven zou zijn. Vanaf de berg hebt u een fantastisch uitzicht over de zuidkust tot aan de Vestmannaeyjar. Hoewel de losliggende keien het ergste doen vrezen wat betreft steenlawines, is daar toch een aardbeving voor nodig, zoals die in 1896.

Overnachten

Hoewel het hotel aan de rivier het eerste is dat opvalt als overnachtingsplek,

Lupinevelden zijn karakteristiek voor het zomerse landschap in het zuidwesten

zijn er veel kleine pensions die goedkopere accommodatie te bieden hebben.
In het kleine huis – **Gesthús:** Engjavegur, tel. 482 35 85, www.gesthus.is, 2 pk circa € 98, ontbijt € 10. Gezellige bungalows voor 4 pers. met eigen douche/wc en keuken. Voor de gasten staan ook twee hotpots ter beschikking. In het groen naast de sportvelden en de camping gelegen. Er lopen allerlei eenden en ganzen rond.
Afgezonderd – **Camping:** centraal gelegen naast het pension (zie boven) en met goede voorzieningen. Veel afgezonderde plekken waar de tent kan worden opgezet. Bomen en struiken houden u er goed uit de wind.

Eten en drinken

Zeer gezellig – **Kaffi-Krús:** Austurvegur 7, tel. 482 16 72, www.kaffikrus.is, zo.-do. 10-24, vr./za. tot 2 uur, salades vanaf ISK 1890, gegrild lamsvlees ISK 5430. Naast taarten en gebak zijn er ook grote en kleine, leuk gepresenteerde gerechten. Het oude huis en de inrichting zijn erg uitnodigend.

Informatie

Upplýsingamiðstöð Árborg: in de bibliotheek, Austurvegur 2, tel. 482 19 90, juni-aug. 10-19 uur. Hier kunt u wandelkaarten voor tochten in de omgeving kopen en er is internet.
Bus: dag. bussen van Selfoss naar Reykjavík en Stokkseyri, Eyrarbakki en Höfn. Ook excursies in de wijde omgeving naar Gullfoss, Geysir of naar het hoogland. Vertrekpunt: Fossnesti (Austurvegur 46). Selfoss is een belangrijk verkeersknooppunt.

Eyrarbakki ▶ D 7

Eyrarbakki met zijn talrijke oude huizen ziet er vrij onaangeroerd uit. Het plaatsje was eeuwenlang de enige haven aan de zuidkust en daardoor een belangrijke handelsplaats. Van hieruit vertrok de beroemdste inwoner, Bjarni Herjólfsson, toen hij naar zijn vader in Groenland ging. Die was in 985 met Eiríkr rauði geëmigreerd en met zijn schip naar de kust van Amerika gevaren, maar uit angst voor de inheemse bevolking was hij er niet aan land gegaan.

Streek- en scheepvaartmuseum

Eyrargata, tel. 483 15 04, www.husid.com, mei-sept. dag. 11-18 uur, rest van het jaar volgens afspraak, ISK 700

Het oudste huis, Húsið, dateert van 1765. Het voormalige woonhuis van een Deense koopman huisvest tegenwoordig een leuk streekmuseum (Byggðasafn Árnesinga) met voorwerpen uit de 18e eeuw. De tentoonstelling in het naburige scheepvaartmuseum vertelt vooral de geschiedenis van Eyrarbakki als havenplaats en er zijn onder meer traditioneel visserstgerei en een vissersboot uit 1915 te zien.

Wandelingen in de omgeving

Voor strandwandelingen in het natuurreservaat Flói aan de monding van Ölfusá is Eyrarbakki een goed uitgangspunt. In het reservaat kunt u kijken naar vogels en er eventueel ook vissen op zalm. Een gemarkeerd pad leidt door het terrein, waar ook veel steltlopers broeden.

Eten en drinken

Vis en kunst – **Rauða húsið:** Búðarstíg, tel. 483 33 30, www.raudahusid.is, ma.-do. 11.30-21, vr.-zo. tot 22 uur, 's avonds vis vanaf ISK 4500, kreeftenstaartjes ISK 6650. In een oud huis, omringd door kunst, kunt u genieten van typische visgerechten, zoals gezouten vis of garnalen.

Stokkseyri ▶ D 7

Ten oosten van Eyrarbakki ligt het kleine dorp Stokkseyri. Hier staat een oud vissershuisje, **Þuríðarbúð**, dat voor iedereen toegankelijk is. Het huisje is vernoemd naar Þuríður Einarsdóttir, een van de weinige vrouwen die als 'stuurman' op een vissersboor meevoer (juni-aug. hele dag).

In het kleine museum **Rjómabúið á Baugsstöðum**, 5 km ten oosten van het plaatsje, is de inrichting met de apparatuur van de eerste melkerij van IJsland uit de periode van rond 1900 ondergebracht (juli-aug. za./zo. 13-18, rest van het jaar tel. 483 10 82).

Draugasetrið en Icelandic Wonders

Hafnargötu 2, www.draugasetrid.is, 's zomers dag. 13-18, 's winters alleen voor groepen, tel. 842 26 10, toegang per museum ISK 1500

Voor liefhebbers van griezelen en spoken is er het griezelig mooie museum Draugasetrið. In hetzelfde huis is op de begane grond Icelandic Wonders gevestigd, waar u kunt kennismaken met de elfen en feeën van IJsland. Bijzonder is de 200 m² grote vrieskamer waar u bij temperaturen van -5 tot -10 °C onder het noorderlicht en tussen ijsbrokken de winterse koude kunt beleven. Hier leert u enkele originele kanten van IJsland kennen.

Eten en drinken

Aan zee – **Við fjöruborðið:** Eyrarbraut 3, tel. 483 15 50, www.fjorubordid.is, ma.-do. 17-21, vr. 17-22, za. 12-22, zo. 12-21 uur, garnalen vanaf ISK 4700. Befaamd om de garnalen die u hier kunt bestellen. Van alle tafels kijkt u uit over zee, gezellig en rustiek ingericht.

Actief

Kajaktocht – **Kajakaferðir:** Heiðarbrún 24, tel. 896 57 16, www.kajak.is. Tochten langs de kust en op meren in de omgeving. Vanaf ISK 4500/pers., kinderen ISK 1200.

Hella ▶ E 7

Er kan nauwelijks een groter verschil zijn: hier het groene, door de landbouw beïnvloedde Hella en daar, een paar kilometer verderop, een enorm lavaveld, waar in het centrum sinds mensenheugenis de beroemde vulkaan Hekla actief is. Het eerste huis in Hella aan de rivier Ytri-Rangá werd gebouwd in 1912, maar op de westelijke oever van de rivier liggen bij de boerderij Ægisíða twaalf grotten met rotstekeningen, die waarschijnlijk gemaakt zijn door Ierse monniken in de periode vóór de kolonisatie in de 9e eeuw.

Hella is nu vooral een dienstencentrum voor de landbouwgebieden in de omgeving, waar de boeren zijn gespecialiseerd in de veehouderij en melkproductie. In het 5 km verderop gelegen Gunnarsholt is een proefstation dat onderzoek doet naar de restauratie van de door erosie bedreigde streek en dat op grote schaal onder meer helmgras en andere grassen heeft aangeplant. Ze zijn ook verantwoordelijk voor de lupinevelden, waarvan de intense kleuren 's zomers opvallen. Zo'n 4 km naar het oosten komt u via weg 266 in Oddi. In de middeleeuwen behoorde de boerderij aan een van de belangrijkste families van het land, de Oddaverjar.

Overnachten

Natuurlijke luxe – **Hótel Rangá:** tussen Hella en Hvolsvöllur aan weg 1 (zie Favoriet blz. 146).
Met zicht op de rivier – **Árhús:** Rangárbakkar, tel. 487 55 77, www.arhus.is, hutten ISK 13.000-24.000, beddengoed per persoon ISK 1600. Aan de rivier Rangá liggen de gezellige hutten en de camping. Het aanbod gaat van eenvoudige vierpersoonshutten met slaapzakaccommodatie tot aan met wc/douche en een keukentje uitgeruste hutten. Een ideale plek om te relaxen.

Eten en drinken

Naast de twee restaurants in Þrúðvangur zijn er het voordelige cafetaria bij het benzinestation en goede mogelijkheden om zelf inkopen te doen.
Klein, maar fijn – **Servicecenter Árhús** (zie links): in het servicegebouw van het huttencomplex worden avondeten en overdag kleine gerechten geserveerd (tussen ISK 1000 en 2500).

Informatie

Toeristenbureau: in de winkel Laufafell, Þrúðvangur 2, tel. 487 51 65, tour info@rang.is, www.ry.is, juni-aug. ma.-vr. 8-18.30, sept.-mei 10-17.30 uur.
Bus: alle bussen tussen Reykjavík en Höfn stoppen hier, in de zomer ook de bussen naar Landmannalaugar en Þórsmörk.

Hekla ▶ E/F 7

Dominant en vaak besneeuwd domineert het 1491 m hoge Hekla-massief het lavalandschap. De 4 km lange bergkam van de spleetvulkaan strekt zich uit van het zuidoosten naar het noordoosten. Het is niet alleen de actiefste vulkaan van IJsland, maar ook de bekendste en vooral de beruchtste. Hekla gold in Europa tot in de 17e eeuw als de poort naar de hel, waaruit het kreunen en jammeren van gemartelde zielen klonk. Hoe zouden de mensen van die wereld de verwoestende uitbarstingen van deze vulkaan verklaren, waarvan er twaalf plaatsvonden in de periode 1104-1693?

▷ blz. 148

Favoriet

Jacuzzi met uitzicht – Hótel Rangá bij Hella ▶ E 7

Soms mag het best wel een beetje luxer zijn, zoals een jacuzzi bij een van de mooiste hotels van het land. Het beste is om die geheel voor jezelf te hebben – of het nu binnen of buiten is, alleen of met z'n tweeën – om ongestoord te genieten van het fantastische uitzicht over het rivierlandschap tot aan de Hekla en de gletsjers. Het hotel in landhuisstijl behoort zeker tot chiqueste klasse, maar zowel de accommodatie als de keuken zijn elke kroon waard. Bijzonder zijn de suites: de oude suite heeft een jacuzzi in het midden van een grote kamer, een van de meest romantische plekken om te baden met een prachtig uitzicht (tussen Hella en Hvolsvöllur aan de rivier Rangá, tel. 487 57 00, www.hotelranga.is, 2 pk vanaf € 344 in het hoogseizoen).

Uit onderzoek van de verschillende aslagen bleek dat de Hekla ongeveer zevenduizend jaar geleden voor het eerst uitbarstte. Omdat de lava rond de berg al dicht begroeid was ten tijde van de kolonisatie, wordt aangenomen dat de vulkaan toen al zo'n twee- tot driehonderd jaar in rust was. Dat was waarschijnlijk de reden waarom de eerste kolonisten hun huizen in de buurt van de Hekla bouwden. De uitbarsting van 1104, die ook genoemd wordt in de annalen van het eiland, vernietigde de toenmalige, bloeiende nederzetting in Þjórsárdalur. Het uitgespuwde puimsteen vormde zelfs 220 km verder naar het noorden nog een 10 cm dikke laag as. Ook in Scandinavië zou as zijn waargenomen van deze krachtigste uitbarsting in IJsland. De langste Hekla-uitbarsting begon op 5 april 1766 en eindigde in mei 1768. Het in alle richtingen uitgestroomde lavaveld heeft een oppervlakte van 65 km^2. In 1947 werd de as van de grootste vulkaanuitbarsting van de 20e eeuw waargenomen tot in Helsinki, bovendien werd de top 50 m hoger. Voor het laatst barstte de vulkaan na een onderbreking van negen jaar uit in februari 2000, maar niet zo erg als in 1991, toen de rook binnen 10 minuten een hoogte van 11,5 km bereikte.

Wandeling op de Hekla

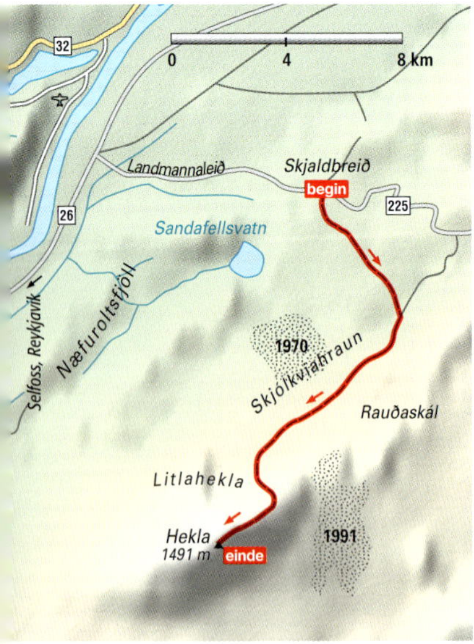

Wandeling op de Hekla

Duur: 5-6 uur, met een terreinwagen kunt u relatief hoog komen

Een beklimming van de Hekla is niet in de laatste plaats vanwege het fantastische uitzicht in noordelijke richting op de gletsjers Langjökull en Hofsjökull de moeite waard. De eenvoudigste beklimming begint in het noordoosten, vanaf de weg **Landmannaleið** (zie blz. 286), die naar Landmannalaugar voert. Bij de schildvulkaan **Skjaldbreið** buigt een jeepspoor in de richting van de Hekla af. Aan het einde van het spoor rijdt u in zuidwestelijke richting steeds hoger. In het westen liggen de **Skjólkvíar-kraters**, die bij de uitbarsting van 1970 ontstonden en waaruit in 1991 twee kleine lavastromen vloeiden; in het oosten bevindt zich de rode krater **Rauðaskál.**

De klim is steil noch gevaarlijk en verloopt grotendeels over de kam. Afhankelijk van de sneeuwlaag en het weer kunnen sommige passages glibberig zijn, reden om zich vooraf in Leirubakki te informeren over de beste route. De ondergrond bestaat uit losse lava en as, wat bij de afdaling prettig is, omdat u op een holletje naar beneden kunt lopen. Interessant zijn de verschillende lavastromen, die in lagen over elkaar liggen. In de buurt van de **top** moet u bedacht zijn op stoomgaten en scherpe lavaranden. De kleur van de lava varieert van zwart tot roestrood.

Overnachten, eten

In de buurt van de Hekla – **Hótel Leirubakki:** aan weg 26, tel. 487 87 00, www.leirubakki.is, 2 pk zonder badkamer ISK 23.400, 2 pk met badkamer ISK 31.000, slaapzakaccommodatie ISK 6100, incl. ontbijt. In de nieuwbouw aangename kamers met uitzicht op de Hekla, in het oude gebouw slaapzalen. Vanaf hier kunt u wandelingen maken of andere activiteiten boeken, zoals paardrijden en vistochten. Inclusief bad in een lava-hotpot.

Informatie

Hekla-centrum: in Hótel Leirubakki, zie boven, dag. 10-22 uur, ISK 800. Boeiend gepresenteerde informatie over de vulkaan en de omgeving.
Bus: 's zomers stopt de bus naar Landmannalaugar hier.

Hvolsvöllur ▶ E 7

Ook Hvolsvöllur is een belangrijk centrum in de regio, waar dienstverlening en handel de meeste arbeidsplaatsen leveren. Als toerist kunt u van hieruit in de sporen van de Njáls Saga treden (zie Op ontdekkingsreis blz. 150), onder andere naar Fljótsdalur in Fljótshlið met talrijke watervallen.

Sögusetrið

Hliðarvegur 14, tel. 487 87 81, www.njala.is, 15 mei-15 sept. dag. 9-18, 16 sept.-14 mei za./zo. 10-17 uur, ISK 900

In het sagacentrum (Sögusetrið) komt u in de juiste stemming voor een wandeling in de sporen van Njáls Saga. In de tentoonstelling wordt niet alleen Njáls Saga belicht, maar ook de leefomstandigheden in IJsland in 800-1300, en de scheepvaart. In een kamer is onder meer te zien hoe inkt gemaakt wordt uit planten. In hetzelfde gebouw is ook het museum van de Kaupfélag (coöperatie) gevestigd.

Overnachten

Veel ruimte – **Hotel Hvolsvöllur:** Hlíðarvegur 7, tel. 487 80 50, www.hotelhvolsvollur.is, 2 pk vanaf € 190. De 62 vrij ruime kamers zijn prettig ingericht.
Urig – **Jeugdherberg Fljótsdalur:** Fljótshlíð, tel. 487 84 98, www.hostel.is, ISK 3850. Schilderachtig gelegen en een goed uitgangspunt voor wandelingen in de omgeving. Plaats voor 15 pers., daarom vooraf reserveren. Beslist voldoende levensmiddelen meebrengen, want de dichtstbijzijnde winkel ligt op 27 km afstand in Hvolsvöllur.

Eten en drinken

Met souvenirs – **Café Eldstó:** Austurvegur 2, tel. 482 10 11, dag. 10-22 uur. Leuk café met liefde voor detail. Goede koffie en sandwiches; soep, brood en salade ISK 1600. Keramiek van Heklalava.
Op doorreis – **Servicecenter Hlíðarendi:** Austurvegur 3, tel. 487 81 97, dag. 9-22 uur, vanaf ISK 1300. Hier stoppen de lijnbussen en er zijn altijd veel reizigers – goed eten, van hamburgers tot lekkere visgerechten.

Informatie

Toeristenbureau: Hlíðarvegur 14, tel. 487 80 43, www.south.is, 's zomers dag. 9-18 uur.
Bus: tel. 551 11 66, www.sternatravel.com, dag. naar Reykjavík/Höfn, 15 juni-14 sept. dag. Þórsmörk. Zie ook: www.straeto.is.

Wraak en vergelding – in het land van Njáls Saga

Iedereen die door de ronduit prachtige landschappen van Zuidwest-IJsland reist, kan zich nauwelijks voorstellen dat hier de meest gewelddadige en bloedige machtsstrijd tussen de verschillende clans van IJsland heeft plaatsgevonden. Bijna elke steen en elke heuvel vertelt een verhaal, maar meestal zult u niet meer zien dan een informatiebord. Laat uw fantasie maar de vrije loop.

Duur: met de auto 2-3 uur.

Sagaboerderij Keldur: tel. 487 84 52, 15 juni-15 aug. dag. 10-17 uur, ISK 750.

Njáls Saga is een van de bekendste saga's van het land, en de belangrijke locaties zijn te vinden in het zuidwesten van het land. De gebeurtenissen rond Njáll Þorgeirsson en zijn familie en zijn vriendschap met Gunnar Hámundarson spelen in 10e/11e eeuw, maar de saga werd geschreven rond 1280.

Aangezien zowel Njáll als Gunnar al in het oudere Landnámabók (Landnameboek) werden genoemd, wordt aangenomen dat de sagahelden gebaseerd zijn op mensen die echt hebben bestaan. De mix van realiteit en fictie heeft lezers als sinds de middeleeuwen geïnspireerd. De tocht in de sporen van

Njáls saga is niet alleen cultureel en historisch interessant, maar voert ook door een prachtig landschap, gekenmerkt door rivieren, gletsjers en vooral de vulkaan Hekla.

Een tragedie van het onvermijdelijke

Njáls Saga is bekend van verschillende handschriften en kopieën, wat een bewijs is van zijn populariteit door de eeuwen heen. Belangrijke onderwerpen die in de saga naar voren komen: het gaat over liefde en haat, zoals in de relatie tussen Gunnar en zijn wraakzuchtige vrouw Hallgerður. Ze vergeeft hem niet dat hij haar eens heeft geslagen, en daarom weigert zij hem haar steun in zijn laatste strijd.

Het gaat over wraak en een niet aflatende strijd tussen rivaliserende clans, die alleen maar kan eindigen met de dood, zoals die van Njáll die met bijna zijn hele familie in zijn boerderij in de vlammen omkomt.

Het gaat over goed en kwaad, en over een kleine daad van een individu die zich ontwikkelt tot een ramp met verstrekkende gevolgen voor iedereen.

En het gaat ook over de ware vriendschap van helden, die onverbrekelijk bestond tussen Njáll en Gunnar.

Het huis van Gunnar

Gunnar is de stralende held, edel en waarachtig, maar hij komt alleen voor in het eerste deel van de saga. Zijn vaardigheden zijn overweldigend: zijn zwaardslagen zijn snel en krachtig, zijn pijlen treffen altijd doel, hij zwemt als een zeehond en springt in volle wapenrusting bijna 2 meter hoog. En ook zijn fraaie verschijning wordt herhaaldelijk benadrukt. Gunnar woonde op **Hlíðarendi** 1, een prachtig gelegen boerderij in het Fljótsdalur. Zijn grootvader Baugur Rauðason vestigde zich hier als eerste.

Vanaf hier hebt u een prachtig uitzicht op de vlakte en de rivier, omgeven door groene hellingen. De kleine dorpskerk maakt de idylle compleet. In een overweldigende strijd wordt Gunnar in de saga op zijn boerderij gedood. Tegenwoordig herinnert een plaquette aan de gebeurtenissen. De weg over de kleine brug leidt naar het huis van de kunstenaar Nina (1892-1965).

Gunnars beslissing

In de saga wordt duidelijk hoeveel Gunnar van zijn land houdt. Als hij zich als banneling opmaakt om IJsland te verlaten, stopt hij even bij **Gunnarshólmi** 2. Op deze grasvlakte – in de buurt van weg 250 – besluit hij om terug te keren, en bezegelt daarmee zijn lot. Kijkend naar zijn boerderij zegt hij: ‘Hoe lieflijk zijn de hellingen, mooier dan ze ooit tevoren leken, de gouden velden en het versgemaaide hooi. Ik rijd terug naar huis en zal niet meer weggaan’ (hfst. 75). Niet ver van Gunnarsholmi steekt de berg **Stóra-Dimon** 3 eenzaam boven de riviervlakte uit. In de saga heet deze Rauðuskriður en is het toneel van een grote veldslag. Njáls oudste zoon Skarpheðinn slaagt er aan het einde van de onrust in om de rivier over te steken via ijsschotsen.

De vuurdood van Njáll

Njáll woont met zijn gezin op de boerderij **Bergþórshvoll** 4, gelegen in het laaggelegen kustgebied Landeyjar. Hij is vriendelijk, rijk en vooral geleerd en wijs. Njáll waarschuwt en bemiddelt, maar uiteindelijk slaagt hij noch zijn vriend erin zijn familie of zichzelf van de ondergang te redden. Een honderd man sterke macht omsingelt uiteindelijk Bergþórshvoll en de boerderij met hem en verschillende familieleden daarin brandt af.

Opgravingen en archeologisch onderzoek toonden aan dat op de plek van

de huidige boerderij inderdaad een gebouw is afgebrand in het begin van de 11e eeuw. Een informatiebord verklaart de gebeurtenissen.

Sagatijd om aan te raken

Om een indruk te krijgen van de middeleeuwse boerderijen en hun indeling is een bezoek aan de boerderij **Stórahof** 5 aan te bevelen, want die bestaat al sinds de kolonisatietijd. Zijn eerste bewoner zou Ketill Þorkelsson zijn geweest, maar interessant voor de Njáls saga is de latere bewoner Mörður Valgardsson, een bloedverwant van Gunnar, die een van zijn bitterste vijanden werd en ook betrokken was bij zijn moord. In de late 19e eeuw woonde de dichter Einar Benediktsson hier.

Ook de boerderij **Keldur** 6 werd al in de kolonisatietijd bewoond en behoorde toe aan de Oddaverjar-familie, de machtigste clan van het zuiden. In de Njáls saga staat dat Ingjaldur Höskuldsson, de oom van Njáls onwettige zoon Höskuldur, hier woonde. Delen van de middeleeuwse boerderij bestaan nog steeds, zoals het langhuis en een ondergrondse passage. Jongere aanbouwsels dateren van de 17e eeuw en de golfplaten kerk stamt uit 1875. In het begin van de 20e eeuw werden de gebouwen bedreigd door zandstormen en de laatste eigenaar bouwde daarom de beschermende dijken. De turfboerderij wordt beheerd door het Nationaal Museum.

Vestmannaeyjar

Voor de zuidwestkust van IJsland ligt de eilandengroep Vestmannaeyjar die uit ongeveer vijftien eilanden en talrijke scheren bestaat. Ooit geplaagd door allerlei catastrofes, is het enige bewoonde eiland, Heimaey, tegenwoordig een leuke en verrassende plek.

De leeftijd van de eilanden wordt geschat op vijf- tot achtduizend jaar, met afzonderlijke eilanden die veel jonger kunnen zijn. Surtsey ontstond pas in 1963-1967 en vormt de zuidelijkste punt van IJsland.

De naam Vestmannaeyjar gaat terug op het volgende verhaal: Hjörleifur, de pleegbroer van de eerste kolonist Ingólfur, vestigde zich ten zuiden van de Mýrdalsjökull aan de kust met zijn familie en zijn Ierse slaven, op een plek die nu bekendstaat als Hjörleifshöfði. Klaarblijkelijk was de relatie tussen meester en slaven vertroebeld, omdat deze Hjörleifur doodden en naar de eilandengroep vluchtten. Om zijn pleegbroer te wreken achtervolgde Ingólfur de vluchtelingen en doodde ze op Heimaey, het grootste van de eilanden. De archipel is vernoemd naar deze Ierse 'Westmannen', want zo werden de Ieren door de Vikingen genoemd.

Heimaey ▶ E 8

Ook IJsland heeft zijn Morgenland, het eiland Heimaey, dat sinds de legendarische uitbarsting in 1973 twee bergen heeft. Bijna een andere wereld, want de eilandbewoners zijn een zeer speciaal soort mensen. Vanwege de geringe omvang van het eiland van slechts 11,3 km², kan het gemakkelijk te voet worden verkend.

De eerste officiële kolonist op Heimaey was Herjólfur Bárðarson die zich hier rond 900 vestigde, maar een ononderbroken vestiging van kolonisten bleef lang uit. De rijkdom van het eiland groeide gestaag vanaf 1300 – op dat moment stonden er drie kerken – en vanaf 1400 werd Heimaey een handelscentrum van Engelse schippers.

In 1627 werd Heimaey aangevallen door Noord-Afrikaanse piraten. Van de inwoners werden er 36 gedood en 242 – ongeveer de helft van de bevolking – als slaven weggevoerd. Hoewel de Denen tegen het einde van de 16e eeuw een schans (Skansinn) hadden laten bouwen om het eiland te beschermen tegen invallen, was men niet in staat het binnendringen van de Noord-Afrikanen te voorkomen, omdat ze in het zuiden van Heimaey aan land kwamen. Het grootste deel van de weggevoerde eilandbewoners stierf in slavernij, maar

Tip

Toeristenbureau Heimaey: Safnahús (museumgebouw), Raðhúsströð, tel. 488 25 55.

Internet

www.vestmannaeyjar.is: de officiële website van de eilanden, in het Engels.
www.visitwestmanislands.com: de toeristische website met alle informatie.

Reizen van en naar Heimaey

Vliegtuig: Eagle Air (Ernir), tel. 562 42 00, www.eagleair.is, dag. Vluchten tussen Reykjavík en Heimaey.
Veerboot: het hele jaar meermaals per dag tussen Landeyjahöfn en Heimaey (Herjolfur, tel. 481 28 00, www.herjolfur.is). Ook auto's kunnen mee.

negen jaar later werden sommigen vrijgekocht door de Deense koning. Onder hen was Guðrið Símonardóttir en tegenwoordig herinnert een sculptuur bij het stadhuis aan haar. Zij trouwde na haar terugkeer met Hallgrímur Pétursson.

De vulkaanuitbarsting

Heimaey, 23 januari 1973, 1.55 uur 's nachts. De bewoners van het eiland werden door de vulkaanuitbarsting uit hun slaap gerukt. Ze kwamen terecht in een levensbedreigend inferno: in het oosten van het eiland ontstond een 1600 m lange scheur en er schoten vurige lavafonteinen tot 300 m hoog de lucht in. Tonnenzware lavabrokken vlogen als gloeiende bommen rond en vernietigden een aantal gebouwen, die vervolgens onder de vulkanische as werden begraven. Brede, gloeiende lavastromen met temperaturen tot 1100 °C eindigden in het oosten in zee. Gelukkig kon de bevolking van het eiland, 5300 mensen, in een unieke reddingsoperatie binnen een paar uur naar het vasteland worden gebracht. De vlotte reddingsactie was mogelijk doordat de gehele vissersvloot van het eiland die nacht in de haven lag.

Vijf maanden duurde de uitbarsting, die binnen een paar uur tot een internationaal media-evenement was geworden. Voortdurend lieten journalisten zich over het eiland vliegen, zelfs passagiersvliegtuigen verlegden hun route enigszins om dit spektakel te kunnen zien. Het grootste gevaar was dat de in zee stromende lava de haveningang zou afsluiten en daarmee het levensonderhoud van de bewoners, de visverwerking, onmogelijk zou maken. Om dit te voorkomen werd zeewater over de lava gepompt om het af te koelen, 4-5.000.000 liter per minuut, waarmee een snelle stolling werd bereikt. Toen de aarde uiteindelijk tot rust kwam, was een derde van de 1200 huizen bedolven onder de lava en de andere door een dikke laag as – een totale hoeveelheid van 1,5 miljoen m^3 – bedekt. Na maanden van herstel en schoonmaakwerk keerde ongeveer twee derde van de bewoners terug.

Tegenwoordig is Heimaey weer een bloeiend, groen eiland, waarvan de bewoners hebben weten te profiteren van de vulkaanuitbarsting. Het eiland is door de uitbarsting 2,5 km^2 groter geworden en de nieuwe lava in het zuiden biedt de haven zelfs een betere bescher-

ming tegen de noordoostelijke wind, en bouwmaterialen – voorheen schaars – waren nu in overvloed beschikbaar.

Eldheimar – museum van de herinnering

16 mei-4 okt. 11-18, 5 okt.-15 mei 13-17 uur, www.eldheimar.is, ISK 2300

Vanaf 2005 werd een aantal woningen die tijdens de vulkaanuitbarsting in 1973 werden bedolven, weer uitgegraven. Het project kreeg de veelzeggende naam 'Pompeï van het Noorden'. Het boven op de opgravingen gebouwde museum toont één van de uitgegraven huisruïnes als tentoonstellingsobject en als een plaats van herinnering voor de vroegere bewoners. De multimediale tentoonstelling geeft gedetailleerde informatie over de vulkanische gebeurtenissen. Een andere tentoonstelling toont het ontstaan van Surtsey.

Skansinn

Skansvegur, 15 mei-15 sept. 11-17 uur

Het verdedigingswerk Skansinn uit de 16e eeuw beschikt zelfs over een klein

Als de zon schijnt doet de haven van Heimaey bijna mediterraan aan

Tip

Kippenvel op Heimaey – thrillertip

Het project Pompeii of the North (zie Eldheimar blz. 155) heeft op een spannende manier al zijn entree gemaakt in de wereld van de thrillers. *Smeulend vuur* van Yrsa Sigurðardóttir (Amsterdam, 2012) begint ermee dat het huis van Markús Magnússon in 2007 zal worden uitgegraven. Maar Markus staat erop eerst alleen naar de kelder te gaan. Hij vindt er drie lijken, terwijl hij op zoek was naar slechts een doos. Ook die biedt een verrassing: een afgehakt hoofd. Markus is natuurlijk meteen verdacht als de moordenaar en advocaat Þóra moet hem helpen. Het blijkt dat het leven op het eiland in de jaren 70 niet alleen harmonieus was, en de vraag is: wie ïntrigeert tegen wie? En verder: wie waren de doden? Waarom wilde Markus' jeugdliefde Alda per se die doos? In Yrsa Sigurðardóttirs thriller kan de lezer de antwoorden te vinden. Wie weet welk gruwelijk geheim er sluimert in het volgende opgegraven huis?

kanon. Ernaast staat een staafkerk, een geschenk uit Noorwegen ter gelegenheid van het 1000-jarig bestaan van het christendom in 2000. Het andere gebouw, Landlyst, was IJslands eerste geboortekliniek, gebouwd in 1847 en later naar hier overgebracht. Vandaag is het een museum, waar onder meer de eerste verloskundeapparatuur is te zien.

Kerk

Tot de oudste stenen bouwwerken van IJsland behoort de Landakirkja, die in 1778 werd gebouwd naar een ontwerp van de Duitse architect G.D. Anthon. Tegenover de kerk ligt het kerkhof, waarvan de poort in 1973 wereldwijd bekend werd door een foto, waarop hij wit als hij was uit de zwarte as steekt met het opschrift: 'Ég lifa og þér munduð lifa' (Ik leef en u zult leven). Ten westen van het kerkhof staat de sculptuur 'Alda aldanna' (Golf van de eeuw, 1902) van Einar Jónsson.

Sæheimar

Heiðarvegur 12, http://saeheimar.is, mei-sept. dag. 11-17, okt.-apr. za. 13-16 uur, ISK 1000

Het natuurhistorisch museum is een van de beste en grootste van het land. Het herbergt drie collecties: een uitgebreide tentoonstelling met aquarium met vissen en schaaldieren van de Vestmannaeyjar, een vogelcollectie met 150 opgezette soorten en een mineralencollectie.

Sagnheimar

Ráðhúströð, tel. 488 20 45, mei-sept. dag. 11-17, okt.-spr. za. 13-16 uur, www.sagnheimar.is, ISK 1000

In verschillende goed gepresenteerd tentoonstellingen wordt het leven op het eiland getoond. De aanval van de Noord-Afrikanen, het leven van vrouwen en de uitbarsting van 1973 zijn hier in beeld gebracht. Regelmatig kleinere tentoonstellingen.

Wandelingen

Op de vulkaan Eldfell

Vanuit het oosten van de stad voeren wandelpaden door het nieuwe lavagebied naar de in 1973 ontstane vulkaan Eldfell (227 m), langs de ruïnes van een door lava bedolven huis. Te midden van de nieuwe lava staat een gedenksteen voor predikant Jón Þorsteinsson, die op 17 juli 1627 door de Noord-Afrikaanse piraten werd gedood.

In de directe omgeving van de Eldfell staat ook de vijfduizend jaar oude vulkaan Helgafell (226 m). Vanaf beide vulkanen kunt u genieten van een weids uitzicht over het hele eiland en de zuidkust van IJsland met de gletsjers Eyjafjallajökull en Mýrdalsjökull.

Langs de kust naar Stórhöfði

Wandelkaarten verkrijgbaar bij het toeristenbureau

Een wandeling langs de kust en rond het eiland naar het zuidelijkste puntje Stórhöfði, van waaruit u de vele onbewoonde naburige eilanden kunt zien, is eenvoudig en ontspannend. Het pad leidt langs een prachtig strand, dat in de zomer wordt bezocht om te (zonne-) baden.

Voor bezoekers die geïnteresseerd zijn in ornithologie is de wandeling een genot. Duizenden zeevogels nestelen op de kliffen, met name grote kolonies papegaaiduikers. Van begin juli tot half augustus loopt het jachtseizoen op papegaaiduikers. Met behulp van grote schepnetten worden de vogels in de vlucht gevangen. De dagopbrengst van een ervaren jager kan meer dan duizend dieren bedragen. Ook de naburige eilanden behoren tot het jachtterrein en de jagers overnachten in hutten die daar staan. Afhankelijk van de bereidingswijze smaakt het vlees van de vogels uitstekend.

Langs de kliffen van Herjólfsdalur

Wie heel dicht bij de papegaaiduikers wil komen, kan een wandeling maken naar de kliffen van Herjólfsdalur waar de vogels hun nesten in de grond van de groene hellingen hebben gegraven. Op deze hellingen kunt u midden in de kolonies uitgebreid kijken naar de leuke dieren die in vergelijking met de meeuwen zeer rustige vogels zijn. Blátindur is met zijn 273 meter de hoogste top van het eiland en vanaf daar hebt u een verbluffend uitzicht. U kunt over de toppen naar de haven terugwandelen.

Aan sommige kliffen hangen touwen die bedoeld zijn voor de nationale sport van de bewoners van de Vestmannaeyjar. Men zwaait langs de rotsen om bij de nesten van de vogels te komen. In vroeger tijden was dit geenszins bedoeld als een sport, maar vormden de vogeleieren een belangrijk deel van het dieet, vooral in de tijd dan de visvangst nog niet was geïndustrialiseerd.

Overnachten

Heimaey is niet alleen geliefd bij buitenlandse toeristen, maar ook bij IJslanders, vooral in augustus. Vrij breed aanbod, ook voor gezinnen.

Alles is er – **Guesthouse Hamar:** Herjólfsgata 4, tel. 481 34 00, http://guesthousehamar.com, juni-aug., 2 pk circa ISK 20.000. Gezien de inrichting meer een hotel dan een pension. Kamers met bad en tv.

Bijna als thuis – **Hótel Vestmannaeyjar:** Vestmannabraut 25, tel. 481 29 00, 2 pk circa ISK 20.000, incl. ontbijt. Grote kamers in dit hotel, vooral geschikt voor gezinnen, eetkeuken, badkamers op elke verdieping.

Voor rugzaktoeristen – **Jeugdherberg Sunnuhóll:** Vestmannabraut 28 b, tel. 481 29 00, www.hostel.is, slaapzakaccommodatie ISK 3800, 2 pk ISK 12.000, toeslag voor beddengoed. De kamers zijn eenvoudig ingericht, maar aangenaam. Gastenkeuken en lounge zijn aanwezig, net als een badkamer op iedere verdieping.

Populair – **Camping:** fraai gelegen in Herjólfsdalur, tel. 692 69 52. Denk wel twee keer na of u hier het 1e weekend in augustus wilt kamperen, omdat en dan podia worden gebouwd en er een hele tentenstad ontstaat.

Langs de kusten van Heimaey kunt u papegaaiduikers zien

Eten en drinken

Er zijn verschillende restaurants, van Fjólan in Hótel Þórshammer tot eenvoudige cafetaria; omdat ze allemaal in orde zijn, zal de keuze vooral door uw budget worden bepaald.

Verse vis – **Fjólan:** Vestmannabraut 28, tel. 481 36 63, 7-23 uur, hoofdgerecht vanaf ISK 2500. De sfeer is niet zo fijn, maar de keuken is goed, met name de visgerechten zijn aan te bevelen.

Goed en gezond – **GOTT:** Bárustigur 11, tel. 481 30 60, 11-22 uur. Geliefd in de stad vanwege de goede keuken en de verse ingrediënten, de kaart biedt van alles, van visschotels tot vegetarische gerechten, verse sappen en zelfgebakken brood. Aangename sfeer. Hoofdgerecht vanaf ISK 2000.

Actief

Sightseeing – **Viking Tours:** Tangagötu 7, tel. 488 48 84, www.vikingtours.is. Groot aanbod: boottochten rond het eiland ('s zomers, dag. 11, 15.30 uur) of rond Surtsey (op aanvraag), walvissafari's (afhankelijk van het weer, de prijs hangt af van de duur en het type van de tocht), diepzeevissen (op aanvraag, inclusief visgerei), bustocht over het eiland (dag. 13 uur).

Wandeltochten – **Eyjaferðir:** Faxastígur, tel. 481 10 45, http://tourist.eyjar.is. Gegidste wandeltochten. Prijzen en tijden op aanvraag.
Rondom de eilanden – **Rib Safari:** tel. 661 18 10, www.ribsafari.is. Wie houdt van snelheid en paardenkrachten, is hier aan het juiste adres. Boottochten met RIB's, onder meer rond Heimaey of naar Surtsey. Boekingen en informatie per telefoon.

Uitgaan

Aanbevolen – **Volcano Café:** Bárustigur 2, tel. 481 21 01, dag. 12-24, vr./za. tot 4 uur. Café, bar en vooral een podium voor groepen – en groupies.
Vulkaanbioscoop – **Gemeentehuis:** Vestmannabraut, tel. 481 10 45, 15 juni-15 aug. dag. 11, 15.30 en 21 uur, ISK 800. Film over de vulkaanuitbarsting en het leven op Heimaey.

Festiviteiten

Driekoningen: 6 januari. De dertien kerstmannetjes trekken onder begeleiding van hun trollenouders met fakkels door de stad en er wordt met vuurwerk afscheid van ze genomen.
Einde van de vulkaanuitbarsting: 1e weekend van juli. Met muziek en dans wordt daaraan herinnerd.
Nationale feestdag: 1e weekend van augustus. Ter herinnering aan de viering van 1874, waaraan de bewoners niet konden deelnemen in Þingvellir. Dus vierden de Heimaey-bewoners het op het eiland en tot op nu wordt de traditie in stand gehouden. Tegenwoordig komen (bijna alle) IJslanders naar Heimaey. Met muziek en rotsklimmen. Papegaaiduikers zijn te vinden op het bord en in de lucht. Wie erbij wil zijn, moet op tijd een kamer huren.
Lundapysa: half augustus. Als de jonge papegaaiduikers uitvliegen, vliegen ze vaak verward rond in de stad. Op Lundapysa, in de zogenoemde nacht van de kinderen, redden de kinderen van het eiland de jonge vogels, verzamelen ze in dozen en brengen ze de volgende dag naar zee.

Surtsey ▶ E 8

Een onderzeese vulkaanuitbarsting bouwde het eiland binnen vier jaar op. De uitbarsting begon op 14 november 1963 en de laatste lava stroomde op 5 juni 1967 uit. Sindsdien hebben de golven en de weersomstandigheden vrij spel op het eiland. Sinds zijn ontstaan is het eiland een natuurreservaat en met grote belangstelling volgen biologen de kolonisatie door planten die nu ongeveer 2% van het 2,5 km^2 landoppervlak bedekken. Zo'n vijftien soorten hogere planten hebben er wortel geschoten, een dozijn mossen en korstmossen en ongeveer honderd algensoorten wisten zich er er te vestigen. Ook nestelen er zes vogelsoorten op Surtsey. Voor toeristen zijn boottochten of rondvluchten de enige manier om een indruk te krijgen van Surtsey. Tot op heden is de toegang tot het eiland alleen toegestaan aan wetenschappers en sinds 2008 staat het eiland op de Werelderfgoedlijst van de UNESCO.

Actief

Boottocht rond het eiland – **Viking Tours:** zie blz. 158. Een rondje om het eiland. U ziet de steile kusten en met een beetje geluk misschien walvissen.
Op de woelige baren – **Rib Safari:** zie links. Ook met deze snelle boten kunt u een rondje om Surtsey varen, zonder aan land te gaan.

IN EEN OOGOPSLAG

Het zuidoosten

Hoogtepunt *

Skógar: het landschap, de weidsheid en de spectaculaire waterval vormen dat, wat in de literatuur als *locus amoenus*, lieflijk oord, gekenmerkt wordt. Zie blz. 165.

Op ontdekkingsreis

Wandelen bij Skaftafell in het nationaal park Vatnajökull: wandelen bij Skaftafell is een tocht door het groen. De weelderig bloeiende en vegetatierijke oase met een aantal natuurlijke hoogtepunten en de ruïnes van verlaten boerderijen, wordt omringd door gletsjers. Zich vestigen in de buurt van de gletsjer was altijd al een risico, te meer omdat onder het ijs een van de actiefste vulkanen van het land schuilgaat. Zie blz. 176.

Bezienswaardigheden

Openluchtmuseum van Skógar: hier vindt u bijna alles zoals het vroeger in IJsland was. Iedere hoek van het museum heeft wel iets te bieden. Zie blz. 165.

Brydebúð in Vík: een interessante tentoonstelling over een scheepsramp voor de zuidkust van IJsland, die berucht is vanwege de stormen en schipbreuken. Zie blz. 167.

Actief

Over de gletsjer: de wandeltocht van Skógar naar Þórsmörk gaat tussen gletsjers door en is zeer afwisselend. Zie blz. 165.

Op de hoogste top van IJsland: vanuit Skaftafell kunt u gegidste beklimmingen van de Hvannadalshnúkur uitvoeren, de hoogste berg van het land. U hebt een goede conditie nodig voor de tocht over de eeuwige sneeuw naar boven. Zie blz. 174.

Sfeervol genieten

Camping bij Skógafoss: laat u in slaap wiegen door de rustgevende geluiden van het naar omlaag stortende water. U kunt ook gewoon voor de tent gaan zitten om het schouwspel te bewonderen. Zie blz. 166.

Uitgaan

Þórsmörk: een weekend in Þórsmörk is een onvergetelijke belevenis. Hier wordt tot midden in de nacht gegrild, gezongen en gedronken, een echte open-air-party, slapen kunt u zondagavond wel weer. Zie blz. 162.

De brede vlakke zandstranden en de vaak stormachtige zee waren van oudsher problematisch voor het aanlanden van grotere schepen, omdat er geen haven is aan de zuidoostkust. Voor strandwandelingen zijn de zwarte vlakke lavazandstranden daarentegen een traktatie en de mooiste zijn rond Vík te vinden. Hoe verder u naar het oosten gaat, hoe meer de gletsjers hun stempel op het landschap drukken. Onder die gletsjers gaan vaak sluimerende of actieve vulkanen schuil, zoals de Katla onder de Mýrdalsjökull. Hier gaan de stranden aan de kust ook meer en meer over in brede zandvlaktes. De gletsjers ervaren kunt u in het nationale park Vatnajökull bij Skaftafell, waar zelfs leken kunnen waarnemen dat de gletsjertongen van de Vatnajökull zich terugtrekken. In de streek werd het Katla Geopark ingericht, een project dat werd opgestart na de grote vulkaanuitbarstingen in 2010 en 2011. Hier kunnen de krachten van de IJslandse natuur op veel plaatsen bijzonder goed bestudeerd en ervaren worden (www.katla geopark.is).

INFO

Internet

www.south.is: op de website van Zuid-IJsland staat informatie over de afzonderlijke gemeenten langs de zuidwestkust, waarbij links u verder leiden.

Reizen van en naar het zuidoosten

Auto: de route naar de meeste tochten in het hoogland gaat via de zuidelijke ringweg.
Bus: de busverbindingen zijn hier zeer goed. Alle genoemde plaatsen hebben een dagelijkse verbinding, andere minstens enkele malen per week.

Þórsmörk ▶ F 8

Drie gletsjers hebben het gebied Þórsmörk gevormd, de Eyjafjallajökull in het zuiden, de Mýrdalsjökull in het oosten en de Tindfjallajökull in het noordwesten. De gletsjers beschutten het gebied tegen de oostenwind, waardoor er hier een relatief mild klimaat heerst. Er gedijt zodoende een rijke vegetatie van berken, diverse struiken en heesters en ook veel kleurig bloeiende planten, waaronder enkele orchideeën.

De rivieren Krossá in het zuiden, Markarfljót in het noordwesten en Þröngá in het noordoosten begrenzen het gebied. In Þórsmörk vestigde zich in het midden van de 10e eeuw waarschijnlijk Asbjörn Reykretilsson. Deze vernoemde het gebied naar de god Thor, vandaar de naam 'Thors bos'. Het huidige berkenbos werd echter in de 19e eeuw aangeplant en leverde hout als brandstof, totdat het ten offer viel viel aan de grazende schapen. Het vernietigen van de plantengroei ging gepaard met een sterke erosie, waarvan de sporen nog duidelijk zichtbaar zijn op de versleten hellingen. Nu is Þórsmörk een beschermd natuurgebied dat vrij van schapen wordt gehouden.

Weg F249 ▶ E 8

De tocht naar Þórsmörk begint in Hvolsvöllur (zie blz. 149) langs de gletsjerrivier Markarfljót, die in een kilometersbrede delta 20 km verder naar het zuiden in zee uitmondt. De route gaat verder via de onverharde weg F249 langs de noordzijde van de vulkaan en gletsjer Eyjafjallajökull, waarbij talloze rivieren doorwaad moeten worden. Door de uitbarsting in 2010 hebben de rivieren nu een ander stroombed. Er bestond zelfs het gevaar van een *jökulhlaup*, waarbij de gletsjerrivieren alles zouden meesleuren op hun pad. Enkele kilometers verderop kunt u beslissen welk deel van Þórsmörk u wilt bezoeken: het noordelijke **Húsadalur, Langidalur** of **Básar**, aan de zuidoever van de Krossá gelegen. Ondanks alle waarschuwingen blijven er nog regelmatig auto's in de Krossá steken en soms hebben zulke ongelukken zelfs een dodelijke afloop. U kunt er alleen komen met een echte terreinwagen en het best kunt u in een konvooi meerijden. (Tip: de dichtstbijzijnde winkel ligt op een afstand van 15 km, neem dus levensmiddelen mee, ook al is er in Langidalur een kleine kiosk en in Húsadalur een restaurant).

Wandelingen

Naar grotten en toppen

Vanuit Húsadalur gaan wandelroutes naar Langidalur langs de grotten **Sóttarhellir, Sönghellir** en **Snorraríki;** bij de laatste kunt u alleen komen na een klauterpartij over rotsen. Vondsten duiden erop dat in deze kleine grotten vroeger mensen gevangen werden gehouden.

Een uitstekend uitzicht over het hele gebied hebt u vanaf de 458 m hoge **Valahnúkur**, waar u het gemakkelijkst komt via de kam van de berg Assa. De hoogste berg in het Þórsmörk-gebied is de **Mófell** (855 m), verder naar het oosten. Deze is het best te bereiken door de de rivier Þröngá te volgen.

Op de Laugavegur

Een geliefde meerdaagse wandeltocht begint in Þórsmörk en gaat via de **Laugavegur** naar Landmannalaugar. De route vanaf het einde van het Húsadalur gaat via Hamsraskógar verder in noordoostelijke richting via Emstrur, Álftavatn en Hrafntinnusker. Op deze vierdaagse tocht bestaat de mogelijkheid onderweg in de hutten van de Ferðafélag Íslands (IJslandse wandelvereniging) te overnachten. De benodigde sleutel is te verkrijgen bij de beheerder van de Ferðafélag-hut, die aan het einde van het Langidalur in de buurt van de Krossá staat.

Naar Skógar

Een andere wandeltocht gaat tussen de beide gletsjers Eyjafjallajökull en Mýrdalsjökull door naar **Skógar.** Na Goðaland is er een voetgangersbrug over de Krossá. De route van Básar naar de gletsjer is zonder meer steil, reden waarom de tocht meestal begonnen wordt in Skógar. In dat geval krijgt u te maken met een niet geheel ongevaarlijke afdaling naar Þórsmörk. Bij Fimmvörðuháls tussen de gletsjers staat een hut. De route gaat nu over de nieuwe lava van de uitbarsting in het voorjaar van 2010 (zie ook blz. 162)

Overnachten

Huttendorp – **Volcano Huts:** Húsadalur, tel. 552 83 00, www.volcanohuts.com, kleine hut ISK 25 000, bed in slaapzaal ISK 7000, 2 pk met slaapzak ISK 16.000. Drie huizen voor groepen en alleenreizenden met gebruik van keuken en badkamer, acht hutten voor 4-5 pers. zonder toilet. Bovendien camping, restaurant (ontbijt ISK 2000, lunch ISK 2500, avondbuffet ISK 4500), en een servicegebouw met sauna, douches, toiletten en hotpot.

Origineel – **Skagfjörðsskáli:** in Langidalur, tel. 893 11 91, www.fi.is, 15 mei-sept., te boeken via Ferðafélag Íslands (zie blz. 27), bed in slaapzaal ISK 7000. De oudste hut in Þórsmörk heeft vijf slaapzalen voor maximaal 75 pers., wc's douches in afzonderlijk gebouw, camping.

Aangenaam – **Básar:** www.utivist.is, te boeken via Útivist (zie blz. 27), bed in slaapzaal ISK 5000. De hut biedt plaats aan 80-90 pers. U kun ook kamperen in de nabijheid van de hut.

Actief

Gegidste tochten – **Ferðafélag Íslands:** adres zie blz. 27. Biedt wandeltochten aan tussen Landmannalaugar/Þórsmörk en Skógar/Þórsmörk. Bovendien tochten alleen naar Þórsmörk. Ook Útivist (zie blz. 27) biedt wandeltochten aan.

Informatie

Bus: Reykjavík Excursions, tel. 580 54 00, www.re.is/day-tours/landmanna laugar-adventure-on-your-own. Van 13 juni-15 sept. dag. van/naar Reykjavík en Þórsmörk, Húsadalur en verbindingen tussen de hutten (ISK 15.000).

Eyjafjallajökull ▶ E/F 8

Met een hoogte van 1666 m is de gletsjer Eyjafjallajökull het hoogste punt langs de zuidkust. De recentste uitbarstingen van de subglaciale vulkaan vond plaats in maart 2010 en die daarvoor in 1821-1822. De eens zo witte ijskappen zijn nu zwart van de as en nog steeds wordt gevreesd dat ook de buurvulkaan zal gaan uitbarsten. Langs de bijna verticale bergwanden storten zich verschillende indrukwekkende watervallen naar beneden, zoals de 40 meter hoge **Seljalandsfoss** waar u achterlangs kunt lopen.

Ongeveer 3-4 km verderop, ten westen van de boerderij Fit, bevindt zich een grot in de rotswand, die bekendstaat als **Paradísarhellir.** Volgens de volksverhalen leefde hier in de 16e eeuw de goddeloze Hjalti Magnússon. Runeninschriften getuigen ervan dat hier inderdaad mensen hebben gewoond.

Keuken in het openluchtmuseum van Skógar

Informatie

Þorvaldseyri Visitor Center: 861 Hvolsvöllur, tel. 487 57 57, www.iceland erupts.is, juni-aug. dag. 9-18, mei/ sept. dag. 10-16, okt.-apr. dag. 11-16 uur, ISK 800. In dit particuliere bezoekerscentrum komt u alles te weten over de uitbarsting van de Eyjafjallajökull en de gevolgen daarvan voor de lokale boeren. Een bijzonder souvenir uit de winkel is een potje met vulkaanas.

Skógar ✷ ▶ F 8

Slechts weinig huizen, een bezienswaardig openluchtmuseum, een uitgestrekte weidsheid met uitzicht tot bijna aan de kust en een adembenemende waterval, dat is kort samengevat Skógar!

De waterval **Skógafoss** is met zijn 60 m valhoogte een van de hoogste watervallen van IJsland. Er wordt verteld dat de eerste kolonist in Skógar, Þrasi, er een kist met goud verstopt zou hebben. Een jongen wilde die gaan halen, maar hij kreeg alleen een hengsel te pakken, dat nu in het museum te zien is. Bij zonneschijn schemert het goud door de waterval. Bij een wandeling van Skógar de **Eyjafjalajökull** op passeert u **Drangshlíð.** In de weide steekt een rots uit met grotten, die als stallen dienden.

Tip

Openluchtmuseum van Skógar

Er zijn veel musea in IJsland, maar slechts een paar die u echt moet bezoeken: **Skógasafn** staat op de eerste plaats. Al tientallen jaren verzamelt de curator of liever verzamelaar Þórður Tómasson gebouwen, apparatuur, gereedschap, auto's, boten enz. uit de regio. De meeste van deze objecten werden aan hem nagelaten. Natuurlijk is er ook een natuurhistorisch gedeelte met opgezette vogels en een eiercollectie. In de loop der decennia is het complex uitgebreid, en ten slotte kwam het interessante Verkeers- en technologiemuseum er in 2002 bij. In de oude gebouwen van het museum kunt u zich onderdompelen in het verleden. Een hoogtepunt is wanneer Þórður op het harmonium speelt en erbij zingt. Hier kunt u vele uren doorbrengen. In het bijbehorende café zijn snacks verkrijgbaar (tel. 487 88 45, www.skogas afn.is, juni-aug. dag. 9-18, mei, sept. 10-17, okt.-apr. 11-16 uur, ISK 2000; café: juni-aug. dag. 10-17 uur).

Wandeling van Skógar naar Þórsmörk

Start: Skógar, afstand: 23 km, duur: 1-2 dagen (8-10 uur lopen)

In de eerste plaats loopt u rechts van de waterval **Skógafoss** naar een platform, daarna gaat de prachtige route in oostelijke richting langs de Skógá, die de wandelaars talrijke watervallen te bieden heeft. Na ongeveer 8,2 km bereikt u een brug, waarna u verdergaat langs de westelijke oever, de markering volgend. Het loont de moeite om nog even om te kijken, want dan kunt u Dyrhólaey en in het westen de Vestmannaeyjar zien. De vegetatie en het landschap zijn inmiddels veranderd, het is kaal en steenachtig geworden. De eerste hut, **Baldvínsskáli,** staat aan de rand van de sneeuwvelden, een eenvoudig onderkomen, waarheen een jeeptrack leidt.

De pas **Fimmvörðuháls** ligt op een hoogte van 1100 m, bij zonnig weer een droom, anders kan het verschrikkelijk zijn, met uitgesproken slechte zichtomstandigheden. Als bovendien de markeringspaaltjes zijn omgevallen, zwerft men zonder enige oriëntering over de sneeuwvelden. Niettemin hebben zulke wolkenwandelingen ook zo hun charme. De hut **Fimmvörðuskáli** voor de overnachting ligt 500 m ten westen van de route. De weg van de hut loopt over oude sneeuwvelden, die afhankelijk van het seizoen min of meer zacht zijn, en puinhellingen. Na 30 min. komt u bij de nieuwe lava, die u snel kunt oversteken. Via de pas **Brattafönn** (1000 m boven zeeniveau) gaat het noordwaarts verder omlaag door een oeroude wereld van kloven. Sommige delen zijn wat steiler, maar daar hangen kettingen en touwen als beveiliging, evenals op de kam **Heljarkambur.** Het uitzicht in de diepte is indrukwekkend en na het oversteken van de kam **Kattarhryggur** bent u in de kloof **Þvergil** aangekomen. Vanaf daar is het niet ver meer naar het eerste berkenbos van Þórsmörk en de hut **Básar.**

Wandeling van Skógar naar Þórsmörk

Overnachten

Eenvoudig – Hótel Edda: in de school, tel. 444 40 00, 444 48 30, www.hoteledda.is, 2 pk circa ISK 20.000, ontbijt ISK 2000, juni-aug. Eenvoudige kamers met wastafel in de schoolgebouwen, hotpot in de tuin.

Goede ligging – Jeugdherberg Skógar: bij de waterval, tel. 487 88 01, 899 59 55, www.hostel.is, 1 feb.-1 dec., bed in slaapzaal ISK 3800 's zomers, ISK 3300 's winters. Voormalige basisschool, in de buurt van de Skógafoss, incl. gebruik van keuken en wasmachine.

IJslandgevoel – Camping: direct bij de Skógafoss. Op een grote weide onder aan de waterval. Bovendien hebt u er een prachtig uitzicht in de richting van de kust.

Eten en drinken

IJslands – Hótel Edda: zie boven, hamburgers ISK 1850, gegrild lamsvlees ISK 4900. Groenten uit de regio.

Charmant – Skógasafn: zie Tip blz. 165. Soepen vanaf ISK 900.

Winkelen

Regionale spullen – Skógasafn: zie Tip blz. 165. Buiten de gebruikelijke souvenirs zijn kunsthandwerk en breiwaren uit de regio te koop. Een bezoekje loont altijd.

Actief

Paardrijden – Skálakot: 6 km ten westen van Skógar, tel. 487 89 53, www.skalakot.com. Korte rit 1 uur ISK 6000, strandrit 3-4 uur vanaf ISK 15.000. Ook worden wandeltochten aangeboden of combitochten met sauna en eten.

Gletsjertochten voor beginners – **Mountain Guide:** bij cafetaria Fossbuð, tel. 894 29 59, www.mountainguide.is. Hele jaar behalve 24/25 dec. en 1 jan., pick-up van Skógar alleen juli-15 aug., gletsjertochten vanaf ISK 9900. Lichte gletsjertochten op de Mýrdalsjökull.
Allerlei tochten – **Icelandic Travel Market:** in de buurt van de waterval, tel. 894 29 56, www.icelandictravelmarket.is, apr.-aug. dag. 8.30-18.30 uur. Info en boeken van tochten.

Informatie

Bus: 's zomers dag. van/naar Reykjavík en Höfn.

Vík í Mýrdal en omgeving ▶ F 8

Vík í Mýrdal is het zuidelijkste stadje van IJsland, waarvan de inwoners leven van de dienstverlening voor de regio. Bijzonder is de ligging aan de voet van de tufstenen rots **Reynisfjall** (340 m) te midden van sappige groene weiden, omrand door zwarte zandwoestijnen. Op de rotsen broeden veel papegaaiduikers. Weg 215 gaat iets ten westen van de Reynisfjall (zie Favoriet blz. 168). naar de baai Dyrhólaós.

Een cultuurcentrum met streekmuseum is ondergebracht in het oudste huis van het stadje, **Brydebúð.** Bijzonder interessant is de tentoonstelling over de schipbreuken voor de zuidkust in de periode 1896-1982, waaronder tachtig Duitse trawlers, en een tentoonstelling over het Katla Geopark (Víkurbraut 28, www.visitvik.is/listings/brydebud-1895/, dag. 9-20 uur, ISK 500).

Onderweg naar het strand van Vík met de markante rotsformatie Reynisdrangar komt u langs een gedenksteen voor de Duitse vissers die bij schipbreuken aan de zuidkust omkwamen. Het is tegelijkertijd een dankbetuiging aan de IJslanders die enkele schipbreukelingen hebben gered. Volgens oude volksverhalen zouden de **Reynisdrangar** versteende trollen zijn. In de zomermaanden broeden hier Noordse sterns.

Overnachten

Mooi oud – **Welcome Puffin Hostel:** Víkurbraut 26 a, tel. 487 12 12, www.vikhotel.is/puffinhostel/, 2 pk vanaf ISK 25 000, ontbijt ISK 1800. Het hotel heeft kamers met douche/wc, het kleine bijgebouw slaapzakaccommodatie.
Boven het stadje – **Jeugdherberg Norður-Vík:** Suðurvíkurvegur 5, tel. 487 11 06, 867 23 89, www.hostel.is, hele jaar, slaapzakaccommodatie vanaf ISK 3800, 2 pk ISK 7700. Iets boven het plaatsje met fraai utzicht, lounge, gebruik van de keuken.
Op de helling – **Camping:** Klettsvegur, in de buurt van Hótel Edda. Goed verzorgd, maar kan in de weekenden erg vol raken.

Eten en drinken

Gemoedelijk – **Halldórskaffi:** Víkurbraut 28, tel. 487 12 02, juni-aug. zo.-vr. 11-23, za. tot 2, sept.-mei vr. 18-23, za. tot 2 uur, ISK 700-2000. Ideaal voor een kop koffie, een slaatje of een pizza.
Voordelig – **Víkurskáli:** Austurvegur, bij het benzinestation, tel. 487 12 30, juni- aug. 9-23, sept.-mei 9-22 uur, ISK 1000-2800. Hier stopt de bus en er is altijd wat te doen. Snacks en hapjes.

Winkelen

Klassieker – **Víkurprjón:** Austurvegur 20, tel. 487 12 50, ▷ blz. 170

Favoriet

Dyrhólaós – betoverend zwart-wit ▶ F 8

Het is een duik in een wereld van stenen en zee, een geklak en geklik als in een kunstzinnige zwart-witfilm. Afhankelijk van het weer kunt u de uitholling van Dyrhólaey in het westen duidelijk zien, of hij is weggedoken achter een fijne nevel en versterkt daarmee de magische indruk van het strand. Het is een van de mooiste stranden van het land, een symfonie van licht, vorm en geluid. Indrukwekkend zijn de basaltwanden met talloze kolommen als orgelpijpen naast elkaar. Hier is elke stap een speciaal lied, elke blik opent een nieuw schilderij.

www.icewear.is. Winkel met wolwaren. Gedegen, maar geen buitengewoon originele zaken.

Informatie

Brydebúð: Víkurbraut 28, www.visitvik.is/listings/brydebud-1895/. Informatie over de regio, juni-aug. dag. 9-20 uur (zie blz. 167).
Bus: dag. van/naar Reykjavík en Höfn.

Dyrhólaey ▶ F 8

De beide verlande eilanden Pétursey (275 m) en Dyrhólaey liggen aan de kust ten westen van Vík. Dyrhólaey steekt als een 120 m hoge, steil naar het zuiden en westen afvallende kaap omhoog, in het zuidelijkste deel is een gat uitgeslepen. Geliefd zijn boottochtjes door het gat, die ondernomen worden vanuit Vík. In het 5 km² grote natuurreservaat rondom Dyrhólaey broeden zeevogels en het zwarte lavastrand behoort tot de mooiste van het land.

Mýrdalsjökull ▶ F 7/8

Vík is een ideaal uitgangspunt voor tochten in het gletsjergebied van de Mýrdalsjökull, die met een oppervlakte van 701 km² de op drie na grootste gletsjer van het land is. Ongeveer 200-300 m onder de ijskap sluimert een zeer actieve vulkaan, **Katla.** Alleen al in de 1100 jaar na de kolonisatie zijn er zeventien uitbarstingen geweest. Onvoorstelbare water- en modderoverstromingen – een paar duizend kubieke meter per seconde – storten zich na een uitbarsting samen met ijsbergen van de gletsjer naar beneden op de zandvlaktes en zijn veel gevaarlijker dan de langzamere lavastromen. In het IJslands worden deze modderstromen *jökulhlaup* genoemd, wat vertaald zou kunnen worden als gletsjerloop. Bij de laatste grote uitbarsting in 1918 werden 400 m³ grote steenblokken 14 km ver meegesleurd. De Katla barst iedere 40-80 jaar uit. In 1955 nam men een toename van de gletsjerrivieren waar, maar de speciaal in Vík en Kirkjubaejarklaustur opgestelde seismografen om de Katla in de gaten te houden konden geen uitbarsting vaststellen.

Actief

Op de gletsjer boven de vulkaan – Arcanum: Ýtri-Sólheimar, tel. 487 15 00, www.snow.is, gletsjerwandelingen van drie uur ISK 9900; dag. sneeuwscootertochten van een uur, vertrek 10, 12.30, 15 uur, ISK 21.990; geliefd zijn de vulkaantochten met superjeeps naar de Katla en de nieuwe vulkanen van 2010, dag. vertrek 10, 12.30, 15 uur, 1 uur, ISK 14.990.

Mýrdalssandur ▶ F/G 8

Met 700 km² is Mýrdalssandur ten zuidoosten van de Mýrdalsjökull de eerste grote zandvlakte *(sandur)* in het zuiden. Deze enorme gebieden bestaan uit zand en grind dat werd meegevoerd door het smeltwater van de gletsjers en postglaciale gletserrivieren. Van jaar tot jaar komt de kust steeds verder in zee te liggen. Er wordt geschat dat de aanvoer van puin door de gletsjerrivieren op de zandvlaktes jaarlijks 49 miljoen ton bedraagt. Naast verzanding bestaat op de zandvlaktes ook het gevaar van overstromingen. Tegenwoordig ziet u maar weinig van het zwarte zand vanwege de enorme lupinevelden. Ten oosten van Vík steekt midden in het Mýrdalssandur het verlande eiland Hjörleifshöfði

221 m omhoog. Het is vernoemd naar Ingólfur Arnarsons pleegbroer Hjörleifur, die zich er in 874 had gevestigd. Volgens de overlevering werd Hjörleifur echter gedood door zijn Ierse slaven. De slaven vluchtten naar het Vestmannaeyjar, waar Ingólfur wraak nam voor de dood van zijn pleegbroer en hen doodde (zie blz. 153).

Kirkjubæjarklaustur en omgeving ▶ G 7

De tocht vanuit het westen naar Kirkjubæjarklaustur voert door de met mos bedekte lavavlakte **Eldhraun,** die bij de uitbarsting van de Laki in 1783/1784 ontstond en waarvan de zuidzijde bedekt is met pseudokraters. Het kleine plaatsje Kirkjubæjarklaustur – vaak afgekort tot Klaustur – wordt al vroeg in de annalen genoemd. De eerste bewoners – nog voor de Vikingen – waren Ierse monikken. Men zegt dat de vervloeking dat alleen christenen hier kunnen leven, van hen afkomstig is. De eerste kolonist, volgens het Landnámabók, was de christen Ketill hinn fíflski. Na diens dood wilde de heiden Hildir Eysteinsson zich hier vestigen, maar hij had het weideland van de boerderij nog niet betreden of hij viel dood neer. Zijn grafheuvel, **Hildishaugar,** ligt ten oosten van het stadje.

De huidige kerk werd in 1974 ter nagedachtenis aan predikant Jón Steingrímsson gebouwd. Niet ver ervandaan stond het oude godshuis waarin Jón op 20 juli 1793 zijn beroemde vuurpreek hield, die ervoor gezorgd zou hebben dat de lavastroom die de gemeenschap bedreigde, stopte. Deze afgekoelde lava maakt deel uit van de enorme hoeveelheid die bij die uitbarsting uitgestroomd is. Hij kwam tevoorschijn uit een 25 km lange spleet ten zuidwesten van de Vatnajökull die Lakagígar wordt genoemd.

Kirkjubæjarklaustur is een uitgangspunt voor talrijke tochten, bijvoorbeeld naar de krater van de **Laki** (zie blz. 172), en is daarom in zomerse weekenden ook bij veel IJslanders erg geliefd. Iets buiten het stadje bevindt zich aan weg 203 de **Kirkjugólfið,** de zogenoemde kerkvloer, een 80 m² grote vlakte van zeshoekige, door gletsjers gladgeslepen basaltzuilen. Niet ver ervandaan zijn de **Systrastapi** en het **Systravatn** (zie blz. 172).

Overnachten

Schilderachtig gelegen – **Hörgsland:** 5 km ten oosten van Kirkjubæjarklaustur, tel. 487 66 55, www.horgsland.is, hut voor 2 pers. vanaf ISK 14.100 (slaapzak), ISK 17.150 (beddengoed), ontbijt ISK 1700, avondeten vanaf ISK 3550. Het kleine vakantiedorp ligt niet alleen zeer fraai, maar biedt ook een restaurant, hotpot en goede vismogelijkheden.
Licht en modern – **Pension Hvoll:** 25 km ten oosten van Klaustur, tel. 487 47 85, 861 55 53, www.road201.is, hele jaar, 2 pk € 132, incl. ontbijt, ook vijfpersoonskamers. Twee panden, gedeeld sanitair, zeer fraai gelegen, ideaal voor bezoeken aan het nationale park. Gedeelde keuken, eigen levensmiddelen meebrengen!
Goede uitrusting – **Kirkjubær:** camping direct in het stadje, zeer geliefd, vooral bij IJslanders met een caravan.
Eenvoudig – **Kleifar:** camping aan de rand van het dorp langs weg 203. Voor outdoor-liefhebbers.

Eten en drinken

Lekker lamsvlees – **Systra Kaffi:** Klausturvegur 13, tel. 487 48 48, dag. 12-21 uur, pizza met kreeft ISK 3200,

hamburgers vanaf ISK 1750, gegrild lamsvlees ISK 4600. Café en bar met aangename ambiance, gevarieerde kaart van sandwich via salades tot lamsgerechten.
Fastfood – **Skaftárskáli:** juni-aug. 9-22, rest van het jaar tot 20 uur, circa ISK 1700. Typisch IJslands cafetaria bij een benzinestation.

Informatie

Toeristenbureau: Klausturvegur 13, gemeentecentrum, tel. 487 46 20, www.klaustur.is, dag. 8.30-18.30 uur. Meer informatie en beschrijvingen van dag- en meerdaagse tochten op www.visitklaustur.is.
Bus: www.sternatravel.com. 's zomers dag. bussen tussen Höfn en Reykjavík, die in Kirkjubæjarklaustur bij het benzinestation en het hotel stoppen en na een pauze weer verder rijden. Ook bussen via Landmannalaugar (zie blz. 286).

Systrastapi en Systravatn

Hiet in 1185 gestichte benedictijnenklooster bestond tot de reformatie in 1550. De eenzame rots **Systrastapi**, ten westen van Klaustur, is de laatste rustplaats van twee nonnen die de regels van de orde niet strikt in acht hadden genomen en daarom werden verbrand. De een zou zich aan de duivel hebben verkocht en zich hebben ingelaten met mannen, de ander zou onzedelijk over de paus hebben gesproken. Na de reformatie werd de laatste haar minachting vergeven en sindsdien groeien er op haar graf bloemen – in tegenstelling tot het graf van haar lotgenote.

Boven Klaustur ligt het meer **Systravatn** waar de nonnen baadden. Op een dag, zo wordt gezegd, stak er een hand met een gouden ring uit het water. Twee nonnen grepen gretig naar de hand en die trok hen voor eeuwig mee in de diepte.

De Laki-kraters ▶ G 6/7

Op weg naar de Laki-kraters, die behoren tot het nationale park Vatnajökull, zult u de kloof **Fjaðrárgljúfur** passeren. Hier heeft de meanderende rivier Fjaðrá zich diep in de zachte rots gesle-

Vanaf de top van de Laki is het zicht op de Laki-kraters bijzonder indrukwekkend

pen. De waterval **Fagrifoss** (mooie waterval) doet zijn naam eer aan met zijn twee parallelle stromen die zich beneden samenvoegen tot een brede sluier. De berg Laki (818 m) verdeelt de spleetvulkaan in twee gelijke delen. Meer dan honderd kraters zijn hier van zuidwest naar noordoost te zien. Vanaf de berg hebt u een prachtig uitzicht op de keten, die zich uitstrekt tot de Vatnajökull. De sfeer die uitgaat van het lavalandschap kan diep bedrukkend zijn: er is nauwelijks een geluid te horen en afhankelijk van het licht voelt het als spookachtig tot bizar.

De gevolgen van de uitbarsting, die begon op 8 juni 1783 en duurde tot 7 februari 1784, waren voor de bevolking rampzalig. Veertien boerderijen werden direct getroffen door de uitstromende lava en het gebied dat bedekt werd onder gesteente bedroeg in totaal 565 km². Dramatischer bleken de gevolgen van de as en een blauwe waas – bestaande uit kooldioxide en zwaveldioxide – die de wateren en weilanden vergiftigden, waardoor 11.000 runderen (50%), 200.000 schapen (79%), 28.000 paarden (76%) die winter stierven. Binnen drie jaar daalde de bevolking van IJsland met 20%.

Informatie

Bus: www.re.is, 20 juni-8 sept. dag., pauze van circa 3,5 uur bij Laki.

Op weg naar Skaftafell

Núpstaðarskógur ▶ H 7

De ringweg kruist het groene gebied van het Brunasandur aan de rand van de Brunahraun, een andere lavastroom van de Laki. Kort daarna bedekt het struikachtige bosgebied Núpstaðarskógur de hellingen van de Eystrafjall en strekt zich uit van de westelijke Skeiðarárjökull tot ten zuiden van het Grænalón. Een indrukwekkende kloof met diverse watervallen, onder meer de Hvítárfoss, maakt deel uit van het natuurgebied. Het gletsjermeer **Grænalón**, op 15 km, is alleen te voet te bereiken.

Skeiðarársandur ▶ H 7

Skeiðarársandur heeft een oppervlakte van 1000 km². Tal van brede en krachtige gletsjerrivieren moeten worden gepasseerd, wat sinds 1974 geen groot probleem meer is. Pas toen, ter gelegenheid van het 1100-jarige jubileum van de kolonisatie, werd de laatste brug over de Skeiðará voltooid en was de ringweg voltooid. Ook al zijn nu de grootste rivieren Núpsvötn, Sandgigjukvísl en Skeiðará van – hopelijk – overstromingsbestendige bruggen voorzien, toch moeten er elk jaar reparaties aan de weg worden uitgevoerd.

Ooit zouden er tal van boerderijen in het gebied van Skeiðarársandur zijn geweest, die echter ten offer vielen aan uitbarstingen van vulkanen onder de gletsjer Vatnajökull. Zo barstte bijvoorbeeld in 1362 de Öræfajökull uit en begroef de nederzettingen in de regio onder een 30 cm dikke laag as. De naam Öræfasveit voor het gebied tussen Skeiðarársandur en de Breiðamerkurjökull dateert uit deze periode. De Grímsvötn,een 35 tot 40 km² grote caldera met kraters en solfataren die bijna in het midden van de Vatnajökull ligt, wordt nog steeds gevreesd. De uitbarstingen gaan altijd gepaard met vernietigende *jökulhlaups* met vrijkomende zwavelhoudende gassen en komen sinds 1934 ongeveer elke tien jaar voor. De laatste en krachtigste *jökulhlaup* in de 20e eeuw vond plaats in het najaar van 1996. Een deel van de toen vernielde stalen boogbrug kan langs de ringweg worden bekeken.

Skaftafell ▶ H 7

Skaftafell komt over als een vegetatierijke oase. In 1967 werd het gebied verheven tot nationaal park, dat gestaag is uitgebreid en sinds 2008 deel uitmaakt van het nationale park Vatnajökull. Tot het gebied behoren drie dalgletsjers, waarvan de grootste de Skeiðarárjökull is. In het klimatologisch gunstige gebied, beschermd door de Öræfajökull met de hoogste top van IJsland – de Hvannadalshnúkur (2119 m) – groeien berken- en lijsterbesbossen. Tot 12 m hoge bomen zijn te vinden in Bæjarstaðaskógur aan de westkant van Morsárdalur. Hier zijn 22 ha herbebost. In Skaftafell gedijen varens, ooievaarsbekken en zeldzame orchideeën. Er zijn veel vogels, zoals watersnip, graspieper en winterkoning en op de zandvlaktes broeden grote jagers.

Wandelingen

Het aantrekkelijke van het park zijn de wandeltochten die u kunt maken in het landschappelijk fraaie gebied (zie ook Op ontdekkingsreis blz. 176). De **Svartifoss** valt over een wand van regelmatig gevormde zwarte basaltzuilen naar beneden. Vanaf het uitzichtpunt **Sjónarsker** hebt u een schitterend uitzicht op de zandvlaktes en de dalgletsjers. De gletsjertong van de **Morsárjökull** kalft af in een klein meer. De enige warme bronnen in het nationale park (tot 80 °C) bevinden zich ten westen van **Bæjarstaðarskógar.** Alle paden zijn goed gemarkeerd en op een kaart ingetekend die bij het bezoekerscentrum is te verkrijgen. Gegidste gletsjertochten worden ook vanaf dit bezoekerscentrum aangeboden (zie onder). Voor een bezoek aan Skaftafell moet u voldoende tijd inplannen om van wat u hier kunt zien en doen alles te genieten.

Overnachten

Gezellig – **Hof 1 Hotel:** in het nationaal park, Öræfasveit, tel. 478 22 60, http://hof1.is, 2 pk ISK 19.200-29.600. Klein pension met grote salon en een restaurant (menu circa ISK 5000).

Zeer groot – **Camping:** in het nationaal park. Eenvoudig, maar gezellig druk.

Actief

Op IJslands hoogste top – **Mountain-Guide:** bij de camping in het nationale park, tel. 894 29 59, www.mountainguide.is, hele jaar gegidste tochten in het nationale park en op de gletsjer, tocht op het ijs, 1 uur, ISK 9900, 4 uur. ISK 14.900, beklimming Hvannadalshnúkur apr.-sept. 12-15 uur ISK 39.900, ijsklimmen juni-aug. 4 uur ISK 14.900.

Informatie

Skaftafell-bezoekerscentrum: tel. 470 83 00, www.vatnajokulsthjodgardur.is, hele jaar geopend, 's zomers 9-19 uur. Hier kunt u een kaart met routes krijgen. Tentoonstelling over de gletsjer.
Bus: dag. van/naar Reykjavík en Höfn, ook via de Fjallabaksleið nyrðri.

Gletsjertochten behoren tot de highlights van het nationale park Skaftafell

Op ontdekkingsreis

Wandelen bij Skaftafell in het nationaal park Vatnajökull

Een wandeling in Skaftafell belooft een prachtige tocht in het groen. In de weelderig bloeiende en vegetatierijke oase ziet u veel natuurschoon en de ruïnes van verlaten boerderijen, omringd door gletsjertongen. Zich in de buurt van een gletsjer vestigen houdt altijd een risico in, zeker omdat onder het ijs een van de actiefste vulkanen in het land schuilgaat.

Uitneembare kaart: ▶ H/J 6/7

Begin: camping. Hier bevindt zich aan de noordkant een ingang naar het uitgestrekte bos. Er staan wegwijzers voor de verschillende routes met daarop de looptijden.
Duur: afhankelijk van de tocht 1-6 uur.
Wandelkaart: in het bezoekerscentrum verkrijgbaar.

Het fascinerende aan deze plek in het nationale park Vatnajökull is dat hier gletsjers en weelderige vegetatie naast elkaar bestaan. Wanneer u een dagje wandelen inplant, kunt u het best beginnen met datgene wat dit landschap heeft beïnvloed en gevormd: gletsjerijs.

Skaftafellsjökull

Slechts een korte wandeling (rood, 1 uur heen en terug) gaat van het bezoekerscentrum naar de gelijknamige gletsjer, waarvan de tong al duidelijk zichtbaar is vanaf de parkeerplaats. Skaftafellsjökull is een typische dalgletsjer, die zich net als alle IJslandse gletsjers al duidelijk heeft teruggetrokken. Nog rond 1940 was hij verbonden met de naburige gletsjer Svínafellsjökull ten zuiden van de berg Hafrafell. Tegenwoordig ziet u de duidelijke schuursporen op de rotsen, die laten zien hoe hoog hij ooit stond. Elk jaar trekt de gletsjer zich ongeveer 50 m terug.

Tocht over Skaftafellsheiði

Deze route (violet), die in totaal 6 uur duurt, leidt in de eerste plaats naar de waterval Svartifoss (zie foto links) en in de tweede plaats hebt u altijd goed zicht op de gletsjertongen. Daarnaast kunt u genieten van de gevarieerde vegetatie in verschillende vormen, zoals de geuren en kleuren van de struiken. Vanaf juli zijn er ook bessen.

Aanvankelijk volgt u de borden naar het uitzichtpunt Sjónasker. Van daaraf kunt u goed de voortgang van de Skaftafellsjökull volgen. Van Sjónasker gaat u daarna verder in noordelijke richting over de heide, de Skerhól op, vanwaar u een goed uitzicht op het bos Bæjarstaðaskógur en de gletsjer Skeiðarárjökull hebt. Daarna gaat het naar het noordoosten via Skorarbýr naar de twee bergen Fremri- en Nyrðrihnauka. Vanaf de laatste, 706 m hoge berg hebt u een goed uitzicht op het dal Morsárdalur, met daarin de tong van de gletsjer Morsárjökull met een gletsjermeer.

Onderlangs de volgende berg, Kristínartindar, gaat het verder oostwaarts naar Gláma. Vanaf hier is het uitzicht op de ryolietberg Kristínartindar bijzonder indrukwekkend, en ook op de gletsjer Skaftafellsjökull. De weg terug gaat nu langs de oostelijke rand van de heide tot Sjónarnípa, een uitkijkpost. Bij een blik vanaf de rotsrand ziet u duidelijk de kloven en spleten in de gletsjertong. Ook die zijn toegenomen in de afgelopen jaren, een ander teken van het smelten. Daarna gaat u terug door de smalle kloof Eystragil.

Het oude Skaftafell

Een wandeling (geel) naar de boerderij Sel duurt 1,5 uur. Opnieuw begint u bij de camping en loopt u naar het westen. In de middeleeuwen stond in de buurt van de boerderij Sel de oude boerderij Skaftafell, die ook gerechtsplaats (ding) was en een kerk had. De beschutte ligging, met name door de torenhoge Öræfajökull liet en laat de vegetatie hier gedijen, een ideale plek dus om zich te vestigen, met brede hooivelden. Welke gevaren onder de Vatnajökull sluimeren, ervoeren de kolonisten pas in de 14e eeuw. Toen barstte de vulkaan Öræfajökull uit en zijn as vernietigde het naburige district Litla Hérað. Skaftafell had meer geluk, maar met het stijgen van de rivier Skeiðará werd steeds meer grond van de hellingen gespoeld. Om deze reden werd de boerderij in de 19e eeuw naar 100 m hoger op de helling verplaatst. De oude ruïnes zijn nog steeds te zien. De boerderij Sel is een mooi voorbeeld van een turfboerderij.

IN EEN OOGOPSLAG

Het oosten

Hoogtepunt ✹

Vatnajökull: de gigant onder de gletsjers van Europa fascineert telkens op een andere manier: nu eens de drijvende ijsbergen op het gletsjermeer Jökulsárlón, dan weer trekken de eindeloos lijkende ijsvlaktes tijdens een wandeltocht de aandacht. Zie blz. 180.

Bezienswaardigheden

Oost-IJslands streekmuseum in Egilsstaðir: vooral de reconstructie van een graf uit het jaar 980 is een bezoek waard. Zelden voelt een cultuur uit het verleden zo dichtbij. Zie blz. 192.

Actief

Wandelen in Lónsöræfi: vanuit Stafafell in dit natuurgebied gaan wandelen is een belevenis. De kleurrijke ryolietbergen zien er schilderachtig uit. Zie blz. 185.

Wandelen rondom Neskaupstaður: ontdek van hieruit de Austfjörður en hun bergen, hetzij met de plaatselijke wandelvereniging of op eigen kracht met een wandelkaart in de hand. Zie blz. 190.

Sfeervol genieten

Jökulsárlón: of u met een boot over het gletsjermeer vaart en de ijsbergen bijna aan kunt raken of er alleen maar van geniet, hier voelt u in ieder geval de schoonheid van het ijs. Zie blz. 182.

Skriðuklaustur: een zeer eigenzinnig gebouw, dat hier helemaal niet lijkt te passen. De genieter stopt hier vanwege het café in de kelder. Zeer gezellig en met vooral een goede keuken. Zie blz. 196.

Uitgaan

Víkin in Höfn: hier gaan de bewoners onder de gletsjer uit hun dak, nadat ze van hun kreeftensoep hebben genoten. In het weekend tot 3 uur geopend. Zie blz. 184.

Het oosten is verdeeld in twee regio's met uiteenlopende landschappelijke kenmerken. Het gebied rond de Vatnajökull werd vooral gevormd door de destructieve *jökulhlaups* die het voorheen groene landschap veranderden in enorme zandvlaktes. Slechts een paar boerderijen zijn hier te vinden, de meeste tussen Jökulsárlón en Höfn. De oostkust ten noorden van de Vatnajökull wordt gekarakteriseerd door indrukwekkende fjorden met een aantal oude plaatsjes. Ook deze regio komt ondanks de dorpen niet minder eenzaam en verlaten over.

De Vatnajökull, de grootste gletsjer van Europa, is voor wandelaars en bergbeklimmers een waar paradijs. Een van de populairste bestemmingen is het gletsjermeer Jökulsárlón met zijn witte, blauwe en zwarte ijsbergen.

De belangrijkste stad van het oosten, Egilsstaðir, ligt niet aan de kust, maar aan de river Lagarfljót. In de buurt is de Kárahnjúkar-dam te vinden, waarvan de elektriciteitscentrale de reusachtige aluminiumsmelterij van Alcoa in Reyðarfjörður van de nodige energie voorziet. De megastructuur, waarvoor de milieuactivisten in IJsland overuren draaiden, is er gekomen omdat de politiek het oosten economisch in de vaart der volkeren wilde opstoten. Ondanks deze enorme ecologische ingrepen is de charme van het oosten gevarieerd gebleven en het landschap toont op veel plaatsen nog geheel onaangetast.

INFO

Toeristische informatie

Voor de Vatnajökull is het toeristenbureau in Höfn (zie blz. 184), voor de oostelijke fjorden dat in Egilsstaðir (zie blz. 193) verantwoordelijk.

Internet

www.visitvatnajokull.is: website voor het gebied rondom de Vatnajökull.
www.east.is: veel adressen van Höfn tot Vopnafjörður.

Reizen van en naar het oosten

Auto: weg 1 gaat door de regio.
Bus: het busnet is uitstekend. U moet in Höfn overnachten, als u van Skaftafell naar Egilsstaðir verder wilt reizen.
Vliegtuig: vanuit Reykjavík vliegt u naar Höfn en enkele andere plaatsen in het oosten. Daar kunt u met een huurauto of met bussen rondritten maken.
Georganiseerde tochten: gletsjertochten vanuit Höfn, naar het hoogland vanuit Egilsstaðir.

Vatnajökull * ▶ H/J 5/6

De Vatnajökull is met een oppervlakte van ongeveer 8300 km² niet alleen de grootste gletsjer van IJsland, maar ook van Europa. Zijn ijskap bedekt een gebied dat ongeveer 700-800 m boven zeeniveau ligt en heeft een maximale dikte van 1000 m. Zijn naam, 'watergletsjer' verwijst naar de talloze gletsjerrivieren die hier hun oorsprong vinden. Hij telt ongeveer twintig gletsjertongen, hetzij als steile dalgletsjers of als brede, lepelvormige ijstongen met een glooiende helling. Ook in IJsland smelten de gletsjers in rap tempo, en dus ook de Vatnajökull, wat goed te merken is aan het ontstaan van nieuwe gletsjermeren en de schuursporen op de rotsen.

Tot in de 16e eeuw werd de gletsjer regelmatig in noord-zuidelijke richting overgestoken, want dat was de kortste afstand tussen de verschillende

Een gletsjertong van de Vatnajökull kalft af in het Jökulsárlón

landsdelen van IJsland. De eerste oversteek in de vorm van een expeditie werd in 1875 geleid door de Engelsman William Watts. Gletsjertochten op de Vatnajökull worden nu in een verscheidenheid van vormen uitgevoerd, met rupsvoertuigen, sneeuwscooters, op ski's of met jeeps en in 1992 voor de eerste keer met mountainbikes door jonge IJslandse gidsen.

Zuidelijke Vatnajökull ▶ J 7

Op de **boerderij Svínafell** in de buurt van de gelijknamige gletsjertong in het zuiden van de Vatnajökull woonde Flosi Þórðarson, die medeverantwoordelijk was voor de dood van Njáll (zie blz. 150). Het oude dorp **Hof** (tempel) bestaat uit zeven boerderijen en de in 1883/1884 gebouwde kerk. Die werd waarschijnlijk gebouwd op de plaats van de voormalige tempel – een cultusplaats ter ere van de oud-Noordse goden, waaraan het dorp zijn naam ontleent.

Zo'n 10 km ten zuiden van Fagurhólsmýri steekt de landtong **Ingólfshöfði** de zee in. Het hoogste punt reikt tot 76 m en het interessants zijn de vogelklippen met talloze broedende zeevogels. De landtong is vernoemd naar Ingólfur, die hier zijn eerste winter in IJsland doorbracht.

Actief

Tractortocht – **From Coast to Mountains:** in Hofsnes, tel. 894 08 94, www.localguideofvatnajokull.com, mei-eind aug. ma.-za. om 13.30, juni-half aug. ook 10.15 uur,tocht met de hooiwagen naar Ingólfshöfði.

Jökulsárlón ▶ J 7

De kortste gletsjerrivier van IJsland, Jökulsá á Breiðamerkursandi, ontspringt in het 160 m diepe gletsjermeer Jökulsárlón, waarin de Breiðamerkurjökull afkalft, en mondt na 1500 m uit in zee. Van het meer is het niet ver naar de gletsjer, die zich in de loop van deze eeuw geleidelijk heeft teruggetrokken. Pas in 1992 heeft men onder de gletsjer een 25 km lange en 5 km brede fjord ontdekt. Het decor met de grote gletsjer en de drijvende ijsbergen op Jökulsárlón is zeer indrukwekkend. In de zomer is er de mogelijkheid om een boottocht te maken op het gletsjermeer – de tocht tussen de ijsbergen is een bijzondere ervaring: de bizarre blokken hebben een blauwe tot zwarte gloed en behoren tot de meest gefotografeerde objecten in IJsland. Misschien komt de omgeving bekend voor, want het is een populaire locatie voor commercials en speelfilms. Wie zo'n meer bijna voor zichzelf wil hebben, stopt vier 4 km verder naar het westen bij het meer Breiðarlón. Met een blauwe gloed kruipt de gletsjertong daar over de rotsen.

Op **Breiðamerkursandur** vindt u een van de belangrijkste broedplaatsen van de grote jager, met vermoedelijk twee- tot drieduizend broedparen, bovendien ziet u er zeehonden in de Jökulsá. Zo'n 13 km ten oosten van Jökulsárlón langs weg 1 informeert **museum Þórbergssetur** op de boerderij Hali (pension) over het leven en werk van de IJslandse schrijver Þórbergur Þórðarson (1889-1974). Het moderne museumgebouw werd ontworpen door architect Sveinn Ívarsson (zie blz. 70, tel. 478 10 78, 867 29 00, www.thorbergur.is, mei-sept. dag. 9-20, okt.-apr. dag. 8-11, 16-20 uur, ISK 1200).

Eten en drinken

Zicht op de ijsbergen – **Jökulsárlón-café:** aan de oever van het meer, tel. 478 21 22, http://icelagoon.is/the-cafe/, dag.

9-19 uur. Dagelijks verse broodjes, vissoep, taart, huisgemaakte wafels en frisdranken.
Moderne sfeer – **Cafetaria:** in museum Þórbergssetur, tel. 478 10 78, hele jaar, openingstijden zie boven. Lekkere taartjes en IJslandse keuken.

Actief

Op het Jökulsárlón – **Boottocht:** http://icelagoon.is/tours/, tel. 478 22 22, juni-aug. ieder halfuur tot 19 uur, 30-40 min., amfibievaartuig ISK 4500, zodiac 1 uur ISK 7500. U komt heel dicht bij de ijsbergen.
Belevenistocht – **Glacierjeeps:** vertrek vanaf de ringweg, afslag F 985, tel. 478 10 00, www.glacierjeeps.is, hele jaar door allerlei gletsjertochten, bijv. met sneeuwscooter vanaf 1 uut. per pers. ISK 19 500. Op de gletsjer staat de beheerde hut Jökalsel, het hoogstgelegen restaurant van IJsland (840 m).

Höfn í Hornafjörður en omgeving ▶ K 6

Höfn í Hornafjörður is een ideaal vertrekpunt voor tal van uitstapjes. De voortdurend groeiende plaats leeft van zowel de handel als de visserij-industrie. Van betekenis werd hij pas toen in de 19e eeuw het commerciële centrum van Papós naar hier werd verplaatst. Na het doorkruisen van de heel eenzame landstreek vanaf Vík maakt Höfn een bijna stadse indruk. Het toerisme speelt een steeds belangrijkere rol voor de bewoners.

In het **bezoekerscentrum** (Gamlabúð) in de haven is een tentoonstelling over de geologie en geschiedenis van de regio te zien. Het huis stond oorspronkelijk in Papós in Lón en werd in 1897 naar Höfn verplaatst (zie Info blz. 184).

Het historische **Pakkhús** ernaast stamt uit de periode na 1930 en tegenwoordig is er een restaurant in ondergebracht (zie blz. 184).

De kust van Höfn

In het vogelreservaat **Ósland** niet ver van de haven houden zich tal van vogelsoorten op en u ziet ook niet zelden zeehonden voor de kust. Tussen de steile hellingen van de Skarðstindur (488 m) en Klifatindur (888 m) is een pas, vanwaar u een onovertroffen uitzicht hebt op de zuidelijke gletsjertongen van de Vatnajökull en in de andere richting op de Papafjörður en de landtong Papós. Van 1860 tot 1897 was **Papós** een handelsplaats, maar daarna werd hij afgelost door Höfn. In de buurt van de ruïnes uit die tijd ziet u nog oudere bouwsporen, die vermoedelijk stammen van Ierse kluizenaars, die hier voor de kolonisatie van IJsland leefden; de oude benaming Papatætur wijst ook daarop.

Overnachten

Bijna idyllisch gelegen – **Hótel Edda:** Ránarslóð 3, tel. 444 48 50, www.hoteledda.is, 2 pk € 216. Dit hotel is bijzonder fraai gelegen – in de buurt van Ósland – met zicht op zee en de Vatnajökull. Fraaie lichte kamers met bad.
Zeer geliefd – **Jeugdherberg Nýibær:** Hvannabraut 3, tel. 478 17 36, 864 21 59, www.hostel.is, bed in slaapzaal ISK 3850. In deze jeugdherberg zijn kamers beschikbaar met 2 tot 6 bedden. Vriendelijk en praktisch ingericht. Fietsen kunnen indien nodig binnen worden gestald en er is een wasmachine.
Zeer goede voorzieningen – **Camping:** tel. 478 16 06, www.campsite.is, ISK 1100 per pers./tent. Wasmachine,

Onbemand benzinestation in Höfn

douches, internettoegang enz. zijn beschikbaar. Bovendien worden er rustieke hutten verhuurd. Plaats voor 4-6 pers., kookgelegenheid en eethoek aanwezig. Prijs hutten op aanvraag.

Eten en drinken

Aan de haven – **Pakkhús:** Krosseyjarvegi 3, tel. 478 22 80, www.pakkhus.is, keuken dag. 12-22 uur, hoofdgerecht vanaf ISK 3000. Kreeftensoep, gebraden eend en kip uit de streek, verse visgerechten in een gemoedelijke en vrolijke sfeer. 's Middags cakebuffet.
Rustiek – **Kaffi Hornið:** Hafnarbraut 42, tel. 478 26 00, 's zomers dag. 11.30-22 uur, kleine gerechten ISK 1000-1900, hoofdgerecht vanaf ISK 2000. Gemoedelijke inrichting met veel hout, van à la carte tot voordelige dagschotels, saladebar en de specialiteit van Höfn: kreeft (ISK 5000).
Trefpunt – **Víkin:** Víkurbraut 2, tel. 478 23 00, ma.-do. 9-1, vr./za. 9-3 uur. Specialiteit is de kreeftensoep, verder ook noedels met kreeft (ISK 2400) en lekkere pizza's. Visgerechten vanaf ISK 1700, gegrild lamsvlees ISK 2180.

Actief

Gletsjer – **Vatnajökull Travel:** Bugðuleiru 3, tel. 894 16 16, www.vatnajokull.is, juni-aug. Dagtocht vanuit Höfn en terug naar Jökulsárlón en tocht op de gletsjer, incl. boottocht en sneeuwscootertocht € 258 (excl. lunch).

Info en festiviteiten

Höfn Visitor Centre: in de Gamlabúð aan de haven, tel. 470 83 30, juni-aug. dag. 8-20, mei/sept. dag. 10-18, rest van het jaar dag. 10-12, 16-18 uur. Belang-

rijkste toeristenbureau van de regio Vatnajökull. In twee andere gebouwen tentoonstellingen over de visserij en het leven van de vissers.
Bus: dag. naar Reykjavík en Egilsstaðir 's ochtends vanaf de camping.
Vliegtuig: www.eagleair.is. Dag. verschillende vluchten tussen Höfn en Reykjavík.
Kreeftenfeest: 1e weekend van juli. Familiefestival rondom het thema kreeft.

Stafafell ▶ L 6

Stafafell is een oude boerderij aan de ringweg ten oosten van Höfn, die tot 1920 bewoond was en tegenwoordig als pension wordt gedreven (zie onder). De gletsjerrivier Jökulsá í Lóni, die van de Vatnajökull komt, kan hier via de 247 m lange brug gemakkelijk overgestoken worden. Ten zuiden van de rivier ziet u een jeeptrack naar het sinds 1977 bestaande natuurreservaat **Lónsöræfi**, dat bekendstaat om zijn uitstekende wandelmogelijkheden. De kleurenpracht van de ryolietbergen en de prachtige dalen en kloven bieden veel afwisseling. Lónsöræfi is het startpunt van een meerdaagse wandeltocht naar de Snæfell.

Overnachten

In het groen – **Stafafell:** Lón, tel. 478 17 17, 478 22 17, www.stafafell.is, bed in slaapzaal ISK 3750, 2 pk ISK 11.000, ontbijt ISK 1800. Naast de lichte kamers op de boerderij zijn er hutten en enkele kamers met douche/wc. Een camping is ook aanwezig. Avondeten op aanvraag, verder geldt hier zelfverzorging. Een ideaal startpunt voor trektochten en kortere wandelingen. Georganiseerde tochten vanaf ISK 3000.

Langs de Austfirðir

De weg loopt door het typerende fjordenlandschap van de oostkust: de zee rechts en aan de linkerhand de torenhoge basaltbergen van het hoogland met smalle ravijnen. De kustweg is zeer fraai aangelegd, met parkeerplaatsen en speciale vogelobservatiepunten. Het prachtige landschap biedt goede mogelijkheden voor wandeltochten.

De pittoreske en historische kustplaatsen zijn bijzondere ontdekkingen, vooral omdat hun toeristische mogelijkheden voortdurend worden uitgebreid.

Djúpivogur ▶ L 5

Djúpivogur bestaat al sinds 1589 en is een van de oudste handelsplaatsen in IJsland. De historische gebouwen in het centrum dateren uit de tijd van de Deense handelaren, die eeuwenlang de handel hebben gedomineerd. Nu leven de inwoners hoofdzakelijk van de visserij, de landbouw en het toerisme. In het gebouw **Langabúð**, een tweehonderd jaar oude winkel, is het streekmuseum gehuisvest (www.langabud.is, 15 mei-15 sept. dag. 11-18 uur, ISK 500, met café). Naast gereedschappen uit de regio zijn er onder meer een verzameling borstbeelden van de houtsnijder Rikarður Jónsson en in het naburige huis een collectie mineralen te zien. In de zomer zijn hier veel verschilende vogelsoorten te zien.

Een hoogtepunt van het stadje zijn de stenen eieren in Gleðivík van de kunstenaar Sigurður Guðmundsson. Daarvan zijn er 34 langs de kustlijn geplaatst. Ze zijn gevormd naar de eieren van de vogels die rond Djúpivogur voorkomen. Het graniet voor de kunstwerken komt uiteraard ook uit de directe omgeving vandaan.

Wandeltochten en uitstapjes

De landtong **Búlandnes** met zijn talloze meertjes is een belangrijk vogelgebied, op verschillende plekken staan informatieborden (info: www.birds.is).

Ten westen van Djúpivogur verheft zich de 1069 m hoge basaltpiramide **Búlandstindur**. Net als de Snæfellsjökull in West-IJsland geldt deze berg als een 'geestelijk energiecentrum'. Niet ver ervandaan staat de boerderij **Teigarhorn**, waarvan de omgeving wereldwijde faam kreeg als vindplaats van zeolieten. Het verzamelen van mineralen en gesteenten is hier verboden.

Naast mooie wandeltochten langs de kust kunt u ook een dagtocht maken naar het voor de kust gelegen **Papey**. De naam van het eiland is ontleend aan de Ierse monikken, de *papar*, die hier tot de kolonisatie door de Vikingen een contemplatief leven leidden.

Overnachten

Monopolie – **Hótel Framtíð:** Vogaland 4, tel. 478 88 87, fax 478 81 87, www.hotelframtid.com, 2 pk ISK 27.900, tweepersoonshutten ISK 22.400, tweepersoonsappartement ISK 35.000, ontbijt ISK 2050. In de nieuwbouw vindt u met veel hout ingerichte, grote en comfortabele kamers. Er worden ook eenvoudige en voordeliger kamers aangeboden, evenals hutten en appartementen.
Fraai gelegen – **Jeugdherberg Berunes:** tussen Djúpivógur en Breiðdalsvík, tel. 478 89 88, 869 72 27, www.berunes.is, slaapzakaccommodatie ISK 3850, 2 pk ISK 9700, hutten vanaf ISK 19.000, ontbijt ISK 1750, avondeten vooruit te bestellen. De voormalige boerderij werd in 1907 gebouwd. Gezellige inrichting, met een kleine bibliotheek. Bovendien zijn er drie trekkershutten en een camping. De jeugdherberg behoort tot de groenste van het land.

Eten en drinken

Met zicht op de haven – **Hótel Framtíð:** zie links, vismenu vanaf ISK 4780, vleesmenu vanaf ISK 5580. Relatief groot hotel-restaurant – geliefd bij groepen – met zicht op de haven en altijd versgevangen vis op het menu. Het zelfgebakken brood is lekker.
Antiek – **Café Langabúð:** tel. 478 88 20, 15 mei-15 sept. dag. 11-18 uur, rond ISK 1000. De inrichting oogt wat antiek, maar wel gezellig. Op het menu staan kleine gerechten als soep en gebak.

Actief

Gegidste tochten – **Papeyjarferðir:** tel. 478 88 38, 866 13 53, www.djupivogur.is/papey, juni-15 sept. dag. 13 uur. Papey 4 uur, ISK 9000, vogel- en zeehondensafari ISK 8500, fjordentocht ISK 4000. Diepzeevissen mogelijk op aanvraag.

Informatie

www.djupivogur.is: informatie over de bezienswaardigheden in het stadje en de omgeving, restaurants en accommodatie.
Bus: dag. van/naar Egilsstaðir en Höfn.

Breiðdalsvík ▶ L 5

Breiðdalsvík bestaat als dorp pas sinds 1960, zelfs de kolonisatie vond pas aan het einde van de 19e eeuw plaats. De inwoners leven grotendeels van de visindustrie. Bovendien streeft men ernaar om de uitgebreide wandelmogelijkheden van de omgeving en daarmee het toerisme uit te bouwen. Op de eilanden in de gelijknamige baai kunt u eidereenden en zeehonden waarnemen. Bij de nabijgelegen boerderij **Snæhvam-**

mur vond men graven met grafvondsten, die meer dan duizend jaar oud zijn en nu in het nationaal museum in Reykjavík bewaard worden. In het oudste huis van het stadje, **Gamla Kaupfélag**, de oude winkel uit het jaar 1906, is een interessante tentoonstelling over de geologie van de streek te zien (tel. 470 55 65, www.breiddalssetur.is, 's zomers dag. 11-18 uur). Ook is hier het toeristenbureau te vinden.

Overnachten, eten

Fraai gelegen – **Hótel Bláfell:** Sólvellir 14, tel. 475 67 70, www.hotelblafell.is/, 2 pk vanaf € 180. Het gezellige houten huis in landhuisstijl heeft comfortabele kamers met bad en een uitnodigende lounge met open haard. Bovendien zijn er een sauna en een solarium. Het restaurant biedt traditionele gerechten en dat tegen aantrekkelijke prijzen. Lunch, soep, brood, koffie en gebak. 's Avonds meestal een buffet.

Informatie

Toeristenbureau: in de Gamla Kaupfélag, zie boven.

Fáskrúðsfjörður ▶ L 4

Aan het begin van de 20e eeuw was het dorp Fáskrúðsfjörður de belangrijkste basis van Franse vissers, die hier hun eigen ziekenhuis en hun eigen kerk met een eigen begraafplaats bouwden. Zo'n drie eeuwen hebben de Franse vissers hier voor de kust gevist. De tweetalige straatnaamborden en enkele speciale gedenktekens herinneren aan de Frans-IJslandse vriendschap. Een bezoek aan het **Café Fransmenn á Íslandi** – Fransen in IJsland – met zijn museum (Búðavegur 8, tel 892 89 29, juni-aug. dag. 10-18 uur, museum ISK 550, goede cake) is aan te bevelen. Traditioneel leefden de bewoners hier vooral van de visvangst. In het gebied rond Fáskrúðsfjörður zijn tal van gemarkeerde wandelpaden.

Tip

Het mineraalrijke oosten ▶ M 5

Zowel Breiðdalsvík als Stöðvarfjörður, een kleine, maar zeer fraaie fjord, beschikken over bijzondere mineralen en gevarieerde bergformaties. In beide plaatsen zijn interessante mineraalverzamelingen te zien. Petra Sveinsdóttir heeft gedurende haar lange leven talloze stenen verzameld, die nu op een bizar-amusante manier worden gepresenteerd (Steinasafn Petru Sveinsdóttir, Stöðvarfjörður, Sunnuhlíð, tel. 475 88 34, www.steina petra.is, mei-sept. dag. 9-18 uur, ISK 1000).
Ook in Eskifjörður is een bijzondere particuliere verzameling te zien, bestaande uit IJslandse gesteenten en talrijke mineralen uit andere landen. Contact graag via pension Mjóeyri, zie blz. 189.

De eilanden

Ten oosten van de fjord Fáskrúðfjörður liggen de eilanden **Skrúður** en **Andey**. Andey is een relatief vlak, grazig eiland met een grote populatie eidereenden. Op het altijd groene rotseiland Skrúður leeft een van de grootste papegaaiduikerkolonies naast verschillende andere alkensoorten, noordse stormvogels, jan-van-genten en IJslands grootste zilvermeeuwenkolonie. Over de grot Skrúðshellir die daar te vinden is, waarschijnlijk de grootste van Oost-IJsland, wordt verteld dat er ooit een reus woonde, die zich bij voorkeur te goed deed aan weggeroofde maagden en schapen.

Overnachten, eten

Fraai uitzicht – **Hótel Bjarg:** Skólavegur 49, tel. 475 14 66, www.hotelbjarg.is, 2 pk € 145. Het maakt indruk door zijn locatie met uitzicht op de haven en de fjord. Gerenoveerd en voorzien van uitstekende bedden. Een goede nachtrust wordt u ook verzekerd door het geruis van de onder het hotel stromende beek. Het hotel beschikt over een groot restaurant met een goede keuken.
Gratis – **Camping:** niet ver van het plaatsje.

Info en festiviteiten

www.fjardabyggd.is: informatie over Fáskrúðfjörður, maar ook over Reyðarfjörður, Eskifjörður, Norðfjörður en Stöðvarfjörður, die alle tot de gemeente Fjarðabyggð behoren. Ook in Café Fransmenn (zie blz. 187) kunt u terecht voor informatie.
Bus: www.austfjardaleid.is. Ma.-za. naar Egilsstaðir en de buurfjorden.
Nationale feestdag: op 17 juni trekt iedereen hier de bergen in.
Franse nationale feestdag: 14 juli. In het dorp worden de vlaggen van IJsland en Frankrijk feestelijk gehezen .
Franse dagen: eind juli. Familiefestival.

Reyðarfjörður ▶ L 4

In Reyðarfjörður, de grootste fjord aan de oostkust (30 km lang, 7 km breed), hadden de geallieerden in de Tweede Wereldoorlog een belangrijke militaire basis. Na de bouw van de aluminiumsmelterij zou de stad zich enorm gaan ontwikkelen, de infrastructuur werd verbeterd, wat onder meer te zien is aan de nieuwbouw, de voetbalhal en de bioscoop. Met twee tunnels is de verbinding met Höfn verbeterd. Helaas is het inwontertal na de ingebruikname van de aluminiumsmelterij in 2007 niet volgens verwachting toegenomen, waardoor veel van de nieuwbouw nu leeg staat. Langs de rivier Búðará kunt u een korte wandeling maken, andere voeren u al snel de bergen in.

Museum over de bezettingstijd

Hospital camp v/Hæðargerði, tel. 470 90 63, juni-aug. dag. 13-17 uur, ISK 1000

Het museum **Íslenska Stríðsárasafnið** toont dat de Engelse bezettingstijd in IJsland niet zonder gevolgen bleef en onder meer de basis voor de latere welstand legde. Ook aan de wrijving tussen de lokale bevolking en de Engelsen wordt aandacht besteed. Een in sommige opzichten eigenzinnige verzameling en presentatie.

Overnachten

Een huis met geschiedenis – **Pension Tærgesen:** Búðurgata 4, tel. 470 55 55, 892 91 36, www.taergesen.com, 2 pk vanaf € 90. De kamers in het oudste huis van de stad zijn enkele jaren geleden gerenoveerd. Vier gedeelde badkamers. Een hotel met charme, dat centraal gelegen is en beschikt over een terras.
Voor vogelliefhebbers – **Camping:** in de stad bij de eendenvijver. Behoorlijk goede voorzieningen. Er is een vogelkijkhut.

Eten en drinken

Bistro – **Hjá Marlín:** Vallergerði 9, tel. 892 03 36, dag. 17-20 uur, dagschotels

circa ISK 2000. Behoorlijk gezellig café met bar en Belgische wafels!
Geliefd trefpunt – **Kaffi Kósi:** Búðargata 6, tel. 474 16 66, do. 20-1, vr./za. 22-3 uur. Bier van de tap. Vooral in de weekenden populair.

Informatie

Bus: ma.-za. tussen de verschillende plaatsen en naar Egilsstaðir.

Eskifjörður ▶ L 4

Eskifjörður ontwikkelde zich door aanwezigheid van de Noorse vissers die hier in de 19e eeuw voor de haring kwamen. Vroeger was de stad een handelscentrum. Tot op heden is de visverwerkende industrie belangrijk, in combinatie met de groei die heeft plaatsgevonden door de aluminiumsmelterij. Op de noordelijke oever van de Reyðarfjörður bij Helgustaðir, ongeveer 9 km naar het oosten, is een van de beste calcietmijnen ter wereld, die in gebruik was van de 17e tot de 20e eeuw. IJslands calciet werd voornamelijk gebruikt voor optische precisie-apparatuur. Tal van calcietspecimina in musea komen van hier, zo ook een 230 kg zwaar stuk in het Natural History Museum in Londen. Tegenwoordig is het gebied rond de mijn een beschermd natuurgebied.

Oost-IJslands scheepvaartmuseum

Strandgata 39b, tel. 476 16 05, juni-aug. dag. 13-17 uur, ISK 1000
In een gebouw uit 1816, Gamla Búð, is het Sjóminjasafn Austurlands (Oost-IJslands scheepvaartmuseum) ondergebracht. Het was oorspronkelijk de winkel en het pakhuis van het dorp en op de begane grond ziet u nog een deel van de oude winkelinrichting. Verder is het vooral gewijd aan de haring-, haaien- en walvisvangst met talrijke oude foto's en boten. Op de eerste etage toont het streekmuseum onder meer een maquette van het plaatsje uit 1923.

Overnachten

Direct aan zee – **Pension Mjóeyri:** ca. 3 km ten oosten van het centrum, Strandgata 120, tel. 477 12 47, www.mjoeyri.is, bed in slaapzaal ISK 5600-7800, 2 pk ISK 14.200-17.100, hutten ISK 19.800-24.100, avondeten mogelijk. Zeer fraai gelegen aan de fjord in de buurt van een vuurtoren. Zeer geliefd bij IJslanders. De kamers zijn eenvoudig, maar aangenaam ingericht, bovendien zijn er vijf hutten voor 6-7 pers. Ideaal voor trektochten.
In het groen – **Camping:** in het park aan de rand van de stad.

Eten en drinken

Typisch IJslands – **Cafetaria bij het benzinestation:** Strandgata 13, tel. 476 13 83, vanaf ISK 1000. Hier is het vaak een drukte van belang. Fastfood.

Actief

Outdoor – **Pension Mjóeyri:** zie boven. De activiteiten variëren van rendierjacht tot skiën in de winter. U kunt er een bootje huren, 1 uur kost ISK 4000 plus brandstofkosten. Verder sneeuwscootertochten, ijsklimmen en gegidste wandelingen langs de fjord.

Informatie

Bus: ma.-za. tussen de verschillende plaatsen en naar Egilsstaðir.

Kotters in de haven van Neskaupstaður

Neskaupstaður ▶ M 4

De grootste plaats van Oost-IJsland aan de Norðfjörður biedt vooral wandelaars en wintersporters goede mogelijkheden. Rond de eeuwwisseling van de 19e naar de 20e eeuw, hadden de Noren hier een vrij groot haringpakstation. Visvangst en -verwerking zijn nog steeds de belangrijke industrieën, bovendien staat hier het grootste vrieshuis van IJsland. De hekwerken die Neskaupstaður moeten beschermen tegen lawines zijn goede uitzichtpunten.

Musea

Egilsbraut 2, tel. 470 90 63, 15 juni-aug. dag. 13-17 uur, ISK 550

In een voormalig pakhuis aan de haven zijn maar liefst drie musea ondergebracht: Tryggvasafn toont werken van de hier in 1940 geboren Tryggvi Ólafsson, het natuurhistorisch museum (Náttúrugripasafnið) toont opgezette dieren en een omvangrijke mineralenverzameling, waaronder calciet uit Helgustaðir, en de scheepvaarttentoonstelling toont de persoonlijke verzameling van Jósafat Hinriksson.

Natuurreservaat

Het natuurreservaat Folksvangur Neskaupstaðar ligt iets ten oosten van de stad en beschikt over fraaie wandelroutes. Daar vindt u langs de kust de grot **Páskahellir** (paasgrot), die via een trap naar beneden te bereiken is. Hij werd door de branding gevormd en er zijn kleine holtes te zien die ontstonden door bomen die 12 miljoen jaar geleden door lava bedekt werden. De paden voeren door graslanden met een weelderige vegetatie, rotsen met interessante mineralen en veel vogels.

Overnachten, eten

Met schilderijen – **Hótel Capitanó:** Hafnarbraut 50, tel. 477 18 00, www.hotelcapitano.is, slaapzakaccommodatie (prijs op aanvraag), 2 pk vanaf ISK 15.000. Achter de blauwe gevel van golfplaten gaan goed ingerichte kamers schuil (3 sterren) met schilderijen van Tryggvi Ólafsson. Het hotel beschikt over een eigen restaurant.

Actief

Kajaktochten – **Kajakklúbburinn Kaj:** tel. 863 99 39, http://kaj.123.is. Tocht met gids van 2 uur, aanvraag per e-mail.
Wandelen – **Ferðafelag Fjarðamanna:** Melagata 8, tel. 470 10 18, 863 36 23, www.simnet.is/ffau. De regionale wandelvereniging biedt gegidste tochten in de omgeving aan. U kunt hier ook wandelkaarten voor de omgeving kopen.

Info en festiviteiten

Bus: www.austfjardaleid.is. 's Zomers dag. bussen tussen Egilsstaðir en de andere plaatsen in de buurt.
Zeemansfeest: 1e weekend in juni. Met roeiwedstrijden.
Eistnaflug: juli. Rockfestival en familiefeest. De camping is tijdens het festival gratis.

Seyðisfjörður ▶ L 4

Seyðisfjörður was in de 19e eeuw de grootste handelsnederzetting van IJsland en ook nu nog herinneren de goed onderhouden houten huizen aan deze bloeitijd van de stad, toen veel Noren zich hier vanwege de haringvangst vestigden. Hier kwam in 1906 de eerste onderzeese telefoonleiding met Europa aan land. De goede natuurlijke haven maakte van Seyðisfjörður een belangrijke overslaghaven en hier komt ook de veerboot van de Smyril Line aan (zie blz. 23). De Engelsen en Amerikanen richtten hier tijdens de Tweede Wereldoorlog hun eerste basis op. De schilderachtige blauwe kerk wordt in de zomer gebruikt voor concerten. Seyðisfjörður biedt goede wandelmogelijkheden in de omgeving.

De oudste energiecentrale van IJsland, **Fjarðarsel**, stamt uit 1913 en was toen de eerste die stroom leverde aan een gemeentelijk elektriciteitsnet. In de zomermaanden kan in de centrale een elektriciteitsmuseum bezichtigd worden (tel. 472 11 22, bezichtiging juni-aug. na tel. aanvraag, 30 min. te voet buiten de stad gelegen).

Technisch museum van Oost-IJsland

Hafnargata 44, tel. 472 16 96, www.tekmus.is, juni-15 sept. dag. 11-17 uur, ISK 1000
Een goede indruk van de technische verworvenheden van 1880 tot 1950 in Seyðisfjörður krijgt u in het Tækniminjasafn Austurlands (Technisch museum van Oost-IJsland), dat ingericht werd in het voormalige woonhuis van Otto Wanthe. Andere gebouwen met voormalige werkplaatsen behoren tot dit unieke museum. Hier komt u alles te weten over de onderzeese telefoonleiding. Het museum wordt geleid door de inspirerende Pétur Kristjánsson.

Overnachten

Van oudsher – **Jeugdherberg Hafaldan:** Ránargata 9, tel. 472 14 10, fax 472 16 10, www.simnet.is/hafaldan, slaapzakaccommodatie ISK 3850. Een jeugdherberg met een familiaire sfeer in de buurt van de haven. Iedereen mag de

keuken gebruiken en groepen kunnen vooraf maaltijden bestellen. Als het vol is, wordt er plaats gemaakt in een ander fraai huis in de stad.
Midden in de natuur – **Skalanes:** 17 km van de zuidelijke punt van de fjord, tel. 690 69 66, www.skalanes.com, 15 mei-sept., overnachting incl. ontbijt ISK 9800, maaltijdsoep ISK 1800, avondeten ca. ISK 3000. Het natuur- en cultuurcentrum biedt naast accommodatie ook mogelijkheden om de natuur te bekijken en gegidste wandelingen langs de unieke kust. U kunt zich tegen betaling laten afhalen van Seyðisfjörður of de eerste waadplaats in de rivier.
In de stad – **Camping:** goede voorzieningen en midden in de stad.

Eten en drinken

Puur kunst en cultuur – **Skaftfell:** Austurvegur 42, tel. 472 16 33, dag. 12-21 uur. Pizza, gebak en lekkere koffie. Skaftfell is het lokale kunstcentrum met wisselende tentoonstellingen en een gezellig café met internet.
Gezellig – **Kaffi Lára:** Norðurgata 3, tel. 472 17 03, www.elgrillobrew.com. Fijn café en vooral een gezellige pub en indien nodig een sportbar. Het maakt onderdeel uit van de lokale brouwerij. Hier komen ook de lokale mensen een biertje drinken.

Actief

Kajak, mountainbike – **Hlynur Oddsson:** tel. 865 37 41, www.iceland-tour.com. Kajaktochten in de fjord vanaf 1 uur, mountainbiketochten vanaf 2 uur, boottochten naar vogelkolonies en vistochten. Alle prijzen op aanvraag. Kajaks en fietsen kunnen ook gehuurd worden.

Info en festiviteiten

Toeristenbureau: in de veerhaven, Ferjuleira 1, tel. 472 15 51, www.visitseydisfjordur.com, mei-sept. 9-16 uur. Hier is onder meer een historische stadsgids met informatie over de oude huizen te krijgen. Ook tickets voor de bus zijn hier te koop.
Bus: dag. van/naar Egilsstaðir.
Á Seyði: juni-aug. Cultuurfestival met tentoonstellingen en concerten.
Zomerconcerten: juli-aug. 's Woensdags concerten in de Bláa Kirkja (blauwe kerk) in het kader van het cultuurfestival.
LungA: juli. Kunstfestival voor de jeugd.
Noorse dagen: augustus. Met theater, tentoonstellingen, manifestaties.

Egilsstaðir ▶ L 4

Egilsstaðir, een van de jongste steden van IJsland, waarvan de ontwikkeling pas in 1944 begon, is tegenwoordig het dienstencentrum van Oost-IJsland. Het stadsbestuur hecht veel waarde aan het toerisme. De gevarieerde excursiemogelijkheden zorgen ervoor dat Egilsstaðir een ideale tussenstop is geworden. Ook het culturele aanbod is in de laatste jaren flink uitgebreid. Het loont de moeite om vanuit Egilsstaðir een uitstapje te maken naar Bakkagerði aan de Borgarfjörður (ca. 68 km, zie Favoriet blz. 194).

Minjasafn Austurlands

Laufskógar 1, tel. 471 14 12, www.minjasafn.is, juni-aug. ma.-vr. 11.30-19, za./zo. 10-18 uur, ISK 1000

De moeite waard en ook erg interessant zijn de tentoonstellingen in het Minjasafn Austurlands (Oost-IJslands streekmuseum). In het middelpunt staat een heidens graf uit 980, dat in 1995 is opgegraven in de buurt van Seyðisfjörður. Te zien zijn de skeletresten van een man en zijn paard. De andere tentoonstellingen geven een goede indruk van het vroegere leven in de afgelegen IJslandse streken langs de Austfirðir, zoals de medische apparatuur van de laatste plattelandsarts in de regio.

Overnachten

Klein, maar fijn – **Pension Vínland:** Fellabæ, tel. 615 19 00, www.vinland-gisting.net, 2 pk ISK 9400-19.700, ontbijt ISK 2100. Smaakvol ingerichte kamers met koelkast en waterkoker, bovendien internet. Sommige kamers met een heerlijk uitzicht. Er is ook een fraai ingericht zomerhuisje voor 4 pers. (vanaf € 195/nacht).
Goede voorzieningen – **Camping Egilsstaðir:** centraal gelegen, tel. 470 07 50, 862 37 90. Op deze grote camping is altijd wel een rustig plekje te vinden voor uw tent.

Eten en drinken

Stijlvol – **Pension Egilsstaðir:** aan een kleine zijweg van weg 1 in de richting van Lagarfljót, tel. 471 11 14. Goede keuken met gevarieerde vleesgerechten, bijv. eend ISK 6200.
Gebak en zo – **Café Nielsen:** Tjarnarbraut 1, tel. 471 26 26, ma.-do. 11.30-23.30, za./zo. 13-23.30 uur, buffet met saladebar 11.30-13.30 uur ISK 1850, vleesgerechten vanaf ISK 4900, visgerechten ISK 3950. In het oudste huis van de stad; op het menu staan gerechten van vegetarisch tot rendier, 's zomers ook een terras.
Fastfood – **Söluskáli:** benzinestation, Kaupavangur, tel. 478 12 00, tot 22.30 uur. Hier is altijd wel wat te eten te krijgen in het kleine cafetaria.

Actief

Fietsen – **Skógar Rent a Bike:** Dynskógar 4, tel. 471 12 30, 892 18 50, ma.-vr. 10-18, za. 11-15 uur. Bijv. een rondje om Lögurinn. Prijzen op aanvraag.
Paardrijden – **Útnyrðingsstaðir:** 7 km ten noorden van de stad, tel. 471 17 27, 869 82 10, in de zomer rijtochten vanaf ISK 5000. Paardenboerderij.

Info en festiviteiten

Toeristenbureau: Miðvangur 1-3, tel. 471 23 20, fax 471 18 63, www. east.is, juni-aug. ma.-vr. 8.30-18, za. 10-16, zo. 17-21, rest van het jaar ma.-vr. 12-18, uur. Belangrijkste informatiebron voor het oosten van IJsland. Hier komt u alles te weten over accommodatie en excursies in de omgeving en activiteiten, zoals tochten naar de Snæfell (zie blz. 197).
Bus: dag. naar Höfn en Akureyri, maar ook naar de kleinere plaatsen in de omgeving.
Vliegtuig: www.airiceland.is. Dag. vluchten van/naar Reykjavík. Het vliegveld ligt 3 km ten noorden van de stad.
Jazzfestival: juni. Musici en groepen uit IJsland en Scandinavië.
Ormsteiti: eind aug./begin sept. Oogstfeest met afwisselend programma.

Rond Lögurinn ▶ L 4

In het 30 km lange en tot 3 km brede meer Lögurinn in de Lagarfljót zou net zo'n monster leven als de Schotse Nessie. Doordat talloze rivieren in het Fljótsdalur in het meer uitmonden, blijft het karakter van het melkachtige gletsjerwater behouden.

Wie genoeg heeft van gletsjers en lavalandschappen en verlangt naar het ruisen van een bos, moet beslist eens naar **Hallormsstaður** gaan, het grootste bos en ▷ blz. 196

Favoriet

Op bezoek bij de elfen – Bakkagerði ▶ L/M 3

Verborgen en ronduit betoverd ligt het dorpje Bakkagerði omgeven door een berglandschap met kleurrijke ryoliet- en basaltbergen, zoals de Dyrfjöll en de Staðarfjöll. Er staan hier maar weinig huizen en sommige zien er ronduit bizar uit, zoals de Lindarbakki (foto), een bijna geheel uit turf opgetrokken huis uit 1899 met een helderrode gevel. Voor elfenliefhebbers is een bezoek zonder meer een must, omdat hier het hoofdkwartier van de verborgen wezens zou moeten zijn. In de 30 m hoge basaltberg Álfaborg zou zelfs de elfenkoning verblijven. Men is er ook trots op dat de schilder Johannes S. Kjarval (1885-1972) hier opgroeide. In het kerkje hangt een werk van hem, waarop Jezus de bevolking zegent. Hij staat op de heuvel Álfaborg en op de achtergrond is de Dyrfjöll te zien. Een afgelegen plek om te bewonderen, vogels te kijken en te wandelen. Wie langer in Bakkagerði wil verblijven vindt er ook geschikte accommodatie.

herbebossingsproject van IJsland, aan de zuidoostelijke oever van Lögurinn. De oudste bomen zijn meer dan honderd jaar oud en sommige zijn meer dan 12 m hoog. Zeer interessant is een wandeling door het demonstratiebos met een brochure waarin de verschillende aangeplante boomsoorten worden beschreven.

Uit de kerk van **Valþjófsstaður** aan het zuidelijke uiteinde van het meer stamt de beroemde middeleeuwse, rijk bewerkte houten deur, die in het Nationale Museum in Reykjavík te bewonderen is. De huidige deur van de kerk is een exacte kopie.

Een paar kilometer verderop staat de voormalige woning van de schrijver Gunnar Gunnarsson, **Skriðuklaustur**, die in 1939 werd gebouwd naar een ontwerp van architect Fritz Höger op de plek waar ooit een klooster stond. Het project werd ondersteund door de nationaalsocialisten, die Gunnarsson nogal vriendelijk gezind was. In 1949 schonk de schrijver het huis aan de IJslandse staat. Nu is het een cultureel centrum met onder meer tentoonstellingen over Gunnarsson en andere kunstenaars uit de regio. Opgravingen hebben inderdaad de fundamenten van een voormalig klooster en een begraafplaats blootgelegd. Onderzoek van de gevonden skeletten doen vermoeden dat hier ooit een hospitaal was (Fljótsdalur, tel. 471 29 90, www.skriduklaustur.is, 's zomers dag. 10-18, mei/sept. dag. 12-17 uur, ISK 1000).

In de buurt vindt u het informatiecentrum **Végarður** van het staatsenergiebedrijf Landsvirkjun, met achtergrondinformatie over de energiecentrale Kárahnjúkar HEP (www.landsvirkjun.com/company/visitus, juni-aug. 10-17 uur).

Een steil wandelpad gaat naar de met 118 m de op twee na hoogste waterval van IJsland, **Hengifoss**, aan de westzijde van de Lagarfljót. Fraai is ook de **Litlanesfoss** met zijn fascinerende basaltzuilen.

Tip

De Kárahnjúkarstuwdam ▶ J/K 4/5

Alleen al de tocht door het hoogland naar het stuwmeer Hálslón, ten noorden van de Vatnajökull, is een belevenis. Weg 910 is de enige geasfalteerde weg door het hoogland van IJsland, aangelegd vanwege de bouwmachines die nodig waren voor de dam. Weidsheid, dieren en af en toe informatieborden over locaties uit de Hrafnkels Saga. Landsvirkjun doet aan cultuur. De stuwdam is een indrukwekkend bouwwerk, net als het 54 km^2 grote stuwmeer (zie blz. 64). De dam heeft een lengte van 750 m en een maximale hoogte van 193 m: het grootste bouwwerk ooit in IJsland. Het overstromende water is indrukwekkend.

Overnachten

In het bos – **Zomerhotel Hallormsstaður:** Hallormsstaður, tel. 471 24 00, www.hotel701.is, 2 pk vanaf ISK 17.850. Prachtig gelegen voor iedereen die houdt van bossen en rust. U kunt er ook paardrijden. Hier krijgt u een heel andere indruk van IJsland. Het hotel behoort tot een complex, waartoe naast het hotel ook een pension en trekkershutten behoren.

Kamperen aan het meer – **Camping Atlavík:** Hallormsstaður, tel. 849 14 61. Deze camping ligt er bijzonder idyllisch bij aan een meer in het bos, met een eigen strand. U kunt hier ook boottochten maken (bootverhuur, tel. 847 00 63, 30 min. ISK 1500).

Ondanks de stuwdam is de kloof Dimmugljúfur op veel plekken nog woest

Eten en drinken

Gezellig en goed - **Skriðuklaustur:** in het cultureel centrum, zie blz. 196. Het café biedt regionale gerechten en prima gebak, soep en brood.

Informatie

Snæfellsstofa: Fljótsdalur, in de buurt van Skriðuklaustur, tel. 470 08 40, www.vjp.is, mei, sept. ma.-vr. 10-16, za./zo. 13-17, juni-aug. dag. 9-19 uur. Informatie over het oostelijk deel van het nationaal park Vatnajökull, met een uitstekende tentoonstelling over de geologie van dit deel van IJsland. U kunt er ook verschillende gegidste tochten door het park boeken.

Snæfell ▶ K 5

Heel aantrekkelijk in het hoogland van Oost-IJsland zijn tochten naar de stratovulkaan Snæfell, waarvan de 1833 m hoge top altijd met sneeuw bedekt is. Op de tocht naar de vulkaan kunt u met een beetje geluk rendieren zien, die in deze streek vrij rondlopen. Vanaf Snæfell is het niet zo ver rijden naar de noordoostelijke rand van de Vatnajökull. Wie deel wil nemen aan een gegidste tocht op de berg kan in het toeristenbureau in Egilstaðir de adressen krijgen van gidsen (zie blz. 192). De meerdaagse tocht van Snæfell naar Lónsöræfi (ca. 60 km, zie blz. 185) gaat door een landschappelijk bijzonder boeiende omgeving, beginnend met het oversteken van een gletsjer.

IN EEN OOGOPSLAG

Het noordoosten

Hoogtepunten

Dettifoss en omgeving: de machtigste en grootste waterval van IJsland – imposant, luid en de tweede in een reeks van cascades. Enorme watermassa's storten in de diepte en vormen een indrukwekkend schouwspel. Zie blz. 206.

Mývatn en omgeving: het meer, de eenden, het ongelooflijk gevarieerde vulkanische landschap – juist deze unieke combinatie maakt Mývatn zo bijzonder. Zie blz. 208.

Op ontdekkingsreis

Dimmuborgir – vulkanische schoonheid van Mývatn: tijdens een wandeling door het bizarre sculpturenlandschap van Dimmuborgir valt er veel te ontdekken. Het is het samenspel van vegetatie en lava, dat zo fascineert. Ook een aansluitende beklimming van de oude kegelvulkaan Hverfjall is wel wat ongewoon. Zie blz. 212.

Bezienswaardigheden

Walviscentrum in Husavík: een informatieve en tegelijk alle zintuigen aansprekende presentatie van de grote zeezoogdieren. Voor wie in walvissen is geïnteresseerd is dit museum een must. Zie blz. 207.

Vogelmuseum bij Mývatn: u hoeft niet per se in ornithologie geïnteresseerd te zijn, maar het café met uitzicht op het meer is zonder meer een bezoek waard. Onder het genot van een gebakje kunt u naar de snaterende vogels kijken. Zie blz. 211.

Actief

Wandeling door de kloof Jökulsárgljúfur: boeiend is de tweedaagse tocht die u langs de meeste bezienswaardigheden van het nationaal park voert. Zie blz. 204.

Walvissafari vanuit Husavík: het ruime sop kiezen en dan naar de reuzen van de zee kijken, hoe ze met groot gemak uit het water springen. Zie blz. 207.

Sfeervol genieten

Hótel Norðurljós in Raufarhöfn: het gaat hier niet om de architectuur, maar veel meer om de eigenaar die veel te vertellen heeft, het lekkere gebak en het uitzicht op de haven. Genieten, naar buiten kijken en koffie drinken. Zie blz. 201.

Ásbyrgi: in het nationaal park Jökulsárgljúfur kunt u in het afgelegen bos met het meer voor de steile rotswand ontspannen wandelen of kamperen. Aan de noordkant hebt u dan vrij uitzicht op de zee. Zie blz. 204.

Uitgaan

Gamli bærinn in Reykjahlíð: wie geen zin heeft in een romantische wandeling in de middernachtzon langs het meer, kan in het pension Gamli bærinn luisteren naar livemuziek. Zie blz. 210.

Er zijn slechts een paar plekken in het noordoosten die zijn uitgegroeid tot toeristische centra, zoals het meer Mývatn, het vissersdorp Húsavík en de waterval Dettifoss. Het noordelijkste, naamloze schiereiland, met daarop de vlakte Melrakkaslétta is zeker nog niet door iedereen ontdekt. De koude noordenwind kan bijna onbelemmerd over de vlakte waaien, omdat er hier slechts een paar beschermende bergen oprijzen. Ook de kust ziet er niet spectaculair uit, maar het is juist deze bijna soepele overgang van land naar zee die zorgt voor een werkelijke weidsheid.

Heel anders zijn de streken verder naar het westen: Húsavík is het onbetwiste centrum voor walvissafari's en de streek rond Mývatn, die grenst aan het hoogland, heeft meer te stellen met hoge bezoekersaantallen. Hier opent zich een weids uitzicht op de majestueuze bergen ten noorden van Vatnajökull. Bovendien is het gebied een geologisch prentenboek met al zijn verschillende vormen van vulkanisme.

INFO

Internet

www.northiceland.is: dit is de officiele website voor het hele noorden, een omvangrijke adres- en beeldbank biedt extra informatie over de verschillende regio's.

Reizen van en naar het noorden

Vliegtuig: u kunt van Akureyri naar Þórshöfn vliegen, vliegschema, prijzen en online boeken via www.airiceland.is.
Auto: van weg 1 splitst weg 85 naar het noordoosten af.
Bus: bussen rijden het hele jaar doordeweeks van Akureyri via Húsavík naar Þórshöfn en terug.

Melrakkaslétta

Eerst weg 1, dan weg 85: zo kunt u van Egilsstaðir nog ver het eenzame fraaie noordoosten inrijden. Economisch gezien heeft de regio te maken met een aanhoudende uittocht van de bevolking, wat te zien is aan de vele verlaten boerderijen. De bewoners leefden vroeger van de zeehondenjacht, de visserij en de eidereenden, gunstig was ook het vele drijfhout. De eidereenden zijn nog steeds van economisch belang. Op de vlakte Melrakkaslétta nestelen duizenden van deze vogels.

Þórshöfn ▶ K 1

Al in de 16e eeuw diende de stad als handelscentrum voor buitenlandse kooplieden, maar pas in 1846 kreeg hij officieel stadrechten. De eerste huizen werden er vervolgens in 1880 gebouwd, voorheen vond de handel op schepen plaats. Het oudste huis dateert nu uit 1902 en staat aan de Fjarðarvegur (op nr. 14). De economie van Þórshöfn met zijn uitstekende haven is gebaseerd op de vangst van vis en schaal- en schelpdieren en de verwerking van die vers gevangen zeedieren. Þórshöfn is zeer geschikt als vertrekpunt voor wandelingen op het schiereiland Langanes.

Overnachten

Centraal – **Pension Lyngholt:** Langanesvegur 12, tel. 897 50 64, www.lyngholt.is, 2 pk ISK 13.300-13.900. Eenvoudige, aangename kamers, alle met tv en wifi, gebruik van de gemeenschappelijke keuken inbegrepen. Bij een langer verblijf – een maand – zijn speciale prijsafspraken mogelijk.
Midden in het groen – **Ytra-Áland:** ca. 15 km ten noorden van Þórshöfn, tel. 468 12 90, 863 12 90, www.ytra-aland.is, slaapzakaccommodatie ISK 4500, 2 pk

ISK 14.000-17.000. Eenvoudige, maar goed ingerichte kamers. Ook zomerhuisjes, paardrijden, excursies en visvergunningen, avondeten op aanvraag.
Zeer eenvoudig – **Camping:** voorbij de kerk.

Eten en drinken

Geliefd trefpunt – **Eyrin:** Eyravegur 3, tel. 468 12 50, 868 86 47, zo.-do. 11-23, vr., za. 11-3 uur, pizza vanaf ISK 1200. Restaurant, bar en biljartkamer. Pizza, pasta, burgers, vlees- en visgerechten.

Raufarhöfn ▶ J 1

De noordelijkste plaats van IJsland lijkt vanwege de ligging aan zee en ten oosten van de vlakte Melrakkaslétta de laatste plaats op de wereld. Hier zijn de dagen in de winter het kortst en in de zomer het langst, hier ziet u het fantastische noorderlicht en de mooiste middernachtzon. Ooit was Raufarhöfn een levendige vissershaven, maar tegenwoordig overheerst melancholie (zie Favoriet blz. 202). In de haven dobberen nog een paar boten. Alles straalt een rust uit, waar de bezoekers baat bij hebben.

Arctic Henge

Ten noorden van Raufarhöfn wordt momenteel gewerkt aan een grote, mythologische zonnekalender: **Heimskautsgerðið** of **Arctic Henge** vanwege de gelijkenis met Stonehenge Tot nu toe zijn slechts twee poorten en de centrale steenboog opgericht. Vanaf deze plek kan de baan van de middernachtszon optimaal gevolgd worden.

Wandelingen in de omgeving

Een geliefd, 2 km lang pad gaat van Raufarhöfn naar de landtong **Höfði**, langs de in 1927 naar een ontwerp van Guðjón Samúelsson gebouwde kerk. Vanaf Höfði heeft u een adembenemend uitzicht op zee en op de kliffen nestelen allerlei zeevogels.

Een fijne wandeling gaat naar de **Hraunhafnartangi**, het bijna noordelijkste punt van IJsland, want van hier is het nog maar 3 km naar de poolcirkel. Als Hraunhöfn was de plek in de middeleeuwen een bekende haven die pas in de 19e eeuw werd verlaten. In 1945 verplaatste men de vuurtoren van Rif naar hier.

Overnachten, eten

Noorderlicht in de winter – **Hótel Norðurljós:** Aðalbraut 2, tel. 465 12 33, Fax 465 13 83, www.hotelnordurljos.is, 2 pk ISK 21.000-23.000. Daar moet u beslist eens gaan eten: lunch ca. ISK 3000, avondeten ISK 4500. Voormalig onderkomen van vrouwen die in de visverwerking werkten. Gemoedelijke met oude foto's ingerichte kamers. De visgerechten die de eigenaar bereidt, zijn van harte aan te bevelen. Vanaf het restaurant met terras heeft u uitzicht op de haven, een ideale plek om 's zomers te genieten van de middernachtszon en 's winters van het noorderlicht.
In de rondte – **Camping:** beschutte plekken naast het zwembad.

Info en festiviteiten

Toeristenbureau: in Hótel Norðurljós, zie boven.
Bus: www.hba.is, vooraf reserveren, naar Akureyri en Þórshöfn.
Slettugangur: 2e weekend in aug. Wandeling langs de oude postweg naar Kópasker als lokaal outdoor-evenement.

▷ blz. 204

Favoriet

Tuinkunst en strandvondsten in Raufarhöfn ▶ J 1

In Raufarhöfn hebt u tijd en zin om er iets moois van te maken. Naast Hótel Norðurljós is deze klassieke IJslandse creatie van stenen, drijfhout en walviswervels aangelegd. Men zou kunnen zeggen dat dit een natuurlijk beeldentuin is. Zelfs enkele bloemen doen zich ertussen gelden in de harde wind. Het is niet alleen een bijzondere ervaring om hier te zitten op een walviswervel, maar op strandwandelingen in de buurt kunt u zelf ook mooie stukken drijfhout vinden.

Nationaal park Jökulsárgljúfur ▶ J 2

Vanuit Raufarhöfn is het nationaal park Jökulsárgljúfur via weg 85 gemakkelijk te bereiken. Het park heeft een oppervlakte van 120 km^2, van Ásbyrgi in het noorden tot Dettifoss ongeveer 30 km naar het zuiden, en is nu onderdeel van het nationaal park Vatnajökull. De gletsjerrivier Jökulsá á Fjöllum, die ontspringt aan de noordelijke rand van Vatnajökull en die de tweede grootste rivier van IJsland is stroomt erdoor. Op zijn weg door het park heeft hij verschillende watervallen. In het midden van het park ligt het dal Vesturdalur.

Ásbyrgi

In de hoefijzervormige kloof Ásbyrgi rijzen vooral in het zuiden tot 100 m hoge steile rotswanden op. Vanwege de vorm wordt wel beweerd dat dit de hoefafdruk van het achtbenige paard Sleipnir van Odin zou zijn. De afdruk, waarvan de uiteinden van het noordelijke deel gescheiden zijn van het 60 m hoge basalteiland Eyjan, is 3,5 km lang en 1 km breed. Hij werd duizenden jaren geleden gevormd door de woeste wateren van een *jökulhlaup*. Nog tweeduizend jaar geleden was er een enorme waterval aan de zuidelijke rand. Een weg gaat door de beboste kloof, waar u ook kunt kamperen. Aan de zuidkant is een klein meer met misschien wel de tamste eenden van IJsland.

Wandeling door de kloof Jökulsárgljúfur

Start: Ásbyrgi, afstand: ca. 35 km, duur: 2 dagen, overnachting: camping in het Vesturdalur

Het pad loopt langs bizarre rotsformaties en kan zonder problemen worden afgelegd. Kamperen kan op de camping in Vesturdalur.

Dag 1: de eerste etappe (17 km) gaat van Ásbyrgi naar Vesturdalur, en kan in verschillende varianten worden gelopen. De eenvoudigste route begint bij de **kiosk** op de rotsrand. Van de rotsrand aan de oostelijke zijde van de kloof gaat het pad verder naar de rotsformaties bij **Klappir** ten zuiden van Ásbyrgi. Van Klappir gaat hij in oostelijke richting naar de **kloof van de Jökulsá.** Wie pas later naar de kloof wil, volgt de borden en dus de kortere route naar het zuiden. Na ca. 2 uur langs de kloof duikt de kraterreeks **Rauðhólar** op. Daarna komt u aan bij de **Hljóðaklettar** (echorotsen), fantastische basaltformaties die grotten en gigantische sculpturen vormen. De meeste hebben een vulkanische oorsprong en zijn in de loop der tijden door de Jökulsá uitgeslepen. Daarna volgt u de borden naar Vesturdalur en vervolgens naar de camping.

Dag 2: op de tweede dag volgt u eerst het bord 'Dettifoss', dat bij de parkeerplaats staat. Kort daarna duiken de rotsen **Karl og Kerling** (man en vrouw) op, die als men de volksverhalen mag geloven twee versteende trollen zijn. Aan de overkant van de rivier is hun huis te herkennen in de grot **Tröllahellir.** Na nog een uur in zuidelijke richting komt u bij de klif **Kallbjörg**, waar tot het begin van de 20e eeuw een kabelbaan was om goederen over de rivier te transporteren. De **Stallaá**, een flinke zijrivier, kunt u gemakkelijk doorwaden. Daarna opent zich de diepe kloof tot een brede vallei met terrasvormige hellingen. De parkeerplaats **Hólmatungur** ligt bij de **Ytri-Þórunnarfjall** (300 m), waar u een goed uitzicht hebt

De donderende Dettifoss is tijdens een wandeling door de Jökulsárgljúfur al van verre te horen

op de waterval **Réttarfoss**. Het landschap is nu weer kaal en al snel ziet u de volgende waterval, **Hafragilsfoss**. Daar splitst het pad zich: de route boven loopt in zuidoostelijke richting en de andere door de kloof **Hafragil** over puinhellingen en steile stukken waar als veiligheidsmaatregelen touwen zijn bevestigd. Aan het einde van de wandeling bereikt u de donderende **Dettifoss**.

Dettifoss en omgeving ✸ ▶ J 2/3

Al van verre is de nevelwolk van de **Dettifoss** te zien, waarvan de enorme watermassa's over een breedte van 100 m liefst 44 m in in de diepte storten. Het is moeilijk om zich, omhuld door het opstuivende water, los te rukken van de enorme waterval. Slechts 1 km verder naar het zuiden is er nog de 10 m hoge waterval **Selfoss**.

Vanaf de Dettifoss kunt u een wandeling naar het noorden maken door de **Jökulsárgljúfur**, die door de Jökulsá tot een diepte van 120 m is uitgesleten en met een lengte van zo'n 25 km de langste rivierkloof van IJsland is. Op slechts een paar kilometer van Dettifoss komt u bij de **Hafragilsfoss** (27 m). Het is de meest indrukwekkende reeks watervallen van heel IJsland.

Wandeling door de kloof Jökulsárgljúfur

Overnachten

Gewoon mooi – **Campings:** in Ásbyrgi, in Vesturdalur en bij Dettifoss. Alle campings zijn fraai gelegen.

Eten en drinken

Fastfood – **Benzinestatioin:** in Ásbyrgi, tel. 465 22 60. De gebruikelijke snacks. U kunt er ook terecht voor de standaardlevensmiddelen.

Informatie

Visitor Centre Glúfrastofa: in Ásbyrgi, bij de camping, tel. 470 71 00, www.vjp.is, mei, sept. dag. 10-16, begin-eind juni en half-31. aug. dag. 9-19, eind juni-half aug. 9-21 uur. Tentoonstelling, tochten met gids door het nationale park, wandelkaarten zijn hier verkrijgbaar.
Bus: www.sba.is. Dag. lijnbussen van Akureyri naar Dettifoss via Ásbyrgi. In de zomer worden bustochten van Mývatn naar Dettifoss en Ásbyrgi aangeboden.

Húsavík ▶ H 2

De eerste bewoner van de fraai gelegen en aantrekkelijke havenstad Húsavík was de Zweedse Viking Garðar Svavarsson. In 870 voer hij rondom het eiland en noemde het Garðarsholm (Garðars eiland). Hij bleef een winter in Húsavík, waarna een slaaf en een dienstmeid de eerste tijdelijke bewoners van IJsland werden. Bezienswaardig is de in 1907 uit Noors hout gebouwde **kerk**, waarvan het interieur drie oksalen telt. De bewoners leven vooral van de visvangst en in tweede instantie van het toenemende toerisme, omdat Húsavík een naam heeft opgebouwd wat betreft walvissafari's. In 2018 zou de ferrosiliciumfabriek in Bakki, ten noorden van Húsavík, klaar moeten zijn.

Museum Húsavík

Stórigarður 17, tel. 464 18 60, www.husmus.is, juni-15 sept. dag. 10-18, 16 sept.-mei ma.-vr. 10-16 uur, ISK 800

Het museum Safnahúsið maakt aanschouwelijk hoe mens en natuur in de regio samenwerken. Er is onder meer een opgezette ijsbeer te zien, die in 1969 op het eiland Grímsey strandde en daar geschoten werd. Daarnaast zijn er nog foto-, kunst- en scheepvaartafdelingen.

Walviscentrum

Hafnarstétt, tel. 414 28 00, www.whalemuseum.is, juni-aug. dag. 8.30-18.30, apr./mei/sept. dag. 9-16, okt.-mrt. ma.-vr. 10-15.30 uur, ISK 1400

Het in 1997 geopende walvismuseum heeft zich ontwikkeld tot een reusachtig walviscentrum. In de tentoonstelling komt u alles te weten over de walvissoorten die voor de kusten van IJsland leven, bovendien zijn er levensgrote skeletten van deze zeezoogdieren te zien. Het thema walvisvangst wordt niet vergeten. Een goed startpunt voor een walvissafari.

Overnachten

Hutten aan een meer – **Kaldbakskot:** tel. 464 15 04, 892 17 44, www.cottages.is, 's zomers vanaf € 142. Goed uitgeruste hutten in verschillende afmetingen, maar alle met een fraai uitzicht en rond een vijver.

Functioneel – **Camping:** aan de noordelijk uitvalsweg uit de stad.

Eten en drinken

Authentiek – **Gamli Baukur:** direct aan de haven, tel. 464 24 42, www.gamlibaukur.is, zo.-do. 11.30-21, vr./za. 11.30-1 uur, hoofdgerecht vanaf ISK 2100. In een primitief houten huis met bijpassend interieur. Er worden lekkere visgerechten geserveerd.

Benzinestation – **Olís:** Garðarbraut 64, vanaf ISK 1000. Snacks en eenvoudige gerechten tegen lage prijzen.

Actief

Van april tot oktober varen er dagelijks schepen uit waarmee u naar walvissen kunt gaan kijken.

Walvissen – **Gentle Giants:** direct aan de haven, tel. 464 15 00, www.gentlegiants.is. Walvissafari's (3 uur ISK 9200), diepzeevissen, boottochten en tochten in combinatie met paardrijden.

De walvispioniet – **North Sailing:** Hafnarstétt 9, tel. 464 72 72, www.northsailing.is. Walvissafari's en boottochten in gerestaureerde houten schepen (3 uur ISK 9300). Daarnaast tal van andere boottochten.

Uitgaan

Primitief – **Gamli Baukur:** zie boven. In de weekenden dans/livemuziek.

Info en festiviteiten

Toeristenbureau: Hafnarstétt 1, in het walvismuseum, tel. 464 43 00, www.visithusavik.is/, juni-sept.
Bus: www.sba.is. 's Zomers dag. naar Akureyri, Mývatn. SBA biedt in de zomer ook tochten aan naar Ásbyrgi en Dettifoss.
Walvisfestival: juni. Familieweekend met tentoonstelling en lezingen.
Zweedse dagen: juli. Een week lang worden de vermeende Zweedse wortels van Húsavík gevierd met eten en muziek, tentoonstellingen en andere manifestaties.

Langs weg 87 ▶ H 2/3

Onderweg van Húsavík naar Mývatn via weg 87 komt u langs het geothermische gebied **Hveravellir** met de voormalige geiser Ystihver, waarvan de uitbarstingen ooit een hoogte van 25 m bereikten (nu komt hij niet veel hoger dan een halve meter). Het hete water van het gebied wordt onder meer gebruikt voor de stadsverwarming van Húsavík.

Enkele kilometers verderop ligt het openluchtmuseum **Grenjaðarstaður** in Aðaldalur. De oudste delen van deze turfboerderij dateren van 1876. Tot 1949 werd de boerderij nog bewoond, maar tegenwoordig is er een streekmuseum in ondergebracht.

In de 11e eeuw werden hier al de eerste grote boerderij en een kerk gesticht. De kerk is via een gang verbonden met de boerderij, een bouwstijl die maar zelden wordt aangetroffen in IJsland. Tot het complex behoort ook een kerkhof met daarop een middeleeuwse grafsteen met een voor IJsland zeldzame runeninscriptie (tel. 464 36 88, juni-aug. dag. 10-18 uur, samen met het museum in Húsavík ISK 1000, anders ISK 600).

Mývatn en omgeving* ▶ H 3

Het gebied, dat op een vlakte op 230 m boven zeeniveau ligt, maakt deel uit van de riftzone, die zich uitstrekt van Reykjanes in het zuidwesten tot Öxarfjörður in het noordoosten. Daarom vindt u er nog actieve vulkanische processen en een verscheidenheid aan vulkanische fenomenen, zoals vulkanen die actief waren in de laatste ijstijd en postglaciale lavavelden. De omgeving van Mývatn, het 'muggenmeer', behoort tot de bijzonderste geologische gebieden van IJsland, en het meer zelf is met zijn vele soorten eenden een paradijs voor vogelaars. Van de schoon-

heid van Mývatn kan in de zomer alleen echt genoten worden als u voldoende maatregelen treft tegen de overlast van de insecten. Met een oppervlakte van 37 km^2 is Mývatn het op drie na grootste meer van IJsland. Het is 3500 jaar geleden ontstaan en kreeg zijn huidige vorm 1500 jaar later, toen langs de 9 km lange kraterreeks Þrengslaborgir-Lúdentsborgir meer uitbarstingen volgden en de bij het dorp Skútustaðir liggende pseudokraters en de lavasculpturen van Dimmuborgir ontstonden.

Reykjahlíð

Het opmerkelijkste van het dorp Reykjahlíð bij Mývatn is in de eerste plaats de gelijknamige boerderij, met een areaal van 6000 km^2 de grootste van IJsland, en in de tweede plaats de kerk: bij de uitbarsting van de spleetvulkaan Leirhnjúkur, die als Mývatnseldar (vuur van Mývatn) de geschiedenis in ging, verspreidden zich in de periode 1725-1729 vijf lavastromen over het gebied. Een daarvan bereikte in augustus 1729 de oever van het meer, vernielde daarbij de boerderijen Gröf en Fagranes, maar spaarde de kerk, waar hij slechts omheen vloeide. Men zou bijna aan hogere machten gaan denken, maar het antwoord is trivialer: de kerk, waarvan de fundamenten nog te zien zijn, stond op een kleine verhoging. 's Zomers is Reykjahlíð de plek waar alle toeristen op afkomen en het is er dan soms overvol.

Om de vogels te beschermen is de oever van Mývatn niet toegankelijk

Overnachten

Zicht op het meer – **Hótel Reykjahlíð:** tel. 464 43 71, www.myvatnhotel.is, 's zomers 2 pk vanaf ISK 29.600, in het laagseizoen ISK 14.000. Ligt direct aan het meer; mooi, oud gebouw dat fraai werd gerestaureerd. Klein, maar fijn, met wifi.

Eenvoudig – **Ferþajónusta Hlíð:** Hraunbrún, tel. 464 41 03, www.myvatnaccommodation.is, 2 pk met badkamer ISK 22.000, slaapzakaccommodatie 4 pk ISK 4500 of kleine hutten vanaf ISK 12.000.

Eenvoudig, maar voordelig – **Vogahraun Guesthouse:** http://vogahraun.is, tel. 354 464 4399, 2 pk € 90-180, slaapzakaccommodatie € 38-70. Eenvoudige accommodatie, ook camping (tent ISK 1500, ISK 3500/pers.). Cafetaria met pizza en snacks.

Hectisch – **Camping Hlíð:** de camping ten noorden van het dorp ligt mooi in de lava, meestal erg druk, fietsverhuur.

Vochtig – **Camping Bjarg:** direct aan het meer, o.a. fietsverhuur.

Bizar – **Camping Vogar:** 2,5 km zuidelijk van het dorp, fraaie ligging bij de lava.

Eten en drinken

Naast de koeien – **Vogafjós Café:** Vogarfarm, 2,5 km zuidwaarts langs weg 1, tel. 464 43 03, 464 38 00, mei-sept. 11-23 uur, soep ISK 2350, hoofdgerechten vanaf ISK 4000. In december komen de kerstmannetjes za. en zo. om 17.30 uur. In de voormalige koeienstal zit u slechts door een glazen wand van de melkplaats gescheiden. Zelfgemaakte maaltijden en heerlijke taarten.

Als in de goede oude tijd – **Gamli bærinn:** in Hótel Reynihlíð, tel. 464 42 70, dag. 10-23 uur, soep ISK 1900, hoofdgerecht ISK 2500. 'De oude boerderij' serveert fijne gerechten en koffie met gebak. In de zomerweekenden is er soms livemuziek.

Winkelen

Regionaal – **Mývatn Markt:** aan weg 1, Dimmuborgir, in hetzelfde gebouw als Kaffi Borgir, juni-aug. 11-21 uur. Naast wollen artikelen en souvenirs zijn er gerookte forel en brood te koop.

Actief

Het hoogland in – **Mývatn Tours:** vanaf het toeristenbureau, tel. 464 19 20, www.askjatours.is. Excursie naar Askja met stop en lange pauze bij Herðubreiðarlindar (€ 130), eind juni ma., di., vr., zo., juli-sept. dag. Vertrek 8 uur vanaf het toeristenbureau.

Rond het meer – **SBA:** lijnbus van het noorden, tel. 550 07 20, www.sba.is. 9-urige Mývatn-tour, juni-sept. ma.-vr. 7.50, za./zo. 8.30 uur vanaf het vliegveld van Akureyri, ISK 14.800; opstappen in in Reykjahlíð mogelijk.

Fietstochten – **Hike and Bike:** Múlavegur 1, tel. 899 48 45, www.hikeandbike.is. Hier kunt u fietsen huren (ISK 4000/dag), maar ook gegidste fiets- en wandeltochten boeken, bijv. fietsen en zwemmen (ISK 9900). Ook meerdaagse, inspannende tochten.

Rondvluchten – **Mýflug Air:** vliegveld Reykjahlíð, tel. 464 44 00, www.my flug.is. 20 min. tot 2 uur langs alle bezienswaardigheden, bovendien naar Grímsey. Minstens 2 pers., prijs volgens afspraak.

Informatie

Toeristenbureau: Hraunvegur 8, tel. 464 43 90, www.myv.is, www.visitmy

vatn.is, juni-aug. dag. 7.30-20.30, mei/ sept. dag. 9-16, okt.-apr. ma.-vr. 9-12 uur. Hier kunt u een wandelkaart met alle wandelroutes krijgen.
Bus: www.sba.is. Dag. in de zomer bussen naar Akureyri, Husavík en Egilsstaðir. Bovendien dag. bussen naar Krafla en Dettifoss, en naar Skútustaðir. Vertrek van Hótel Reynihlíð.

Langs de oevers van het meer ▶ H 3

Het gebied **Dimmuborgir** aan de oostelijke oever van Mývatn is een beschermd natuurgebied. De bizarre lavaformaties zijn tot 40 m hoog (zie Op ontdekkingsreis blz. 212).

Op de in het meer uitstekende landtong **Kálfaströnd**, een mooi terrein met groteske lavasculpturen, bevindt zich het park **Höfði**, waar in het begin van de 20e eeuw loof- en naaldbomen werden aangeplant. Bijzonder fraai zijn de uitzichten op het meer met talrijke eilandjes en de kegelvormige berg Vindbelgjarfjall (529 m) in het westen. Het hoogste punt van het schiereiland is Hafurshöfði.

Skútustaðir is een klein dorp op de zuidoostelijke oever van het meer. Van hieruit kunt u heel mooie wandelingen ondernemen, bijv. naar de twee midden in de lavawoestijn **Grænavatnsbruni** staande tafelbergen **Bláfjall** (1222 m) en **Sellandafjall** (988 m), waarheen een onverharde weg voert. Bijzonder interessant zijn de Skútustaðagígar, waarvan de talrijke kleine kraters een groen heuvellandschap langs het meer vormen. Omdat de kraters geen pijp hebben, zoals een gewone vulkaan, die tot diep in de aardkorst reikt, worden ze pseudokraters genoemd. Gemarkeerde paden voeren door het gebied en de langste wandeling duurt een uur. Tip: het mooist is het hier in de late zomerzon.

Tip

Gevarieerde vogelwereld in het museum van Sigurgeir

Aan de noordwestkant van Mývatn in de buurt van het schiereiland Ytri-Neslönd toont het museum Fuglasafn Sigurgeirs opgezette vogels uit de regio. Dat klinkt stoffig – maar is dat niet. De tentoonstellingen worden modern gepresenteerd. Het architectonisch interessante gebouw is aangepast aan de oever van het meer, een harmonieus samenspel van steen, hout en glas. Degenen die liever levende vogels zien, kunnen dat vanaf het terras of vanuit het cafetaria met de speciaal daarvoor opgestelde telescopen doen. Wat u beslist moet proberen: brood met gerookte Mývatn-forel (tel. 464 44 77, www.fuglasafn.nett.is, juni-aug. dag. 9-18, rest van het jaar 14-16 uur, ISK 1000).

Overnachten, eten

Nobel – **Sel-Hótel Mývatn:** in Skútustaðir, tel. 464 41 64, fax 464 43 64, www.myvatn.is, 2 pk vanaf € 200, okt.-apr. € 128. Voor de veeleisende klant. Kamers met mooie mahoniehouten meubelen, natuurlijk met badkamer en internetverbinding. Tijdens de zomermaanden lunch en dinerbuffet met IJslandse specialiteiten (lunch € 16, diner € 33).
Mooi – **Camping:** in de buurt van de pseudokraters. Eenvoudig ingericht.

Actief

Belevenistochten – **Sel-Hótel Mývatn:** adres zie boven. Het hotel biedt een scala aan excursies en vooral wintersportactiviteiten, zoals sneeuwscooter- en superjeeptochten, ▷ blz. 214

Op ontdekkingsreis

Dimmuborgir – vulkanische pracht bij Mývatn

Op een wandeling door de bizarre lavaformaties van Dimmuborgir kunt u veel beleven. Het is vooral het samenspel van vegetatie en lava, dat zo fascineert. Ook de aansluitende wandeling naar de oude kegelvulkaan Hverfjall heeft iets ongewoons.

Uitneembare kaart: ▶ H 3

Info: een kaart met ingetekende wandelroutes is verkrijgbaar bij het toeristenbureau van Reykjahlíð (zie blz. 209).

Duur: beide beide wandelingen samen ca. 3-4 uur.
Start: parkeerplaats aan de ringweg.

Direct vanaf de parkeerplaats aan de ringweg gaan veel verschillende paden naar Dimmuborgir, de 'donkere kastelen' in vertaling, een betoverend, mysterieus gebied waarin bizarre lavaformaties staan, deels volledig begroeid met berken en kruipende vegetatie. Ze zijn zo'n tweeduizend jaar geleden ontstaan, toen hier nog vloeibaar lava in een meer stroomde. De gestolde lavapijlers bleven achter en het ook al gestolde plafond stortte in. De pijlers zijn duidelijk vanaf de zijkant te herkennen. De lavasculpturen herinneren bij laagstaande zon met hun lange schaduwen aan elfen en trollen, afhankelijk van het licht lijken ze zelfs te bewegen – maar meestal zijn het dan toch de takken van de struiken en bomen in de buurt die in de wind bewegen.

Rondje naar de kerkpoort – Kirkjuhringur

De gemarkeerde wandelingen duren van 20 min. tot 1 uur. In het bijzonder aanbevelingswaardig is het 2,5 km lange pad Kirkjuhringur, dat langs de mooiste lavaformaties voert. De naam verwijst naar een hoge, opvallende poort in de lava met zeer fraaie lavastructuren. Voordat u de open holte, die aan een de deur van een kerk (kirkjan) herinnert, bereikt, gaat een zijpad naar de stoel van de kerstman. In november en december vinden hier de kerstdagen plaats, bijzonder vermaard zijn de evenementen met de kerstmannetjes die dan door deze toverwereld dansen (zie blz. 214).

Hverfjall, een vulkaan als een plaatje

Vanaf de noordkant van Dimmuborgir gaat een bewegwijzerde route eerst door een lavaveld en vervolgens door het Hverfjallssandur naar de grote en opvallende kegelvulkaan Hverfjall. Het is een van de grootste en mooiste explosiekraters in de wereld. Hij ontstond zo'n 2800 jaar geleden en steekt tot ongeveer 300 m boven de vlakte uit. De diameter is 1000 m en hij is 140 m diep, op de bodem bolt een kleine heuvel op. Bijna vrij van vegetatie ligt hij grijs en opvallend in het landschap.

Het pad aan de zuidkant van de krater is vrij steil, eenvoudiger is het pad van de parkeerplaats aan de noordzijde van de vulkaan. Het uitzicht op het landschap met de kraterrij Lúdentarborgir, van waaruit de lava van Dimmuborgir kwam, en het hoogland is alleen al de beklimming waard.

Denk aan de natuur – blijf op de paden

Dimmuborgir staat onder verscherpt toezicht van de IJslandse natuurbeschermingsinstanties en het is streng verboden om de duidelijk aangegeven paden te verlaten, dat wil zeggen voorbij de touwen te gaan. In het gebied broedt de giervalk en daarom is een deel in de broedtijd niet toegankelijk. De twee beschreven wandelingen tonen al duidelijk het belang aan van natuurbehoud in IJsland. Hoewel het gebied rond Mývatn sinds 1974 een natuurreservaat is en later zelfs onder speciale bescherming werd geplaatst, is te zien hoeveel de gevoelige, vulkanische landvormen geleden hebben onder de grote aantallen bezoekers die hier per jaar komen. Sommige van de broze lavasculpturen in Dimmuborgir zijn al vernietigd, omdat veel mensen er in het verleden gewoon kris-kras doorheen liepen en delen afbraken als souvenir. Ook pogingen om Hverfjall van alle mogelijke zijden te beklimmen hebben geleid tot een onomkeerbare erosie van de hellingen.

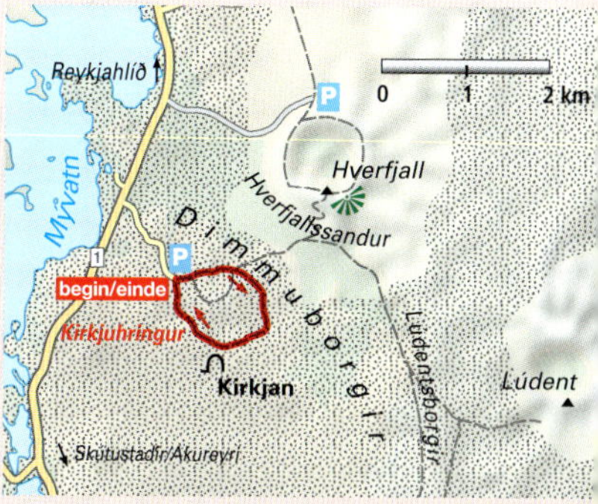

go-karts en arrensleetochten op het ijs, cross-country excursies. In de zomer paardrijtochten en superjeeptochten naar Askja of Húsavík langs de Dettifoss. Van september tot mei noorderlichttochten. De uitrusting is bij de prijs inbegrepen.

Paardrijden – **Safarihestar:** Álftagerði 3, tel. 464 42 03, 864 11 21. Rijtochten langs het meer, 1-2 uur, ook voor beginners en kinderen. Boeking per telefoon.

Info en festiviteiten

Verkeer

Bus: www.sba.is. De lijndienst tussen Akureyri en Egilsstaðir stopt hier.

Evenementen

Het Sel-Hótel Mývatn organiseert de volgende evenementen:

Mývatn Open: maart. Paardenwedstrijden op het ijs.

Snow-Cross: maart. Sneeuwscooterraces.

Paaswandeling: Goede Vrijdag. Wandeling rond het meer, 36 km, met kerkdienst in de kerk van Skútustaðir.

Mývatn Marathon: eind mei/begin juni. Rond het meer, ook als halve marathon met barbecue en kampvuur.

Kerstmis: in Dimmuborgir van 1e advent tot half december. Bezoek de dertien kerstmannetjes en natuurlijk ook de kerstman zelf. Familiedagen.

Ten oosten van Mývatn

Nog altijd bezienswaardig, ook al zijn ze niet meer geschikt om in te zwemmen, zijn de kloven **Grjótagjá** en **Stóragjá**. Ze strekken zich enkele kilometers

Tot 100 °C – borrelende modderput in Námaskarð

van Mývatn naar het oosten uit. Vanaf weg 1 (ringweg) wordt u door borden verwezen. Een van de talrijke poelen heeft door het binnendringen van magma een temperatuur van ca. 60 °C.

De stoomcentrale Bjarnarflag ten westen van de Námafjall voorzag tot 1980 de toenmalige diatomeeënaardefabriek van stroom. Hier ziet u verschillende dampende boorgaten en een bijzonder blauw meer.

Een deel van het mineraalhoudende water stroomt in de schilderachtig gelegen badlagune **Nature Baths** (Jarðbaðshólar). Het water komt van een diepte van bijna 2500 m en heeft een aangename temperatuur van 38 tot 41 °C. Door het hoge gehalte aan mineralen wordt de vorming van bacteriën voorkomen, zodat u zonder gezondheidsrisico's van de baden kunt genieten (tel. 464 44 11, www.jardbodin.is, juni-aug. dag. 9-24, sept.-mei 12-22 uur, juni-aug. ISK 3700, rest van het jaar ISK 3000/3200).

Tip

Weg 901 – bijna in het hoogland ▶ J/K 3/4

Op de oude ringweg was het autorijden door IJsland nog wat avontuurlijker, een deel ervan is bewaard als weg 901. Hierdoor beleeft u op dit traject nog altijd een weidsheid en de vergezichten, die IJsland van de mooiste zijde laten zien. Daartoe behoort vanzelfsprekend een uitgebreide pauze in **Möðrudalur**, een traditionele tussenstop in het hoogland. De oude boerderij is tegenwoordig een vakantieoord. Hier kunt u zich ontspannen, genieten van het uitzicht, jeeptochten in het hoogland of wandelingen maken (Möðrudalur, tel. 471 18 58, www.fjalladyrd.is).

Námaskarð en Krafla ▶ J 3

Achter de bergpas ruikt u het solfatarenveld **Námaskarð** aan de voet van de Námafjall al. Hier werd eeuwenlang zwavel gewonnen, die op het Europese continent werd gebruikt voor de productie van kruit. Tegenwoordig is dit geothermische gebied vooral een toeristische attractie. Het sist, dampt, borrelt en kookt uit talloze openingen, die allerlei kleuren aannemen. Tot 100 °C heet zijn de modderpoelen, en vooral de lichte plekken kunnen gemakkelijk doorbreken. Om ongevallen te voorkomen, zijn informatieborden en touwhekken geplaatst. Boeiend is het uitzicht op Mývatn en het omliggende lavalandschap vanaf de 482 m hoge Námafjall.

Niet ver ervandaan is er een afslag naar **Krafla**. Het Krafla-gebied is vernoemd naar de gelijknamige 818 m hoge subglaciale vulkaan, en een van de actiefste vulkanische gebieden ter wereld. De geothermische centrale zet stoom om in elektrische stroom. Het gaat daarbij om grondwater dat door het binnendringen van magma meteen in stoom wordt omgezet.

Aan de noordzijde van de berg ontstond in 1724 de krater Helvíti, met een groen kratermeer (Krafla-bezoekerscentrum: juni-aug. ma.-vr. 12.30-15.30, za./zo. 13-17 uur).

Ten zuidoosten van de Krafla ligt de door puur obsidiaan bedekte heuvel **Hrafntinnuhriggur**. In het westen verheft zich de vulkaan **Leirhnjúkur**, die niet alleen de Mývatnseldar-uitbarsting in de 18e eeuw veroorzaakte, maar ook verschillende kleinere uitbarstingen tussen 1975 en 1984. Vanaf een parkeerplaats kunt u een wandeling door het gebied maken.

IN EEN OOGOPSLAG

Het noorden

Hoogtepunt ✵

Akureyri: met zijn fraaie ligging, de oude villa's en het vele groen neemt de sierlijke, kleine stad, die alles te bieden heeft wat men van een 'echte' stad mag verwachten, de bezoekers snel voor zich in. Zie blz. 218.

Op ontdekkingsreis

Hólar – paardencentrum en bisschopszetel: een plek vol geschiedenis met veel interessante bezienswaardigheden en een van de oudste kerken van het land. Eeuwenlang is het ook al een educatief centrum. De huidige hogeschool is gespecialiseerd in het fokken en houden van paarden, zeer passend voor de regio, die beroemd is om haar paarden. Zie blz. 224.

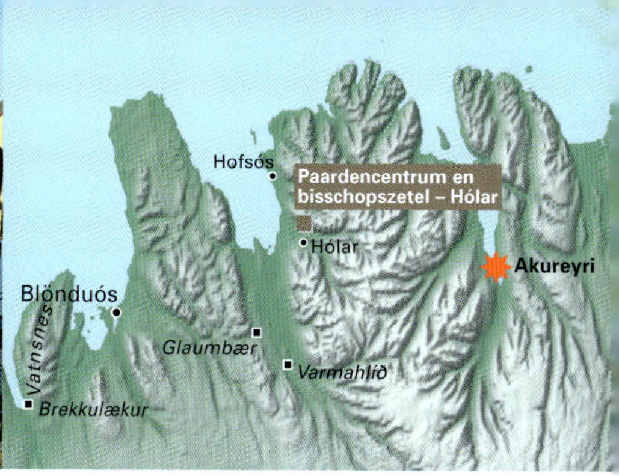

Bezienswaardigheden

IJslands emigratiecentrum in Hofsós: het museum over de IJslandse emigranten in de 19e eeuw vertelt in de tentoonstelling hoe arm veel IJslanders toen waren. Zie blz. 227.

Glaumbær: de turfboerderij bij uitstek. Op de boerderij kunt u goed zien hoe dergelijke huizen werden gebouwd. Zie blz. 227.

Pakijsmuseum in Blönduós: de veranderingen van het zeeijs en welke consequenties het vroeger voor de mensen in het noorden had. Zie blz. 232.

Actief

Rafting-tochten vanuit Varmahlíð: verschillende rivieren in de regio zijn geschikt voor deze wildwateravonturen. Zie blz. 231.

Paardrijden: vanaf de stoeterij Brekkulækur maakt u tochten op de paardenrug door het open landschap. Zie blz. 232.

Sfeervol genieten

Stadspark Lystigarðurinn: dit grote park in Akureyri is ideaal voor een ontspannen middagje. Niet ver daarvandaan leert u alles over de flora van IJsland. Zie blz. 220.

Húnaþing vestra: langs de kust van de gemeente op het schiereiland Vatnsnes zijn verschillende plekken waar u zeehonden kunt waarnemen. Een zeer onderhoudende bezigheid. Zie blz. 233.

Uitgaan

Sjallinn: dit is de bar en discotheek in Akureyri, waar altijd wel wat gebeurt. Het is er altijd gezellig druk. Zie blz. 223.

Akureyri, de pittoreske hoofdstad van het noorden, straalt door de vele houten huizen uit de 19e eeuw en villa's uit het begin van de 20e eeuw een gemoedelijke sfeer uit. Het zich westwaarts aansluitende gebergte op het schiereiland Tröllaskagi overweldigt met zijn steile hellingen en hoge pieken. In de diepe, vaak heel schaduwrijke valleien zijn slechts weinig boerderijen te vinden, de mensen leefden hier eeuwenlang van de visserij. Ronduit gouden tijden beleefden de vissers van de noordelijke fjorden aan het begin van de 20e eeuw, toen de haringscholen enorm waren. Nu zien de ooit rijke vissersplaatsen er verloren uit.

Het gebied tussen de Húnaflói en de Skagafjörður wordt vooral gedomineerd door de landbouw. Hier ziet u glooiende heuvels, moerassen en weiden. De zeehondenjacht en haaienvisserij waren extra bronnen van inkomsten in het verleden. In de middeleeuwen bloeiden hier culturele centra, die nu alleen nog maar van toeristisch belang zijn. De mogelijkheden voor toeristen zijn daarentegen veelzijdig: ruiters zullen een verscheidenheid aan paardenboerderijen aantreffen, wandelaars kunnen naar het hoogland gaan en skiers zullen de hellingen van Akureyri weten te waarderen. Kortom: in het noorden valt er nog veel te ontdekken. Bovendien is het gebied klimatologisch stabieler dan het zuiden met minder regen tijdens de zomermaanden.

INFO

Toeristenbureau

De belangrijkste bureaus zijn in Akureyri (zie blz. 223) en Varmahlíð (zie blz. 231).

Internet

www.northiceland.is: hier vindt u alle benodigde informatie over accommodatie, activiteiten, musea, enz.
www.northwest.is: biedt informatie over deze regia. Niet altijd volledig, maar wel inspirerend.

Reizen van en naar het noorden

Auto: voor automobilisten bieden de wegen geen problemen, omdat de doorgaande wegen vrijwel geheel verhard zijn.
Bus: bijna alle plaatsen zijn met lijndiensten te bereiken.
Vliegtuig: wie zich op kleinere gebieden wil concentreren, kan vanaf Reykjavík naar Akureyri en Sauðárkrókur vliegen.

Akureyri ✱ ▶ G 3

De stadsgeschiedenis van Akureyri begint pas in 1862, ook al vestigde de eerste kolonist, Helgi Magri (de magere), zich hier al in de 9e eeuw. Ondanks zijn latere reputatie als *goði* verloor Helgi de bijnaam uit zijn jeugd nooit. Hij kreeg hem na een verblijf op de Orkneys bij pleegouders, die hem kennelijk niet te veel te eten gaven. Graag wordt gewezen op Helgi's openheid in religieuze zaken, want hij zocht zowel raad bij de Noordse god Thor als bij Christus, naar wie hij zijn boerderij vernoemde. Helgi's boerderij Kristnes ligt ongeveer 7 km ten zuiden van Akureyri, waar zich sinds 1927 een ziekenhuis bevindt. Dit was het eerste grote gebouw in IJsland, dat werd verwarmd met water uit warmwaterbronnen. Wie zichzelf een indruk van Helgi wil vormen, zal het beeldhouwwerk 'De kolonisten' van Jonas Jakobsson moeten bekijken. Het beeld staat langs de uitvalsweg naar het noorden op een verhoogd uitkijkpunt.

In 1602 werd Akureyri voor het eerst genoemd als een marktplaats, zonder dat er op dat moment een vaste bevolking was. Met de opheffing van het Deense handelsmonopolie kreeg Akureyri in 1787 stadsrechten, dat wil zeggen dat het net als Reykjavík op dat moment de status van een koninklijke handelsplaats had. Een onafhankelijke stad werd de plaats pas is 1862, toen met 286 bewoners. Met de oprichting van coöperatie KEA (Kaupfélag Eyfirðinga Akureyrar) in 1886 werd Akureyri een belangrijke handelsstad. Naast handel en industrie (wolverwerking, scheepsbouw) spelen ook de lokale visverwerkende industrie en de voedselproductie voor de economie van de regio een belangrijke rol.

Akureyri is niet alleen de belangrijkste economische stad in het noorden, maar het is ook het culturele centrum van de regio. In 1987 werd hier de tweede universiteit van het eiland geopend. Er is ook een technische universiteit en een muziek- en kunsthogeschool. In 1975 stichtte men het eerste professionele theater van IJsland buiten Reykjavík in Akureyri. Sinds 2010 staat er het architectonisch zeer succesvolle culturele centrum Hof, met theater- en concertzalen.

De nieuwe stad

Een goed uitgangspunt voor een wandeling door de stad is het monument *De kolonisten* van Jonas Jakobsson bij de Glerárgata. Vanaf hier kijkt u uit over het schiereiland Oddeyri, noordwaarts tot de Eyjafjörður, de met een lengte van 50 km langste fjord van IJsland. U ziet boven de stad het skigebied Hlíðarfjall en het gebied Súlur.

Vervolgens loopt u door de Helgamagrastræti tot de Bjarkarstígur 6, het **Davíðshús.** In dit in 1944 gebouwde huis woonde de dichter en toneelschrijver Davíð Stefánsson (1895-1964). Hij is een van de nationale dichters van IJsland. Vooral de moeite waard is zijn grote privébibliotheek (juni-aug. 13-17 uur, ISK 800).

De openbare bibliotheek, waarin Davíð Stefánsson in de periode 1928-1951 werkte als bibliothecaris, bevindt zich in de nabije Brekkugata. Opgericht in 1827, ging deze in 1906 over in publiek bezit. Tegenwoordig herbergt de bibliotheek naast de ongeveer 100.000 media-eenheden ook het districtsarchief. Hier worden alle openbare en particuliere documenten van Akureyri en het district Eyjafjörður bewaard (ma.-vr. 10-19 uur, toegang tot internet).

Loopt u verder door de Brekkugata, dan komt u in de **Hafnarstræti**, het verwarmde voetgangersgebied in het centrum van de stad. Aan het einde van het voetgangersgebied ziet u de trap naar de **kerk** van Akureyri (Akureyrarkirkja). De gestileerde basaltzuilen zullen u zeker bekend voorkomen, en terecht, want ook deze kerk werd ontworpen door de landsarchitect Guðjón Samúelsson (zie blz. 90). Bezienswaardig zijn de zeventien vensters, die ieder een van de staties uit het leven van Christus en gebeurtenissen uit de geschiedenis van het IJslandse christendom verbeelden. Het oudste venster bevindt zich boven het altaar. Het sierde tot 1943 een kerk in Coventry (Engeland), die tijdens de Tweede Wereldoorlog vernietigd werd (15 juni-15 aug. ma.-do. 10-16, zo. 17-21 uur concert).

In de Kaupvangsstræti draait alles om moderne kunst: in 2012 hebben het Kunstmuseum, het Ketilhús en het Deiglan zich verenigd tot het centrum voor visuele kunst **Sjónlistamiðstöðin.** De drie musea zijn vlak bij elkaar te vinden (www.listak.is, juni-aug. di.-zo. 10-17, sept./mei di.-zo. 12-17 uur, openingstijden van Deiglan afwijkend). Onder de kerk staat het in

Mooi om te zien: bloemenweide in de botanische tuin van Akureyri

1902 gebouwde, voormalige **woonhuis Sigurhæðir** van Matthías Jochumsson (Eyrarlandsvegur 3, toegang via de Hafnarstræti, juni-aug. ma.-vr. 13-17 uur). Direct naast de kerk valt het architectonisch interessante ontwerp van het **congregatiehuis** op, dat direct in de helling is gebouwd.

Op Eyrarlandsvegur 28 staan de bijna honderd jaar oude gebouwen van het **gymnasium**, met ernaast het indrukwekkende beeldhouwwerk *De balling* van Einar Jónsson.

Als u de straat wat verder naar beneden volgt, komt u bij de **botanische tuin en het stadspark** (Lystigarðurinn). Dit werd in 1912 gesticht door Margrethe Schiöth, vandaar dat een monument in het park aan haar herinnert. In de botanische tuin kunt u vrijwel de gehele IJslandse flora en ook een groot aantal Groenlandse planten zien. De tuin met veel oude bomen behoort tot de mooiste van IJsland (juni-sept. ma.-vr. 8-22, za./zo. 9-22 uur, www.lystigardur.akureyri.is).

De oude stad

In zuidelijke richting komt u nu in het oudste deel van de stad, waar u onder meer het **Nonnahús** kunt bezichtigen. Het Nonnahús is zowel een monument voor de jezuïet en schrijver van de Nonni-boeken Jón Sveinsson (1857-1944), die hier in zijn jeugd korte tijd woonde, als een goed voorbeeld van een woonhuis uit de 19e eeuw (Aðalstræti 54, www.nonni.is, juni-aug. dag. 10-17 uur, ISK 800, ISK 1100 voor het Nonni-huis en het streekmuseum). Nadat Jón Sveinsson in Nederland en Engeland had gestudeerd, werkte hij als leraar in Kopenhagen en als schrijver in Nederland. Vanaf 1911 verschenen zijn boeken, die hij in het Duits schreef. In 1930 werd hij benoemd tot ereburger van Akureyri. Jón Sveinsson stierf in 1944 in Keulen.

In het **streekmuseum** (Minjasafn) wordt de geschiedenis van de regio vanaf de kolonisatie en de ontwikkeling van Akureyri tot stad getoond

(Aðalstræti 58, www.akmus.is, juni-15 sept. dag. 10-17, 16. sept.-mei do.-zo. 13-16 uur, ISK 1200). De kerk naast het museum werd in 1846 in Svalbarðeyri gebouwd en werd in 1970 naar Akureyri verplaatst. Verder over de Hafnarstræti terug naar het centrum komt u langs het oudste huis van Akureyri, het **Laxdalshús** (nr. 11) uit 1795, en het **theater** (Leikfélag, nr. 57), dat ondergebracht is in een fraai houten gebouw van rond de vorige eeuwwisseling, het Samkomuhúsið (vergaderhuis).

Uitstapjes vanuit Akureyri

Twee bijzondere musea liggen een beetje buiten de stad. In de eerste plaats is dat het **Iðnaðarsafn** (industriemuseum), Krókeyri 2, www.idnadarsafnid.is, juni-half sept. dag. 10-17, rest van het jaar za. 14-16 uur, ISK 1000) met objecten uit meer dan dertig verschillende takken van industrie. In de tweede plaats het **Flugsafn Íslands** (luchtvaartmuseum van IJsland) bij het vliegveld, waar naast tal van oude vliegtuigen ook de geschiedenis van de vliegmaatschappij Icelandair wordt getoond (www.flugsafn.is, juni/juli dag. 11-17, rest van het jaar 14-17 uur, ISK 1000).

Een boeiend uitstapje per veerboot (vanuit Dalvík) of vliegtuig (vanuit Akureyri) gaat naar het vogeleiland **Grímsey**.

Overnachten

Chique appartementen – **Center Apartment Hotel:** Brekkugata 1b, tel. 354 571 7201, www.centerapartmenthotel.is, appartement voor 2 pers. € 128-225. Smaakvolle, fraaie inrichting en met balkons om van het uitzicht over de stad te genieten, centraal gelegen.

Fantastisch uitzicht – **Pension Leifsstaðir:** Leifsstaðir, tel. 462 16 10, www.leifsstadir.is, 2 pk vanaf ISK 15.500. Slechts 3 km van Akureyri biedt het pension met een fraaie en rustige ligging een onvergetelijk uitzicht op de stad, vooral in de wintermaanden, wanneer duizenden lampjes de stad verlichten. Functionele, maar gezellige kamers.

Typisch IJslands – **Vakantiewoning:** Munkaþverárstræti 23, tel. 861 88 64, http://altunga.is/pages.php?idpage=3019, appartement voor 4 pers. ISK 13.000, 2 nachten ISK 22.000, ISK 4500 voor schoonmaken en handdoeken. 50 m² in het souterrain, eenvoudig, maar met hotpot.

Met hotpot – **Jeugdherberg Stórholt I:** tel. 462 36 57, www.akureyrihostel.com, slaapzakaccommodatie ISK 4950, zomerhuisje voor 3 pers. ISK 17.350. Het

Tip

Pension Fosshóll – overnachten bij de Goðafoss ▶ H 3

Ten oosten van Akureyri kunt u al vanaf de ringweg de majestueuze waterval Goðafoss zien. Hij kreeg zijn naam 'godenwaterval' in het jaar 1000, toen de *goði* van het gebied, Þorgeir Þorkelsson, na het aannemen van het christendom als godsdienst voor heel IJsland zijn heidense godenbeelden in het bulderende water gooide. Þorgeir woonde op de nabijgelegen boerderij Ljósvatn. Eenvoudige, maar charmante accommodatie met camping en goede mogelijkheden om te wandelen in de omgeving biedt het direct aan de waterval gelegen pension en restaurant Fosshóll (Bárðardal, tel. 464 31 08, www.fossholl.is, 2 pk ca. ISK 29.200, 15 juni-aug., boeking via www.farmholidays.is).

hele jaar geopend, 65 plaatsen. Ligt op ca. 2 km van de busterminal. Geschikt voor mensen met een handicap. Beschikt over twee zomerhuisjes.
Relatief luid – **Akureyri Camping Ground:** Þórunnarstræti, tel. 863 07 26, 15 mei-15 sept. Ruime camping naast het zwembad met goede voorzieningen voor de gasten.
Prettig – **Camping Hamrar:** www.hamrar.is, 3 km noordelijker bij het recreatiegebied Kjarnaskógur, ISK 1200/pers. Geliefd bij gezinnen.

Eten en drinken

Aanbevolen – **RUB 23:** Kaupvangsstræti 23, tel. 462 22 23, www.rub23.is, dag. vanaf 17.30 uur, visgerechten ISK 4290, vlees vanaf ISK 4990. De plek voor speciale gelegenheden, delicate bereiding met kruiden die u zelf kunt samenstellen, en een sushi-paradijs, ook om mee te nemen.
Voo iedereen – **Bautinn:** Hafnarstræti 92, tel. 462 18 18, www.bautinn.is, vis vanaf ISK 3820, vlees vanaf ISK 4110. Goed restaurant met de gebruikelijke gerechten als pizza's (vanaf ISK 1680) en hamburgers (ca. ISK 2100), maar ook echt IJslandse gerechten met lamsvlees en vis vanaf ISK 3250 incl. soep en saladebar. Vanaf de tafels in de wintertuin hebt u uitzicht op het voetgangersgebied.
Met weids uitzicht – **Strikið:** Skipagata 14, tel. 462 71 00, www.strikid.is, dag. vanaf 11.30 uur, visgerechten vanaf ISK 4500, vleesgerechten vanaf ISK 4900, hamburgers ISK 2900. Goed restaurant met terras en een fantastisch uitzicht over de fjord. Gevarieerde keuken.
Trefpunt – **Bláa kannan:** Hafnarstræti 26, tel. 461 46 00, dag. 8.30-23.30 uur, Dagschotel met salade en soep ISK 1500. Zeer geliefd, stugge charme.

Winkelen

Alles van wol – **Fold-Anna:** Hafnarstræti 85, tel. 461 41 20, ma.-vr. 10-18, za. 10-14 uur. Fabrieksverkoop van wolproducten tegen taxfreevoorwaarden.
Voor liefhebbers van Kerstmis – **Jólagarðurinn:** ca. 5 km in zuidelijke richting van het centrum, tel. 463 14 33, juni-aug. 10-21, sept.-dec. 14-21, kerstdagen en jan.-mei 14-18 uur. Het hele jaar door kerstsieraden en -figuren uit IJsland. Met café.

Actief

Bustochten – **SBA-Norðurleið:** Hjalteyrargata 10, tel. 550 07 00, fax 550 07 01, www.sba.is. Dagtochten en meerdaagse excursies. Ideaal wanneer u niet genoeg tijd hebt om het hoogland te bezoeken of er langer te blijven.
Fietsverhuur – **Viking Bikerental:** Hafnarstræti 124, tel. 461 55 51, theviking@simnet.is. Fietsen zonder versnellingen, hele dag ISK 2000.
Paardrijden – **Polar Hestar:** Grytubakki II, tel. 463 31 79, www.polarhestar.is. Van korte tochtjes tot expedities van een week (€ 1600).
Wandeltochten – **Ferðafelag Akureyri:** Strandgata 23, tel. 462 27 20, fax 462 72 40, www.ffa.is. De vereniging organiseert wandeltochten in Noord-IJsland, ook niet-leden zijn welkom. Verkoop van wandelkaarten van de omgeving.
Wintersport – **Hlíðarfjall:** tel. 462 22 80, www.hlidarfjall.is. Het grootste skigebied van IJsland.

Uitgaan

Akureyri is een studentenstad met een bijbehorend cultureel aanbod, waardoor de stad vooral in het weekend vrij levendig is.

Ontmoetingsplaats – Sjallinn: Geislagata 14, tel. 462 27 70, vr./za. tot 4 uur. Geliefde en altijd volle bar en club. Optredens van populaire bands en dj's.
Gezellig – Night Club 600: Strandgata 49, tel. 461 7710, vr./za. vanaf 22 uur. Pub, za. soms livemuziek.
Theater – Leikfélag Akureyrar: Hafnarstræti 57, tel. 460 02 00, www.leikfelag.is. Naast stukken van IJslandse auteurs zijn er ook regelmatig uitvoeringen van musicals, dans en opera. Het theaterseizoen duurt van sept.-juni.
Ondertiteld – Bioscopen: Borgabíó, Hólabraut 12, tel. 462 35 99; Nyja-Bíó, Strandgata 2, tel. 461 46 66.

Info en festiviteiten

Toeristenbureau: Akureyrarstofa, Hof Culture House, Strandgata 12, tel. 450 10 50, www.visitakureyri.is, 's zomers ma.-vr. 8-18.30 uur. Alle informatie over de regio en de rest van Noord-IJsland. Zeer fraaie souvenirshop.
Bus: www.sba.is. Dag. bussen naar Mývatn, Egilsstaðir, Reykjavík, naar het uiterste noordoosten en naar de vissersdorpen langs de Eyjafjörður, bovendien bussen via de Kjölur-route en tochten naar de Dettifoss.
Veerboten: verbindingen met Hrísey en Grímsey.
Vliegtuig: tel. 46 00 70 00, www.flugfelag.is. Vliegverbindingen met Reykjavík en enkele andere IJslandse steden.
Wandelweek: 1e week van juli wandelt men in en rond Akureyri, alle moeilijkheidsgraden.
Arctic Open International Tournament: juni. Golftoernooi. U kunt hier in de middernachtszon spelen op een van de noordelijkste golfbanen ter wereld en – als u daar zin in hebt – 24 uur lang doorgaan.

Skagafjörður

Plaatsnamen uit de oude saga's, goed bewaarde boerderijen uit de 19e eeuw en de bisschopszetel Hólar (zie Op ontdekkingsreis blz. 224) getuigen levendig van de IJslandse geschiedenis in deze streek. Naast de historische plekken is het vooral het fraaie en gevarieerde landschap dat de toeristen lokt. De fjord ligt tussen de schiereilanden Skagi en Tröllaskagi. Skagi is op het noordelijke deel vrij vlak en alleen de berg Tindastóll (989 m) verheft zich markant. In het zuiden van de fjord ligt de moerassige delta van de Laxá en in het oosten het indrukwekkende berglandschap van Tröllaskagi. Het is het grootste aaneengesloten gebergte van Noord-IJsland en het lijkt voor wat betreft leeftijd en uiterlijk op de bergen van de Vestfirðir. De afzonderlijke bergen zijn tot 1500 m hoog en tussen de bergtoppen liggen smalle dalen.

Hier zijn maar weinig dorpen langs de kust te vinden. Opvallend zijn de talrijke verlaten boerderijen, omdat een rendabele veeteelt alleen met veel moeite mogelijk is op de vaak beschaduwde hellingen.

Dit deel van het noorden staat vooral bekend om het fokken van paarden en biedt ruiters en wandelaars goede mogelijkheden.

Hofsós ▶ F 2

Het rustige dorpje met een aantal goed bewaarde oude huizen is een van de oudste overgebleven handelsplaatsen langs de kusten van Tröllaskagi. De geschiedenis gaat terug tot 1600. Het pakhuis **Pakkhús** werd in 1772 gebouwd in de typerende blokhutstijl. Weg 76 gaat verder in noordelijke richting langs de kust naar Siglufjörður (zie Favoriet blz. 229).

▷ blz. 227

Hólar – paardencentrum en bisschopszetel

Een plek vol geschiedenis met veel interessante bezienswaardigheden en een van de oudste kerken. Al sinds eeuwen is het een educatief centrum. Tegenwoordig is de hogeschool gespecialiseerd in het fokken en houden van paarden, zeer geschikt voor deze regio, die beroemd is om haar paarden.

Uitneembare kaart: ▶ F 3

Info: in de hogeschool, tel. 455 63 33, www.holar.is.
Openingstijden: Centrum van het IJslandse paard, juni-15 sept. dag. 10-18 uur, ISK 900; Hóladómkirkja, 's zomers dag. 10-18 uur, rondleidingen, Auðunarstofa, dag. rondleidingen.
Eten en drinken: restaurant in de hogeschool.

Midden in het landschappelijk uitnodigende Hjaltadalur ligt de voormalige bisschopszetel Hólar, gesticht in 1106. Al van verre ziet u de kerktoren en het schoolgebouw ernaast. Hólar was tot zijn ontbinding in 1798 het culturele en religieuze centrum van Noord-IJsland. Van de reformatie tot 1802 was hier ook een gymnasium. De huidige hogeschool is niet uit die school, maar uit de landbouwschool van 1882 ontstaan.

Hogeschool en cultuurcentrum – Hólaskóli

Met name de technische vakken van de Hólaskóli zijn interessant. Er worden opleidingen aangeboden op het gebied van het kweken van vis en visbiologie, paardenhouderij en toerisme in landelijke gebieden. Niet alleen de studenten hebben hier ruimschoots de gelegenheid om het onderzoeksobject paard te bestuderen – hier kunnen paardentrainers uit de hele wereld zich laten opleiden en daarvoor ook hun eigen paarden meebrengen – terwijl ook bezoekers in het historische centrum van het IJslandse paard alles over het fokken en de bijzonderheden van dit ras te weten kunnen komen. Het bij de universiteit behorende zoetwateraquarium kan tijdens de zomermaanden ook worden bezocht.

Zeer geliefd – het IJslandse paard

De ruige IJslandse paarden zijn veelzijdige dieren – dat wordt in wisselende tentoonstellingen in het Centrum belicht. Ze kwamen samen met de Noorse kolonisten in het land en bleken zeer robuust en tredzeker en zodoende uitstekende lastdieren in het moeilijke lavaterrein en de woeste gletsjerrivieren. Tijdens het bijeendrijven van de schapen in de herfst zijn de paarden nog steeds het enige transportmiddel in het hoogland. Hun aangename karakter is nu bij ruiters in de hele wereld bekend. Ongeveer 55.000 IJslandse paarden, die een eigen ras vormen, leven nu op het Europese continent. Als gevolg van een strikt verbod op de invoer van paarden mogen dieren die het land eenmaal verlaten hebben, nooit meer terugkeren naar het eiland. De regio Skagafjörður, waarin Hólar ligt, geniet een landelijk bekendheid en zelfs wereldfaam wat betreft de het fokken van het IJslandse paard.

Vijf gangen, veel kleuren

Wat IJslandse paarden zo bijzonder maakt, zijn de vijf gangen: stap, draf, galop, tölt en telgang. De tölt, een bijna trillingsvrije gang, wordt ook beheersd door enkele andere paardenrassen zoals de Tennessee Walker of het Pottokpaard, uniek is echter de snelle rentelgang. Verbazingwekkend is ook hun immense kleurenrijkdom. De kleur van de vacht varieert in alle denkbare tinten en de fokkerij levert twee- en driekleurig gevlekte paarden of dieren met licht contrasterende manen (wildkleuren) op. Er zijn schimmels, appelschimmels, vossen, maar ook zwarte, bruine, isabelkleurige en muisgrijze paarden.

In IJsland groeien de paarden vrij en onbelemmerd op in de kudde. Pas op een leeftijd van vier tot vijf jaar worden ze ingereden – een proces dat jaren kan duren, omdat IJslandse paarden zich langzaam ontwikkelen. Daarna kunnen ze zonder beperkingen worden gereden tot een leeftijd van 20 of 25 jaar. De IJslandse paarden worden lange pauzes gegund, het hele jaar door berijden is niet gebruikelijk, daarom zult u ze vaak in weilanden zien staan.

De bisschopszetel en de domkerk

Als bisschopszetel is Hólar sterk verbonden met de kerkgeschiedenis van het

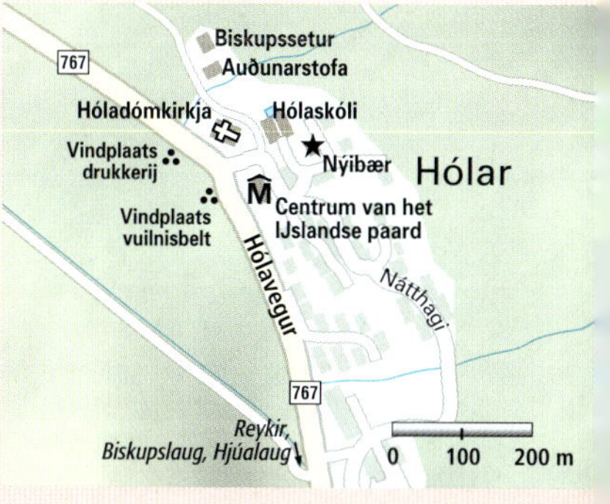

land. De eerste bisschop van Hólar was Jón Ögmundsson (1106-1121), de bekendste na de Reformatie Guðbrandur Þorláksson (1571-1627). Þorláksson maakte niet alleen de eerste landkaart van IJsland, maar hij introduceerde ook de drukpers in Hólar – in 1530 door Jón Arason aangeschaft – om het Evangelie te verspreiden. In 1584 verscheen de eerste volledige IJslandse vertaling van de Bijbel, de Guðbrandbiblia, die nu te zien is in de handschriftencollectie in Reykjavík. Jón Arason was ook de laatste katholieke bisschop, die op bevel van de Deense koning Christiaan III in 1550 onthoofd werd.

De oudste stenen kerk van IJsland, de Hóladómkirkja, werd in 1763 ingehuldigd en staat hier in Hólar, gebouwd met het rode zandsteen van de berg Hólabyrða die uittorent boven de stad. Het is de vijfde kerk die op deze plek werd gebouwd. De kerktoren werd in 1950 gebouwd ter nagedachtenis aan Jón Arason. Van hem komt waarschijnlijk het kunstzinnig ontworpen altaarstuk van de kerk. De laatmiddeleeuwse triptiek – waarschijnlijk 14e-16e-eeuws – is één van de waardevolste kerkschatten van IJsland. Het kleurrijke houtsnijwerk geeft op het middenpaneel de kruisiging weer en op de zijpanelen de twaalf apostelen. In het koor bevindt zich ook de grafsteen van Guðbrandur Þorláksson.

Het mooie houten huis niet ver van de kerk is een replica van het voormalige kantoor van de bisschoppen, Auðunarstofa, dat oorspronkelijk gebouwd werd in 1315, maar gesloopt werd in 1810. Tegenwoordig herbergt de getrouwe replica het kantoor en de studeerkamer van de huidige bisschop, evenals een tentoonstelling van kelken, gewaden en boeken vanaf de 13e eeuw.

Rijdt u verder naar het pittoreske Hjaltadalur, dan komt u langs twee warme bronnen bij Reykir. Van het in steen gevatte bassin Biskupslaug wordt gezegd dat de bisschoppen daar hebben gebaad. Hjúalaug was het bad voor het personeel.

Inzicht in het verleden

Van 2002-2007 werden in Hólar archeologische opgravingen uitgevoerd. Dat leverde nieuwe bevindingen op over de relatie tussen de bisschopszetel en het dorp en over het economische doen en laten van de bisschoppen. Interessant waren de vondsten in een middeleeuwse beerput, waaruit interessante conclusies konden worden getrokken over de voedselkeuze destijds. Bovendien vond men de restanten van het fundament van de voormalige drukkerij. De archeologische opgravingen concentreren zich momenteel rond de kerk. In een vitrine bij de ingang van de hogeschool zijn recente vondsten, zoals kralen en scherven, te zien.

Een ander historisch gebouw illustreert het eenvoudige leven van de IJslandse boeren in de vorige eeuw. De onder monumentenzorg staande turfboerderij Nýibær werd gebouwd in 1854 en werd tot het midden van de 20e eeuw bewoond. U bereikt de boerderij als u de weg aan de oostzijde achter het schoolgebouw volgt. Nýibær is een relatief kleine boerderij met in totaal slechts drie gevelhuisjes. In het midden van het kleinste gevelhuis is de ingang en eenmaal binnen kunt u naar de andere twee bouwdelen lopen. U kunt hier goed de bouwwijze met de dikke buitenwand van gestapelde graszoden en de behoorlijk eenvoudige inrichting zien. Het kan geen lolletje zijn geweest om de strenge IJslandse winters hier te moeten doorbrengen.

IJslands emigratiecentrum

Tel. 453 79 35, www.hofsos.is, juni-aug. dag. 11-18 uur, verder op aanvraag, ISK 1500 voor alle tentoonstellingen samen
In historische gebouwen is het IJslandse emigratiecentrum (Vesturfarasetrið) ondergebracht. In de 19e eeuw vertrokken duizenden IJslanders naar de Nieuwe Wereld, waar ze hoopten een beter leven te krijgen. Onder hen was ook de dichter Stephan G. Stephansson (1853-1927), aan wie hier een hele zaal is gewijd. Het leven in de VS en Canada was vaak moeizaam en armzalig, zoals de documentatie aantoont.

Sauðárkrókur ▶ F 3

De grootste stad van de regio is het visserij- en dienstencentrum Sauðárkrókur op het schiereiland Skagi. Van hieruit gaan mooie wandelingen naar de Tindastóll. Wie in de voetsporen van de balling Grettir Ásmundsson, de held uit de Grettis Saga, wil treden, zou een uitstapje moeten maken naar het vogeleiland Drangey, waar hij de laatste drie jaar van zijn leven doorbracht. Van de voormalige boerderij Reykir, 16 km verder naar het noorden, zou hij naar het eiland zijn overgezwommen. In de buurt kunt u baden in de warme bron Grettislaug. In de stad zelf zijn enkele mooie oude huizen te zien, zoals het Hótel Tindastóll.

Overnachten

Gebouw met een geschiedenis – **Hótel Tindastóll:** Lindargata 3, tel. 453 50 02, www.hoteltindastoll.com, 2 pk hoofdgebouw ISK 16.200-29.800, bijgebouw ISK 14.600-27.200 (seizoensafhankelijk). Het oudste hotel van IJsland, waar IJslanders voor hun vertrek naar Canada wachtten en waar Marlene Dietrich heeft overnacht.

Eten en drinken

Groot en gemoedelijk – **Ólafshús:** Aðalgata 15, tel. 453 64 54, www.olafshus.is, zo.-do. 11-24, vr./za. 11-3 uur, hoofdgerecht ISK 2790-5190, pizza's ISK 1870/2780. In een mooi blauw huis. Er staan daarnaast vis- enlamsgerechten en ook vegetarische gerechten op de kaart. Er worden uitsluitend ingrediënten uit de regio gebruikt, o.a. in samenwerking met de hogeschool in Hólar.

Actief

Boottocht – **Fagranes-Drangeyjarferðir:** tel. 821 00 90, 821 00 91, www.drangey.net, juni-15 aug. dag. Tocht naar het eiland Drangey, vertrek vanuit Reykir (ISK 9900).

Informatie

Bus: www.sternatravel.com. Bussen tussen Varmahlíð en Sauðárkrókur en naar Siglufjörður, Hólar en Hofsós.

Glaumbær ▶ F 3

www.skagafjordur.is/byggdasafn, juni-eind sept. dag. 9-18 uur, ISK 1200
De oudste delen van deze turfboerderij dateren van de 18e eeuw. Tegenwoordig is er een museum in ondergebracht, dat de leef- en wooncultuur op IJslandse boerderijen in de 19e eeuw aanschouwelijk maakt. Op Glaumbær woonden Þorfinnur Karlsefni en zijn vrouw Guðríður na hun terugkeer uit Vínland (Amerika). Hun ▷ blz. 230

FARSÆLL
SI 93

Favoriet

Een plek om van te dromen – Siglufjörður ▶ F 2

Tot in de jaren 1950 wemelde het van de mensen in het dorp die hier in de visafslag werkten (foto), door de Noren gebouwd in de buurt van de haven. Tonnen werden gerold, vrouwen zoutten de vis tegen stukloon. Vandaag lijkt alles rustig en vredig, de bergen en heuvels gloeien in de zon, en als u iets over het leven van die tijd wilt leren, gaat u naar het Haringmuseum, dat nu is ondergebracht in de afslag (Snorragata 15, tel. 467 16 04, www.sild.is, 18 juni-20 aug. dag. 10-18, voor- en najaar 13-17 uur, ISK 1400). De haringvisserij zorgde voor welvaart en groei en daarom werd het dorp ook wel het 'Klondike van de Atlantische Oceaan' genoemd. Misschien is de naam Klondike tegenwoordig weer heel toepasselijk – maar de drukte is voorbij en gebleven is de rust en de idylle die de toeristen lokt met gezellige restaurants.

zoon Snorri bouwde hier de eerste kerk en mogelijk ligt Guðríður hier zelf begraven.

Turfhuizen waren tot in de 19e eeuw typerend voor IJsland. Kenmerkend zijn de daken, die elk een ruimte bedekken. Vanwege het gewicht van de grasmat was een horizontale dakconstructie niet mogelijk, aangezien de meeste mensen geen hout ter ondersteuning tot hun beschikking hadden. Tijdens de bouw kwam het vooral aan op de juiste helling, want een te plat dak betekende dat het zich vol zoog in de regen en lekte of zelfs instortte door het gewicht. Was het te steil, dan ging het dak scheuren en droop de regen in de kamer. De belangrijkste kamers waren de keuken *(eldhús)*, met het eeuwig brandende vuur, en de slaap-woonkamer *(baðstofa)*. Deze *baðstofa* was oorspronkelijk – zelfs tot in de 16e eeuw – verwarmd en diende ook als een stoombad, maar in de latere tijden van nood werd de kamer alleen opgewarmd door de lichaamswarmte van de bewoners.

Eten en drinken

Nostalgisch – **Áskaffi:** in het museum, tel. 453 88 55, juni-aug. dag. 9-18 uur. Gezellig café, geheel in de stijl van de 19e eeuw met een uitstekende IJslandse keuken.

Varmahlíð en omgeving ▶ F 3

Varmahlíð is een klein plaatsje aan de ringweg, dat al in vroeger tijden een geliefde tussenstop was, waarschijnlijk vanwege de aanwezigheid van warme bronnen. Vanaf de heuvel Reykjarhóll (111 m) bij Varmahlíð kunt u genieten van een fraai uitzicht over het landschap rond de Skagafjörður.

Bezienswaardige kerken

Bouwkundig interessant is **Silfrastaðir**, ten oosten van Varmahlíð. Sinds 1900 staat hier een kleine achthoekige kerk, nadat de oude turfkerk naar het openluchtmuseum Árbær was verplaatst. Een van de weinige bewaarde turfkerken van IJsland, **Víðimýri**, werd in 1834 enkele kilometers ten westen van Varmahlíð gebouwd. Víðimýri geldt als 'een van de beste voorbeelden van de zuivere vorm van de traditionele, IJslandse kerken', zoals de toenmalige directeur van het nationale museum en latere president Dr. Kristján Eldjárn het uitdrukte. Omdat turfgebouwen voortdurend onderhoud nodig hadden, verving men de meeste halverwege de 19e eeuw door houten gebouwen. Tegenwoordig wordt de kerk beheerd door het Nationaal Museum (juni-aug. dag. 9-18 uur, ISK 400).

Sagalocaties

In deze cultuurhistorisch interessante omgeving herinneren talrijke boerderijen aan de oorlogszuchtige confrontaties in de middeleeuwen. Zo was **Örlygsstaðir** het strijdtoneel van de slag waarbij de *goði* Sturla Sighvatsson, neef van Snorri Sturluson en vijftig andere mannen, o. a. zijn vader en zijn broers, gedood werden. De dood van Sturla betekende meteen het einde van de macht van de Sturlunga-familie. De boerderij **Flugumýri** brandde in 1253 bij een aanslag gericht tegen Snorri's moordenaar, Gissur Þorvaldsson, af. **Haugnes** was het strijdtoneel van de grootste slag in IJsland, waarbij 110 mannen sneuvelden. Al deze boerderijen liggen in de buurt van de ringweg.

Overnachten

Eenvoudig – **Lauftún:** slechts 500 m van Varmahlíð, tel. 453 81 33, 2 pk ca. € 126, slaapzakaccommodatie € 43.

Eenvoudige kamers en slaapzakaccommodatie; ook een camping.
Verhoogd – **Camping:** bij Reykjarhóll.

Eten en drinken

Regionaal – **Hótel Varmahlíð:** tel. 453 81 70, www.hotelvarmahlid.is, hoofdgerecht ISK 3500-5500. Het hotel-restaurant is zeker aan te bevelen: er worden vooral ingrediënten uit de eigen regio gebruikt, bijv. forellen.

Actief

Paardrijden en rafting – **Hestasport Activity Tours:** Vegamót, tel. 453 83 83, www.riding.is. Van ritjes van een uur tot meerdaagse tochten. In het aanbod vindt u ook een rafting-paardrijtocht-combinatie, 8 uur. Ook beginners en kinderen kunnen er terecht (€ 125).
Paardenboerderij – **Lýtingsstaðir:** 20 km ten zuiden van Varmahlíð aan weg 752, tel. 453 80 64, 853 38 17, www.lythorse.com. Ritten, meerdaagse tochten en verkoop van paarden.

Informatie

Toeristenbureau: tel. 455 61 61, www.visitskagafjordur.is, mei-sept. dag. 9-18, 's winters 12-16 uur. Informatie over paardenshows in de omgeving.
Bus: dag. naar Reykjavík en Akureyri.

Blönduós en omgeving ▶ E 3

Blönduós is een geschikte uitvalsbasis voor het verkennen van de omgeving. De stad ligt aan de monding van de 125 km lange rivier Blandá, die ten westen van Hofsjökull ontspringt. Sinds 1991 wordt de rivier voor een waterkrachtcentrale gebruikt. Het opvallendste gebouw is de nieuwe kerk, een architectonisch boeiende constructie.

Spectaculair schouwspel: noorderlicht aan de kust bij Blönduós

Bezienswaardige musea

In het oudste houten huis van IJsland, het Hillebrandtshús (1733) in het oude deel van de stad aan de zuidoever van de Blandá, is het **Pakijsmuseum** (Hafíssetrið) ondergebracht. De effecten van het Groenlandijs en de gevolgen van de klimaatsverandering worden hier inzichtelijk gemaakt (Hillebrandtshúsi, tel. 820 48 48, www.blonduos.is/hafis, juni-31 aug. dag. 11-17 uur, ISK 500).

In het **textielmuseum** (Heimilisiðnaðarsafnið) krijgt u een goed inzicht in hoe men op IJsland de wol verwerkt (Árbraut 29, www.textile.is, juni-aug. dag. 10-17 uur, ISK 1100).

Overnachten

Bij het meer – **Hótel Húnavellir:** ten zuiden van de stad aan het meer Svínavatn, tel. 453 56 00, fax 898 46 85, www.hotelhuni.com, 2 pk vanaf ISK 13.500, 2 pk met eigen slaapzak ISK 12.300, slaapzakaccommodatie ISK 4200. Er zijn ook een camping, een zwembad en vismogelijkheden.

Zicht op de rivier – **Glaðheimar:** direct bij de camping langs de Blandá, tel. 820 13 00, www.gladheimar.is, ISK 13.000-36.700. hutten voor 2-10 pers., ideaal voor gezinnen en groepen, met jacuzzi en sauna. Ook slaapzakaccommodatie.

Tip

Wandelen en paardrijden rondom de paardenboerderij Brekkulækur ▶ D 4

Niet alleen voor ruiters is de paardenboerderij Brekkulækur een ideale uitvalsbasis voor het verkennen van de regio, maar ook voor wandelaars. Gelegen aan een mooie rivier nodigt de omgeving uit tot het maken van tochten te paard en te voet. De eigenaar Abbi van de boerderij spreekt Engels en Duits en natuurlijk kent hij elke steen in het gebied en kan er talloze verhalen over vertellen. De tweepersoonskamers hebben elk een douche, en in de gezellige lounge kunt u een regenachtige dag doorbrengen (Arinbjörn Jóhannsson, tel. 451 29 38, www.abbi-island.is, 2 pk € 100-130).

Eten en drinken

Chic – **Hótel Blönduós:** Aðalgata 6, tel. 452 42 05, http://hotelblonduos.is. Restaurant met grill in de openlucht.

Gezellig – **Við Árbakkann:** Húnabraut 2, tel. 452 46 78, 's zomers dag. 11-20, vr./za. tot 2 uur, ISK 700-1900. Café met goed aanbod van broodjes en gebak.

Informatie

Toeristenburerau: bij de camping, tel. 452 45 20, fax 452 43 01, www.northwest.is, juni-aug. 9-21 uur.

Bus: dag. bussen van/naar Reykjavík en Akureyri.

Þingeyrar

Ten zuiden van Blönduós ziet u bij de lagune Hóp, die afhankelijk van het tij een oppervlakte van 29 tot 44 km² heeft, de **kerk Þingeyrar**. Voor de Noors/Deense overheersing was dit een dingplaats en in 1133 werd hier het eerste klooster van IJsland gesticht. Het was een van de belangrijkste literaire centra, waar de meeste saga's van IJsland werden geschreven (info: Klausturstofa, naast de kerk, juni-aug. dag. 10-17 uur, rondleidingen, café).

Niet ver van de afslag naar de kerk ziet u een groep van drie heuvels, **Þrí-**

stapar, waar op 12 januari 1830 de laatste terechtstelling van IJsland plaatsvond. Aan de andere kant van de ringweg getuigen talloze heuvels, de **Vatnsdalshólar**, van een enorme aardverschuiving vanaf de Vatndalsfjall enkele duizenden jaren geleden.

Húnaþing vestra ▶ D/E 3/4

De grootste plaats van de gemeente Húnaþing vestra is **Hvammstangi**, servicecentrum voor de regio. Het ligt aan de westkust van het schiereiland Vatnsnes, waar u veel zeehonden kunt zien. Sinds 2006 is er in een oud gebouw uit 1926 een zeehondencentrum. Hier komt u alles te weten over de zeehonden rondom IJsland en hun vroegere betekenis voor de mens (Strandgötu 1, www.selasetur.is, juni-aug. dag. 9-19, mei-sept. ma.-vr. 9-16 uur, ISK 950).

Aan de oostzijde van het schiereiland ligt het meer **Vesturhópsvatn**, waar het pronte **Borgarvirki** zich verheft op een 177 m hoge heuvel. Men vermoedt dat de door basaltmuren omsloten vestingwerken als verdedigingsburcht door Víga-Barði gebouwd werden. Vanaf de ruïne, waartoe ook twee langhuizen behoren, hebt u een goed uitzicht op de Húnaflói.

In de regio staan talrijke historisch interessante boerderijen, zoals **Víðidalstunga**, vanaf de 15e tot het begin van de 20e eeuw de zetel van de familie Vídalín. Páll Jónsson Vídalín (1667-1727) voerde samen met Árni Magnússon de eerste volkstelling uit in IJsland. In de 14e eeuw ontstond hier een belangrijk literair werk, het Flateyjarbók van de boer Jón Hákonarson; voor de 225 perkamenten pagina's waren de huiden van 113 kalveren nodig.

Laugarbakki, met zijn warme bronnen, werd vroeger Langafit genoemd en er werden paardenwedstrijden gehouden, die in Grettis Saga worden beschreven. Niet ver daarvandaan ligt de boerderij **Melstaður**, bewoond vanaf het begin van IJslands kolonisatie en woonplaats van veel belangrijke IJslanders, zoals Arngrímur Jónsson (1568-1648), die boeken over de IJslandse geschiedenis en cultuur in het Latijn schreef.

In **Reykjaskóli** aan de Hrútafjörður kunt u in het streekmuseum o.a. een oude boot zien die werd gebruikt voor de vangst van haaien (juni-aug. dag. 10-18 uur, ISK 600).

Overnachten

Gezellig – **Pension Hanna Sigga:** Hvammstangi, Garðavegur 26, tel. 451 24 07, www.simnet.is/gistihs, 2 pk ISK 10.500, slaapzakaccommodatie ISK 3500, biologisch ontbijt ISK 1200. Kamers met mooi uitzicht, lounge en tuin, de hotpot kunt u ook gebruiken.

Jeugdherberg – **Sæberg:** aan weg 1 ten zuiden van Hvammstangi, tel. 451 00 15, www.hostel.is, slaapzakaccommodatie vanaf ISK 3850/pers. Maakt indruk door de rustige locatie aan zee. Met zwembad, hotpot en camping. Dichtstbijzijnde winkel op 15 km afstand.

Info en festiviteiten

Toeristenbureau: Hvammstangi, in het zeehondencentrum, tel. 451 23 45.

Bus: dag. bussen van/naar Reykjavík en Akureyri.

Grettir-dagen: aug. Wedstrijden, Vikingspelen, muziek en veel eten in Bjarg, de geboorteplaats van Gretti.

Bijeendrijven van paarden en schapen: sept., voor precieze data: tel. 451 23 45. Bij het harde werk horen ook plezier met eten, drinken en muziek.

IN EEN OOGOPSLAG

De Vestfirðir

Hoogtepunt ✸

Látrabjarg: de hoogste, westelijkste, oudste en misschien ook de mooiste kliffen van IJsland. Een wonderbaarlijke plek om te genieten van papegaaiduikers en vergezichten. Zie blz. 237.

Op ontdekkingsreis

Herinneringen aan de haringjaren – Djúpavík: hier stond in de jaren 30 een van de grootste haringpakkerijen van het land, de rijkdom hoopte zich op, maar daarna verdween de vis. Tegenwoordig worden de gebouwen gebruikt als hotel en tentoonstellingsruimte. Een interessante plek om te zien welk effect het ineenstorten van een economie heeft. Zie blz. 250.

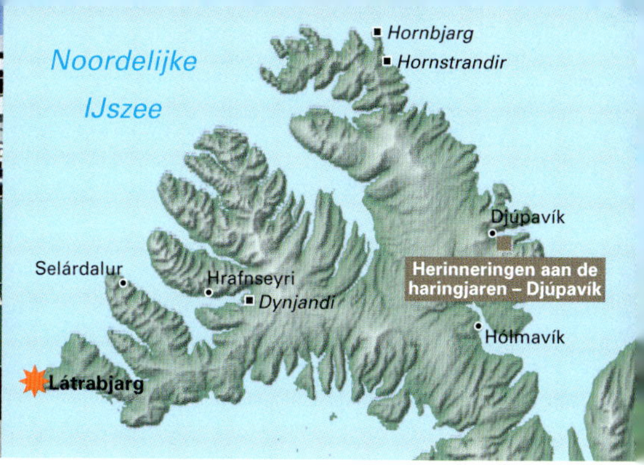

Bezienswaardigheden

Selárdalur: soms zijn het de bezetenen, die zeer unieke kunst creeëren, zoals de betonnen figuren en gebouwen van Samúel Jónsson. Kunst of kitsch? In ieder geval fascinerend. Zie blz. 241.

Hrafnseyri: voor het jonge IJsland was niemand zo belangrijk als Jón Sigurðsson. Zijn geboorteplaats is tegenwoordig een interessante herinneringsplek. Zie blz. 242.

Museum over hekserij in Hólmavík: het ongebruikelijke museum vertelt over de donkerste tijden in IIsland. Zie blz. 247.

Actief

Wandelen in Hornstrandir: een prachtig groen landschap, waar u schitterende meerdaagse trektochten kunt maken. Wie de voorkeur geeft aan een dagtocht, gaat naar de vogelkliffen van Hornbjarg. Zie blz. 249.

Sfeervol genieten

Dynjandi: voor kampeerliefhebbers is het een van de mooiste plekken in het noordwesten, aan de voet van de indrukwekkende waterval. Zie blz. 242.

Hótel Djúpavík: een vriendelijk hotel, niet in het minst vanwege de eigenaar, met een gezellig en goed restaurant. Buiten het seizoen bent u er soms de enige gast. Zie blz. 250.

Uitgaan

Het afwisselende spel van de middernachtszon: het maakt niet uit in welk dorp of op welke plek in de Vestfirðir u bent, maar met de bergen in het licht van de laagstaande zon is het een spektakel.

Als een klauw steekt het met fjorden doorsneden noordwestelijke schiereiland in de zee, een uniek landschap met een ruige schoonheid en eenzaamheid, een paradijs voor vogelaars en wandelaars, met prachtige stranden, de hoogste vogelkliffen, de imposante gletsjer Drangajökull en heel veel verhalen.

Sommigen beweren dat het schiereiland eigenlijk een eiland, misschien zelfs een eigen land is. Vanaf het uiterste puntje is het slechts 300 km naar Groenland, en het is met een landengte van slechts ca. 10 kilometer breed met de rest van IJsland verbonden. Geologisch behoren de Vestfirðir, westelijke fjorden, tot de oudste delen van IJsland en zijn zo'n 14 miljoen jaar geleden ontstaan. Het is een 400-800 m hoge hoogvlakte, die aan de kust steil afvalt. Tegenwoordig zijn de Vestfirðir dun bevolkt en sommige regio's, zoals Hornstrandir, zijn geheel verlaten. Toen de schapenhouderij nog een belangrijke economische factor in het land was, waren er veel boeren hier. Ook de andere belangrijke economische sector, de visserij, kreeg te maken met een enorme terugval, vooral door het wegblijven van de haringscholen. In de jaren 80 en 90 deden de veranderingen in de visverwerking veel plaatsen de das om. Hoewel de visverwerking nog altijd een rol speelt in de Vestfirðir, is het belang van het toerisme in de afgelopen twintig jaar enorm toegenomen.

INFO

Toeristenbureau

Het toeristenbureau in Ísafjörður is verantwoordelijk voor de Vestfirðir (zie blz. 245).

Internet

www.westfjords.is: website met informatie voor reizigers in de regio. Veel foto's, inspirerend en goed gemaakt.

Reizen naar en van de fjorden

Auto: alleen in juli en aug. zijn alle wegen berijdbaar met een personenwagen, verder alleen de hoofdwegen. Een auto met vierwielaandrijving is aan te bevelen. In Isafjörður kunt u op het vliegveld auto's huren.
Bus: de busverbindingen in de regio zijn vrij goed en daarmee kunnen alle plaatsen worden bereikt.
Veerboot: www.seatours.is. De veerboot Baldur 's zomers dag. tussen Stykkishólmur en Brjánslækur.
Vliegtuig: dag. van Reykjavík naar Ísafjörður met Air Iceland.

Van Brjánslækur naar Látrabjarg ▶ A/B 3

Wie met de veerboot Baldur reist, komt eerst aan in **Brjánslækur** en zet daarmee net als Flóki Vilgerðarson in de 9e eeuw voor het eerst voet op de bodem van het noordwesten. De ruïnes van een hut uit die tijd zijn bij Flókatóttir te zien en men denkt dat dit de vroegste bouwrestanten in IJsland zijn. Boven de boerderij is de kloof Surtarbrandsgil een van de beste plekken om te zoeken naar fossielen uit het tertiair.

De weg naar het westen toont al de karakteristieke kustlijn van het schiereiland, met brede, vlakke graslanden en steile plateaubergen. Afhankelijk van het weer kunnen die 400 m omhoog naar de **Kleifaheiði** al genoeg zijn om in de wolken te geraken. Dan komt **Kleifabúi**, de reusachtige steenman met menselijke contouren, die in 1947 door wegwerkers is opgericht, over als een reus uit een sprookje.

Via haarspeldbochten rijdt u naar beneden naar Patreksfjörður, waar *Garðar*, het oudste stalen schip van IJsland uit 1912, langzaam ligt weg te roesten. Vanaf de kustweg gaat weg 614 naar Rauðasandur (zie Favoriet blz. 238).

Informatie

Bus: Stjörnubílar, tel. 456 55 18, www.westfjordsadventure.is. Juni-aug. ma., wo., za. bussen tussen Ísafjörður en Brjánslækur.
Veerboot: zie Info links.

Hnjótur en Hvallátur ▶ A 3

In **Hnjótur** is een opmerkelijk museum te zien. Egill Ólafsson verzamelde alledaagse voorwerpen uit de regio, met name uit de visserij, en ook enkele vliegtuigen (www.hnjotur.is, mei-aug. dag. 10-18 uur). Net daarboven staat een gedenkteken voor de Britse zeelieden die in de loop der tijden zijn omgekomen in de gevaarlijke stromingen voor de rotsen. Tussen Breiðavík, een uitnodigend breed strand, en Látrabjarg ligt **Hvallatúr**, dat het westelijkste bewoonde dorp is. De ruïnes en stenen stammen uit de tijd dat hier nog een grote visafslag was.

Overnachten

Weids – **Gistiheimilið Breiðavík:** tel. 456 15 75, www.breidavik.is, 2 pk zonder badkamer ISK 19.400, 2 pk met badkamer ISK 28.300, 2 pk met slaapzak ISK 10.500, incl. ontbijt. Na afspraak ook andere maaltijden. Fraai in de buurt van het strand gelegen. De kamers zijn aantrekkelijk gemeubileerd.
Goede voorzieningen – **Camping:** bij het pension in Breiðavík, met goede voorzieningen, ISK 2000/pers.

Eten en drinken

Museaal – **Cafetaria:** in het Egill Ólafsson Museum, tel. 456 15 11. Vooral het gebak is aan te bevelen. Ook kleine snacks.

Látrabjarg ✸ ▶ A 3

De kliffen van de Látrabjarg fascineren door hun ligging, grootte, uiterlijk en 'bevolking'. Ze zijn bijna 14 km lang, vanaf het hoogste punt vallen ze 441 m loodrecht af en Bjargtangar markeert het westelijkste punt van IJsland – en dus ook van Europa. U kunt vanaf hier prachtige wandelingen langs de kust maken. In de afgelopen decennia kwamen veel IJslanders hier om te vissen, om eieren op de rotsen te verzamelen of om op zeehonden te jagen. De zee is bijzonder ruw en grillig langs de kust en er zijn veel vissersboten voor de Látrabjarg gezonken.

Duizenden zeevogels leven op de rotsen. De papegaaiduikers zijn zo gewend geraakt aan de bezoekers dat ze voor de foto poseren – vooropgesteld dat u probeert om op ooghoogte met ze te komen en stil bent. Wie niet wil wandelen, laat gewoon zijn ogen dwalen in de hoop om de contouren van Groenland aan de horizon te zien.

Informatie

Bus: juni-aug. Ma., wo., za. van Ísafjörður via Brjánslækur naar Látrabjarg.

Patreks- en Tálknafjörður ▶ A 3

Patreksfjörður is een oude handelsplaats aan de gelijknamige fjord, waar de inwoners leven van ▷ blz. 240

Favoriet

Het rode strand van het noorden – Rauðasandur ▶ A 3

Er staan hier nog maar weinig gebouwen, sommige zijn vervallen, andere, zoals de leuke kerk van Saurbær (foto) goed bewaard – alles omgeven door een zweem van vergankelijkheid. Schier eindeloos strekt zich voor het kerkje het rode zandstrand uit, waar het goed wandelen is. De naam verwijst naar een zandbank met schelpen, die in bepaald licht roodgeel oplicht. Binnen de zandplaat vormt zich bij hoog water een grote lagune, die bij laag tij een stuk kleiner wordt.

visvangst en -verwerking. Pas met de bouw van vissershutten in de 19e eeuw ontwikkelde zich hier een dorpskern. Het zeeroovershuis in de Aðalstræti biedt naast een tentoonstelling over piratenovervallen in IJsland een leuk café (tel. 456 11 33, ISK 600). Het westelijkste dorp van IJsland is geschikt als uitvalsbasis voor tochten in de omgeving. Mooi is een wandeling naar de Tálkni (472 m), die op het uiterste puntje van het schiereiland ligt. Een gemakkelijk pad gaat door het Litlidalur en daarna gaat u op de top af. De afstand in een richting bedraagt 7 km.

Over de hoogvlakte Botnaheiði slingert de weg over de pas om in de volgende fjord, **Tálknafjörður**, bij het gelijknamige stadje uit te komen. Nadat het walvisstation in Suðerey werd gesloten, vestigde men zich hier. Tegenwoordig leven de mensen vooral van de zalmkwekerij. In Botnsdalur bevindt zich zo'n kwekerij. De nieuwe kerk is architectonisch geslaagd. Het geothermische water voor het zwembad betrekt het dorp uit de omgeving van Stóri-Laugardalur. Tálknafjörður is ideaal voor wandeltochten langs de kust en in de bergen.

Overnachten

Bijzonder – **Ràðageri Hostel:** Aðalstræti 31, Patreksfjörður, tel. 456 01 81, www.radagerdi.com, 2 pk met bad kamer ISK 23.000, zonder ISK 16.200, bed in 6 pk ISK 5500. Een bijzonder opvallend gebouw, in 1945 gebouwd, met een vrij uitzicht over de fjord. Eenvoudige kamers, waarvan de tafelkleden, lakens, slopen enz. afkomstig zijn uit de fabriek van de voormalige eigenaar.
In het groen – **Pension Bjarmaland:** Tálknafjörður, Bugatún 8, tel. 891 80 38, http://bjarmaland.bloggar.is, opgemaakt bed ISK 6200, met slaapzak ISK 3500, ontbijt ISK 1500. Elf kamers, eenvoudig, maar gezellig ingericht, zelfs met tv. Gemeenschappelijk sanitair, tuin, keuken en lounge.
Eenvoudig – **Camping:** in Patreksfjörður bij de oude sportvelden, in Tálknafjörður bij het zwembad.

Eten en drinken

Het trefpunt – **Þorpið:** Patreksfjörður, Aðalstræti 73, tel. 456 12 95, vr./za. tot 3 uur, gerecht vanaf ISK 2000. Restaurant en pub met gevarieerde kaart, veel vis. Uitzicht op de fjord.

Actief

Voor iedereen wat – **Westfjords Adventures:** Aðalstræti 5, Patreksfjörður, tel. 456 50 06, www.westfjordsadventures.com. Hier vindt iedereen een tocht, van eenvoudige jeep- of busrondritten, boottochten met visgelegenheid tot wandel- en fietstochten. U kunt hier ook fietsen huren.

Info en festiviteiten

Toeristenbureau: Tálknafjörður, bij het zwembad, tel. 456 26 39, fax 456 27 88, www.talknafjordur.is, juni-aug. ma.-vr. 9-21, za./zo. 10-18 uur.
Bus: ma., wo., za. naar Ísafjörður en Brjánslækur.
Feest van de wandelaar: eind juli. Wandeltochten vanaf Tálknafjörður.

Langs de Arnarfjörður

Bíldudalur ▶ B 3

Bíldudalur was één van de belangrijkste vissersdorpen van IJsland. Het had zijn hoogtijdagen rond het begin van de 20e eeuw, toen de handelaar Pétur Þorsteinsson hier de leiding had. Vanaf hier werd de eerste gezouten vis naar Spanje geëxporteerd. Het eerste IJslandse stoomschip dat in de visserijindustrie werd gebruikt, kwam in 1898 naar Bíldudalur.

Bíldudalur biedt zeer mooie wandelingen langs de fjord, direct naar Tálknafjörður of naar de nabijgelegen Bíldudalsfjall.

Muziekmuseum

Tjarnarbraut 5, juni-sept. ma.-vr. 14-18 uur, ISK 700

Zeker een bezoek waard is het kleine muziekmuseum *Melódíur minninganna* ('Melodieën van de herinnering') van de buiten IJsland onbekende volkszanger Jón K. Ólafsson, met het zwaartepunt van de collectie op de IJslandse muziek van de jaren vijftig en zestig van de vorige eeuw.

Museum van de IJslandse zeemonsters

Strandgata 7, www.skrimsli.is, 15 mei-10. sept. dag. 10-18 uur, kinderen jonger dan 10 jaar alleen onder begeleiding

Ze bestaan, de monsters, en sommigen hebben ze gezien. In het museum komt u alles over ze te weten. In het cafetaria kunt u daarna met een kop koffie weer bij zinnen komen.

Overnachten

Typisch IJslands – **Bíldudalur Hi Hostel:** Hafnarbraut 2, tel. 456 21 00, www.bildudalurhostel.com, mrt.-okt., 2 pk vanaf € 77. Gecertificeerd biologisch gerund hostel, eenvoudig, maar aangenaam modern ingericht.

Eenvoudig – **Camping:** bij de sportvelden.

Eten en drinken

Trefpunt – **Vegamót:** Tjarnarbraut 2, tel. 456 22 32, bij het benzinestation. Een klein cafetaria met snacks tegen de gebruikelijke prijzen. U kun er ook terecht voor souvenirs.

Informatie

Vliegtuig: Eagle Air, Reykjavík, tel. 562 26 40, http://eagleair.is/schedule/bildudalur/, ma.-vr. en zo. Vluchten van en naar Reykjavík.

Bus: in de zomer ma., wo., za. naar Ísafjörður en Brjánslækur.

Selárdalur ▶ A 2

Het is interessant om een rit langs de Arnarfjörður naar Selárdalur te maken. Het landschap is net zo mooi als indrukwekkend, met graslanden die eindigen aan smalle stranden; torenhoge basaltbergen en -ruggen omzomen diepe dalen. Er wonen slechts een paar mensen in Selárdalur, veel boerderijen zijn verlaten. Midden in het dal staat de oude houten kerk uit 1861. Het opmerkelijkste is echter een soort **beeldenpark:** leeuwen, paarden, zeehonden, walrussen en ook mensen tussen enkele onvoltooide gebouwen. Samúel Jónsson, die 'de kunstenaar met het kinderhart' wordt genoemd, heeft deze wereld geschapen. De ooit arme boer gebruikte zijn staatspensioen om deze figuren van beton te maken.

In een eigen kerk staat een zelfgebouwd altaar, die hij aan de kerk in Selárdalur wilde vermaken, maar daar werd het geweigerd. Samúel liet zich graag inspireren, zo staat hier een miniatuurversie van de St. Pieter in Rome. Hij stierf in 1969, 85 jaar oud.

Langs weg 63

Dynjandi ▶ B 2

Het is zeker de moeite waard om een tussenstop in te plannen op de Dynjandisheiði, alleen al om van de stilte en weidsheid te genieten. Hier staat de rots **Einhamar**, waar Gísli vermoord werd en waarin men ter zijner nagedachtenis zijn silhouet heeft gebeiteld.

Onder aan de fjord ziet u een van de indrukwekkendste en mooiste watervallen van het land – **Dynjandi.** Waaiervormig over verscheidene trappen storten de watermassa's in totaal 100 m naar beneden. Vanboven is hij 30 m breed en vanonder 60 m. Iedere trede heeft een eigen schoonheid en er lopen paden langs. U kunt achter de waterval Göngufoss langs lopen. Dynjandi – de donderende – is nu een beschermd natuurmonument. Jarenlang heeft men er over gediscussieerd om deze waterval net als de enkele kilometers verderop gelegen **Mjólká** te gebruiken voor de productie van elektriciteit. De centrale daar werd in 1958 gebouwd en in 1975 uitgebreid tot een totaal vermogen van 8,1 MW.

Tip

Monument voor Jón Sigurðsson in Hrafnseyri ▶ B 2

Hrafnseyri is de geboorteplaats van de beroemde strijder voor de onafhankelijkheid van IJsland, Jón Sigurðsson, geboren op 17 juni 1811. Het monument voor hem en zijn tijd omvat een museum, een kapel en een boerderij. Het is een replica van de door Jóns grootvader gebouwde boerderij. Ook de vroegere geschiedenis van deze plek is interessant, omdat hier in 12e/13e eeuw de eerste opgeleide arts van IJsland werkzaam was, Hrafn Sveinbjarnarson, die is afgebeeld op een van de ramen in de kerk. 's Zomers vinden hier regelmatig seminars over politieke kwesties plaats, en ter gelegenheid van zijn 200e geboortedag werd een nieuwe tentoonstelling geopend. Ontspanning vindt u in het cafetaria (tel. 456 82 60, www.hrafnseyri.is, juni-sept. dag. 11-18 uur, ISK 800).

Overnachten

Fraai uitzicht – **Camping:** bij de watervallen.

Þingeyri ▶ B 2

Þingeyri aan de Dyrafjörður is de oudste handelsplaats van de regio, waarvan de wortels teruggaan tot de sagatijd, en vermoedelijk was hier ook een dingplaats. De gunstige ligging aan de visrijke fjord met goede weilanden was ideaal voor de kolonisatie. Het was ook een belangrijke haven voor Baskische walvisvangers en vissersschepen uit Europa en Amerika. Ondanks de fraaie ligging daalt het inwonertal van Þingeyri geleidelijk, een tendens die algemeen is voor het hele noordwesten.

In het stadje staat een van de oudste pakhuizen van IJsland uit de 18e eeuw. De kerk werd gebouwd door de eerste architect van het land, Rögnvaldur Á. Ólafsson, en werd in 1911 ingewijd. Interessant is ook de oudste nog in bedrijf zijnde **machinefabriek** (vélsmiðja), die in 1913 werd gebouwd en vernoemd is naar zijn stichter, Guðmundur J. Sigurðsson (Hafnarstræti 14, ma.-vr. 8-17 uur en volgens afspraak, tel. 456 83 31).

Aan de rand van het dorp ziet u een **Vikingcirkel** voor vrolijke feesten; hij was oorspronkelijk uitgerust met huiden. Vanaf de berg **Sandafell** (367 m) hebt u een goed uitzicht over Þingeyri en de fjord, die met 39 km een van de langste van de regio is. Wie niet wil lopen, kan over het onverharde pad naar boven rijden. De twee solitaire bergen Sandafell en, op de tegenoverliggende zijde, Mýrafell zijn twee markante punten aan de fjord.

Overnachten

Uitnodigend – **Pension Við Fjörðinn:** Aðalstræti 26, tel. 456 81 72, 847 02 85, www.vidfjordinn.is, 2 pk vanaf ISK 9000, slaapzakaccommodatie ISK 3000, ontbijt ISK 1000, appartement ISK 13.000. Ruime kamers met een goed uitgeruste, gemeenschappelijke keuken. Ontbijt in de wintertuin. Appartement met terras. Andere maaltijden na afspraak.
Praktisch – **Camping:** bij het zwembad.

Eten en drinken

Bij de haven – **Sandafell Þingeyri:** Hafnarstræti 7, tel. 456 16 00, www.hotelsandafell.com, half mei-half sept. dag. 10-22 uur, ca. ISK 1500. Het restaurant in het pension serveert ook soepen en broodjes.

Actief

Paardrijden – **Knapaskjól:** tel. 693 18 47, http://stormur.123.is. Korte ritten voor beginners, langere voor ervaren ruiters. Paardenshow.
Koffie voor actievelingen – **Simbahöllin:** Fjarðargata 5, tel. 899 66 59, www.simbahollin.is. Hier kunt u gewoon gezellig zitten, een fiets huren of paardrijden (2,5 uur, ISK 9500).

Info en festiviteiten

Toeristenbureau: Galleri Koltra, Hafnarstræti 5, tel. 456 83 04, thingeyri@thingeyri.is, juni-aug. ma.-vr. 10-18, za./zo. 11-17 uur.
Bus: tel. 893 10 58. ma.-vr. naar Ísafjörður, Suðureyri en Flateyri.
Vikingfeest: 1e weekend in juli. Familiefeest in Vikingstijl.

Rond het Ísafjörðurdjúp

Ísafjörður ▶ B 2

De grootste stad en het culturele, educatieve en economische centrum van de Vestfirðir is Ísafjörður. Gunstig voor de lokale visserij-industrie zijn de goede locatie ten opzichte van de visgronden en de tegen alle winden beschutte haven. Al in de 16e eeuw was Ísafjörður samen met de andere vissersdorpen van de Vestfirðir een belangrijk handelscentrum voor de Hanze. Hoewel Ísafjörður pas op 28 januari 1866 stadsrechten kreeg, werd het al in de 18e eeuw na het opheffen van het handelsmonopolie weer een van de belangrijkste handelscentra van IJsland.

De stichting van de stad gaat, volgens het Landnámabók, terug op Helgi Hrólfsson in de 9e eeuw. Hij bouwde zijn boerderij op de landtong Eyri waar nu het oudste deel van de stad is te zien. Er wordt beweerd dat ook de naam van de fjord Skutulsfjörður (harpoenfjord), een zijtak van het Ísafjörðurdjúp, teruggaat op Helgi, want hij zou daar een harpoen op het strand hebben gevonden.

Stadswandeling

Op een wandeling door de stad herinneren veel huizen nog steeds aan de hoogtijdagen van de plaats, het begin van de 20e eeuw. Nadat veel in de jaren tachtig in verval raakte, lijken de straten nu weer op te bloeien. In de buurt van de begraafplaats staat het beroemde **vissersmonument** voor degenen die voor de kust zijn omgekomen. Het nabijgelegen park is klein, maar zeer bloemrijk en niet te missen is de boog van walvisbotten. Langs de oude hoofdweg Adalstræti staan nog de huizen uit de 19e eeuw.

Voorbij de haven en de visfabriek komt u bij het **Scheepvaart- en streekmuseum** (Byggðasafnið í Neðstakaupstað) van de Vestfirðir. Vier oude huizen uit de 18e eeuw staan hier op de uiterste punt van de landtong. In het Turnhús (torenhuis), het voormalige pakhuis van de visfabriek, is nu het museum ondergebracht, dat buiten talrijke getuigenissen en objecten uit de wereld van de scheepvaart ook een overzicht van de stadsgeschiedenis geeft (www.isafjordur.is/ferdamadurinn/byggdasafn/, 15 mei-15 sept. dag. 9-18 uur, ISK 900).

Overnachten

Kleine woning – **Gentle Space:** boekingen en contact via tel. 892 92 82 of info@gentlespace.is, www.gentlespace.is. Drie centraal gelegen, compleet ingerichte woningen: Mjallargata 1, 76 m², tot 4 pers. € 169; Fjarðarstræti 6, 77 m² met zeezicht, tot 4 pers. € 156; Túngata 20, 54 m², tot 4 pers. € 147.
Gezellig – **Gamla Gistihúsið:** Mánagata 5, tel. 456 4146, www.gistihus.is, 2 pk ca. € 100, slaapzakaccommodatie € 27,70, ontbijt ISK 1700. Vriendelijk ingerichte kamers, gemeenschappelijk sanitair, slaapzakaccommodatie in het buurhuis.
Historisch – **Pension Áslaugar:** Austurvegur 7, tel. 899 07 42, gistias@snerpa.is, 2 pk ISK 14.000, slaapzakaccommodatie ISK 4000, ontbijt ISK 1600, appartement ISK 23.000. Centraal in de stad gelegen. Gezellig, want nog niet zo groot, altijd incl. ontbijt. Door het gebruik van de keuken is dit pension een ideale uitvalsbasis voor iedereen die zelf wil koken. Appartement in het 18e eeuwse buurhuis.
Eenvoudig – **Camping:** naast Hótel Edda.
Landschappelijke mooi gelegen – **Tungudalur Camping:** in Tungudalur, ca. 4 km vanaf Ísafjörður, tel. 864 85 92, www.gih.is, ISK 1700/pers. Regelmatige busverbinding met de stad, goede voorzieningen.

Eten en drinken

In de oude stad zijn er in de **Hafnarstræti** diverse adressen, van exquise restaurants tot cafetaria's en cafés.
Zeer gedegen – **Við Pollin:** Silfurtorg 2, tel. 456 33 60, www.hotelisafjordur.is, 7-23 uur, eten tot 20.30, vr./za. 21 uur, hoofdgerecht ISK 2600-5900. Hoge kwaliteit met uitstekende vlees- en visgerechten. Voordelige lunch.
Klassiek – **Bistro Edinborgarhús:** Aðalstræti 7, tel. 456 66 60, ma.-vr. 11-1, za./zo. 11-3 uur, gerecht vanaf ISK 1500. In het cultureel centrum van de stad in een historisch pand bevindt zich dit in de Amerikaanse keuken gespecialiseerde restaurant.
Zoals toen – **Tjöruhús:** in het scheepvaartmuseum, tel. 456 44 19, 12-14, 19-22 uur, hoofdgerechten ca. ISK 2500. Keurig restaurant met charme. Op de kaart staat ook gezouten vis, zoals vroeger.

Winkelen

Bekroonde sieraden – **Gullauga:** Hafnarstræti 4, tel. 456 34 60. Ook al wilt u misschien niet per se iets kopen, dan is een bezoek aan de juwelier met sieraden van Dýrfinna Torfadóttir of Asa toch de moeite waard. Hun combinaties van edele metalen met natuurlijke materialen zijn herhaaldelijk bekroond.

Actief

Belevenistochten – **West Tours:** Aðalstræti 7, tel. 456 51 11, www.vesturferdir.is, ma.-vr. 8-18, za. 8.30-16.30, zo. 10-15 uur in de zomer. Kajaktochten, fietsverhuur, excursies met boot of auto en gegidste wandelingen. Alles, wat u hier zou willen doen, kunt u hier georganiseerd of op eigen houtje beleven. Biedt ook accommodatie, het verhuur van tenten en gegidste skitochten in de wijde omgeving aan.
Boottochten – **Sjóferðir:** tel. 456 38 79, www.sjoferdir.is. Naast reguliere boottochten, zoals naar Hornstrandir, kunt u ook een boot charteren voor tochten op maat. Aanmelden via het toeristenbureau.

Uitgaan

Trefpunt – **Edinborgarhús:** Aðalstræti 7, tel. 456 54 44, www.edinborg.is. Cultuurcentrum met wisselende programma's: muziek, beeldende kunst en theater.
Bioscoop – **Ísafjarðarbíó:** Norðurvegi 1, tel. 456 32 02.

Info en festiviteiten

Toeristenbureau: Aðalstræti 7, tel. 450 80 60, www.isafjordur.is, juni-15 sept. ma.-vr. 8-18, za. 8.30-14, zo. 10-14 uur, 's winters ma.-vr. 8-16 uur.
Auto: in Ísafjörður zijn verschillende autoverhuurders, zodat u erheen kunt vliegen om ter plaatse een auto te huren. De prijzen zijn lager dan in Reykjavík.
Bus: www.stjornubilar.is. Busverbindingen naar de beschreven plaatsen en naar Hólmavík, bovendien via Brú naar Reykjavík en Akureyri.
Vliegtuig: Air Iceland, tel. 570 30 30, www.airiceland.is. Dag. vluchten van en naar Reykjavík.

Reclameauto van de oude bakkerij in Ísafjörður

Skifestival: Pasen. Oudste skifestival van het land.
Fossavatn Ski-Marathon: eind apr./begin mei, www.fossavatn.com.
Við Djúpið: juni/midzomer, www.viddjupid.is. Muziekfestival.
Moddervoetbalkampioenschappen: aug., www.myrarbolti.com. Europese teams.
Veturnætur: okt. Kunst- en cultuurfestival.

Bolungarvík ▶ B 1

Bolungarvík was een van de belangrijkste vissershavens sinds de kolonisatieperiode. In 1890 ontstond de dorpskern en in 1950 werd de weg aangelegd naar Ísafjörður. In 1993 moesten als gevolg van de industriële herstructurering twee van de visfabrieken sluiten. Bolungarvík zet nu net als de andere plaatsen hier in op het toerisme, maar door de afgelegen ligging en de economie blijven de bevolkingscijfers dalen. Interessant is het natuurhistorisch museum, waar een opgezette ijsbeer en een uitgebreide collectie van mineralen is te zien. Goede informatie over het natuurreservaat Hornstrandir (Vitastígur 3, www.nave.is, ma.-vr. 9-17, juni-18 aug. ook za./zo. 10-17 uur, ISK 950, ISK 1370 met Ósvör).

Openluchtmuseum Ósvör

Aðalstræti 21 juni-18 aug. ma.-vr. 9-17, za./zo. 10-17 uur, ISK 950, gecombineerd met natuurhistorisch museum ISK 1370

In het openluchtmuseum bij de ingang van Bolungarvík heeft men een oude vissershut gereconstrueerd en u kunt er boten en diverse gereedschappen zien, maar ook hoe de visvangst vroeger ging en hoe men bijv. van vishuiden schoenen maakte. De museumdirecteur draagt de oude, waterdichte kleding van robbenvellen van de vissers en biedt u een stukje *hákarl* aan, de beroemde gefermenteerde haai, die u het best kunt wegspoelen met een glaasje *brennivín*.

Flateyri en Suðureyri ▶ B 2

Beide plaatsen zijn door de tunnel onder de Breiðadalsheiði en Botnsheiði goed verbonden met Ísafjörður, het is nog maar vier kilometer. De oude weg gaat naar een hoogte van 700 m en is een van de hoogste in IJsland. Tijdens de zomermaanden moet u er altijd rekening houden met mist, en in de winter is de weg door sneeuwstormen soms wekenlang onbegaanbaar. In de zomer is het nog steeds zeer aantrekkelijk om over het plateau te rijden. U komt direct bij de camping van Tungudalur uit, waar in de winter de skiliften worden gebruikt.

Het vissersdorp Flateyri is schilderachtig gelegen op een landtong. In 1889 werd er een walvisvangststation opgericht in Sólbakki, dat na een brand in 1901 werd gesloten. De eigenaar, Hans Ellefsen, vermaakte daarna zijn huis aan Hannes Hafsteinn, die het naar Reykjavík verplaatste. Nu staat het daar als representatiewoning van de regering in de Tjarnargata. Het dorp verwierf een treurige faam toen in oktober 1995 een lawine 19 huizen bedolf; bij het ongeval kwamen 23 mensen om het leven.

Suðureyri op de westpunt van Sugandafjörður is de andere plaats die rechtstreeks profiteert van de tunnel. Gelegen in de schaduw van steile bergen schijnt de zon hier in de winter vier maanden niet. Er is een uitstekend toeristische concept dat een goed inzicht in de visserij biedt. In een kookschool kunt u ook de nieuwste visrecepten proberen.

Langs de kust van de fjord ▶ B/C 2

Dit is het typerende fjordenlandschap van het noordwesten: talloze kleine fjorden met op de landtongen tafelbergen. In Arnarnes gaat de weg door de oudste tunnel van het land, gebouwd in 1949 en slechts 35 m lang.

In het dorp **Suðavík** aan de voet van de monolitisch oprijzende vulkaan Kofri (635 m) vond in 1995 net als in Flateyri een lawineongeluk plaats: 22 huizen werden er toen vernietigd en veertien mensen kwamen om. De huizen van het oude dorp worden alleen in de zomer bewoond. Bij het verlaten van het dorp ziet u het vervallen walvisstation Langeyri, dat in 1883 door Noorse walvisvangers werd gebouwd. Boeiend is een bezoek aan **Melrakkasetur,** een klein museum over de poolvos (juni-aug. dag. 9-18 uur, www.melrakki.is, incl. café).

Van de tegenoverliggende zijde van de Álftafjörður hebt u een buitengewoon fraai zicht op het dorp, de tafelbergen en het eiland **Vigur.** Het eiland heeft slechts een grootte van 0,59 km^2. Hier leven duizenden eidereenden en papegaaiduikers, bovendien is hier de enige windmolen van IJsland te bewonderen. Opvallend is de berg **Hestur,** gelegen op het schiereiland tussen de Seyðisfjörður en de Hestfjörður. In de Hestfjörður heeft men in 1927 de eerste krabbenbanken ontdekt.

Djúpmannabúð aan de Mjóifjörður is de traditionele halteplaats voor bussen en andere reizigers, om zich voor te bereiden voor de tocht over de hoogvlakte, langs de elfenburcht Álfaborg. Beide fjorden – de Mjóifjörður en de Ísafjörður – zijn zeer smal, opvallend zijn de kleine bospercelen en de geothermischen gebieden die verspreid over het gebied te vinden zijn.

Strandir ▶ D 2/3

Van Hólmavík via Djúpavík strekt zich de regio Strandir uit, met ten noorden van de Furufjörður het huidige natuurreservaat Hornstrandir. Ooit was het een rijke regio vanwege de goede visgronden, zeehonden en vooral ook door het vele drijfhout. In de eerste helft van de 20e eeuw kwamen daar ook de grote haringscholen nog bij. Na het verdwijnen van de haring bleven de meeste vissersplaatsen als spookdorpen achter Schapenteelt en landbouw bepaalden later de economie, maar velen lieten dit harde, van het weer afhankelijke werk voor wat het was. Achter bleven verlaten boerderijen en nu leven er nog maar een paar honderd mensen in deze regio.

Hólmavík

De weg naar Hólmavík gaat over de **Steingrímsfjarðarheiði,** een mooie hoogvlakte met talrijke meren en kleine watervallen. In vroeger tijden verdwaalden hier veel mensen als het mistig was en daarom staat er al sinds mensenheugenis een schuilhut op de vlakte.

Hólmavík was vanaf 1895 een handelsplaats en is tegenwoordig het bestuurlijke centrum van Strandir. Interessant is het **museum over hekserij en heksenvervolging** (Galdrasýning á Ströndum) in de 17e eeuw in deze regio. Anders dan in Europa werden er in de regio Strandir meestal mannen van hekserij beschuldigd (Höfðagata 8-10, www.galdrasyning.is, juni-15 sept. dag. 10-18 uur, ISK 900).

Vanuit Hólmavík loont het om langs de kustweg verder te rijden. In de voormalige haringhavens **Djúpavík** (zie Op ontdekkingsreis blz. 250) en **Ingólfsfjörður** staan nog de oude fabrieksgebouwen. Alleen al de rit over

Weg van de beschaving – het schiereiland Hornstrandir

de hoogvlakte van Kambur met het fantastische uitzicht over de kust is de moeite waard.

Overnachten

Het enige onderdak – **Pension:** Borgabraut 4, tel. 451 31 36, www.finnahotel.is, 2 pk € 69-110, slaapzakaccommodatie vanaf € 34, ontbijt ca. € 12. Eenvoudige kamers.
Goede voorzieningen – **Camping:** fraai gelegen bij het dorpshuis van Hólmavík.

Eten en drinken

Geliefd – **Café Riis:** Hafnarbraut 39, tel. 451 35 67, www.caferiis.is, dag. 11.30-21 uur, hoofdgerecht vanaf ISK 2290. Het apart ingerichte restaurant in een pand uit 1897 is in het weekend het trefpunt van de regio. Zeer gevarieerde keuken.

Informatie

Toeristenbureau: Höfðagata 8, tel. 451 31 11, http://touristinfo.webnode.com/, juni-aug. dag. 9-18 uur.
Bus: bussen van/naar Reykjavík www.straeto.is, vr.-ma., wo.

Hornstrandir ▶ B/C 1

Sinds de speelfilm *Börn náttúrunnar* (Kinderen van de natuur) van Friðrik Þór Friðriksson zijn de beelden van magie en mysterie van het noordwesten en Hornstrandir bekend geworden. Hier, waar de boeren hun boerderijen verlieten en de gebouwen ofwel langzaam vervielen of nu worden gebruikt als zomerhuis, wint de vegetatie terrein terug. Reusachtige engelwortels, kleurrijke hellingweides met vette, heldergele boterbloemen en paardenbloemen kenmerken de pure natuur. Gedurende vele jaren was de regio een onontgonnen terrein, vooral bezocht door fysiek sterke wandelaars en enigszins eigenzinnige reizigers die genoeg hadden van de geisers. Inmiddels is het nu de populairste bestemming in de regio – in het bijzonder bij de IJslanders zelf.

Dat Friðrik Þór Friðriksson dit landschap voor zijn film koos, was misschien vanwege de melancholische charme: verlaten huizen, drijfhout op de stranden en de eindeloze open oceaan, die voortdurend de blik trekt.

Voor reizigers die naar Hornstrandir willen, is Ísafjörður het ideale uitgangspunt. Voor ervaren wandelaars is Hornstrandir, het 580 km² grote gebied met de gletsjer Drangajökull in het uiterste noordwesten, het summum. Hier kunt u dagenlang, zelfs wekenlang wandelen, zonder in bewoonde plaatsen te komen, geen auto's, geen fietsen, alleen in de verte mogelijk een voorbijvarende schip of een overvliegend vliegtuig. Ook een dagtocht is al een indrukwekkende belevenis, bijv. naar **Hesteyri** of **Hornvík**, om er te wandelen op de Hornbjarg (zie onder), met aan de ene zijde groene weiden en aan de andere de steil in de oceaan afvallende kliffen.

Actief

Boottochten – **West Tours:** Ísafjörður, Aðalstræti 7, tel. 456 51 11, www.vesturferdir.is. In de zomer boottochten naar Hesteyri en Hornvík, ook meerdaagse gegidste trektochten.

Wandeling naar de Hornbjarg

Start: Horn in Hornvík, afstand: 7-8 km, duur: 2-3 uur looptijd, maar veel extra tijd om te genieten

De baai **Hornvík** kan terecht beschreven worden als het hart van Hornstrandir, ingesloten door de twee hoge toppen Hælavíkurbjarg en Hornbjarg. De Hælavíkurbjarg ziet u in al zijn imposante hoogte al vanaf de boot tijdens de overtocht van Ísafjörður naar Hornvík.

Vanaf de steiger bij **Horn** kunt u direct met de tocht beginnen, die eerst langs de kust verloopt tot voorbij de berg **Miðfell.** Daarna loopt u omhoog over de grazige helling en komt dan direct bij de rotsachtige **Hornbjarg.** De klif valt hier enkele honderden meters loodrecht in de oceaan. Rondom u hoort u het gekrijs van de vogels die op de rotsen broeden. Als u languit in het gras gaat liggen, kunt u ze goed bekijken, maar u moet zich voldoende tijd gunnen om er van te genieten. De tocht gaat verder langs de de Miðfell, waar u altijd op een veilige afstand van de rand dient te blijven. Een kabel langs de andere kant van de rug vergemakkelijkt de afdaling en het pad loopt parallel aan de berghelling. Terug naar de steiger gaat het dan via de graslanden in de vallei Miðdalur.

Wandeling naar de Hornbjarg

Herinneringen aan de haringjaren – Djúpavík

Hier stond in de jaren 30 een van de grootste haringverwerkende fabrieken van het land, maar daarna verdween de vis en droogde deze inkomstenbron voor de bevolking op. Tegenwoordig wordt het gebouw gebruikt als hotel en tentoonstellingsruimte. Een interessante plek om te bekijken welke invloed een economische terugval heeft.

Uitneembare kaart: ▶ D 2

Overnachten: Hótel Djúpavík, tel. 451 40 37, www.djupavik.com, slaapzakaccommodatie vanaf ISK 3800, 2 pk vanaf ISK 12.500. Eenvoudige, zeer gezellige kamers, restaurant.

Info: de eigenaar of vrienden van het hotel verzorgen rondleidingen door de oude fabriek (tijden vragen in het hotel, zie boven).

Afhankelijk van het seizoen lijkt Djúpavík soms een spookstad, zelfs de zorgvuldig gerenoveerde gebouwen kunnen die indruk nauwelijks wegnemen. De betonnen muren van de oude visfabriek bij de ingang van het dorp en het ervoor liggende scheepswrak in zee worden door weer en wind geteisterd. Toch had Djúpavík ooit de grootste haringverwerkende industrie, niet alleen van het land, maar van heel Europa. Het gouden tijdperk van de plaats, die pas in 1919 werd gesticht toen de eerste haringscholen voor de kust verschenen, duurde van 1934 tot 1944. Na 1944, toen de haring weer begon te verdwijnen, hield men de bedrijvigheid nog tot 1954 in stand, maar men kon de achteruitgang niet stoppen. De hoogtijdagen van de haringvisserij werden beschreven door Halldór Laxness in zijn roman *Guðsgjafaþulan* (De litanie van Gods gaven).

Overblijfsel van de topjaren

De voormalige haringfabriek – 90 m lang, twee verdiepingen hoog, met detijds de modernste technologie – maakt nog steeds indruk op de bezoekers met zijn enorme hal. In de ruime zaal presenteert hoteleigenaar Ásbjörn Þorgilsson zijn collectie oldtimers, op de bovenverdieping staan de oude machines nog en slingert er gereedschap rond. Er is ook een foto-expositie waar u kunt zien hoe het er hier aan toeging, toen de fabriek nog actief was. De verweerde inventaris en de grijze betonnen muren geven de plek een onwerkelijke sfeer, vergelijkbaar met een uit zijn krachten gegroeide kunstinstallatie.

Vismeel en traan waren de belangrijkste producten die in de fabriek werden vervaardigd en er staan nog steeds drie grote tanks naast het gebouw. Bouwmaterialen en voorraden werden over zee aangevoerd en vanaf de kade verder op rails getransporteerd. Op de kade zelf stonden duizenden haringtonnen, omdat hier het zouten van de vis plaatsvond.

Alleen de herinnering blijft

Als je na een fabrieksbezoek langs de baai loopt, word je alleen vergezeld door het geluid van de branding en, afhankelijk van uit welke hoek de wind waait, dat van de waterval. Het is moeilijk voor te stellen dat alles hier ooit was vervuld van het lawaai van machines en mensen. In de haringjaren werkten alleen al zestig mensen in de fabriek en tweehonderd bij het inzouten. Deze seizoenarbeiders sliepen in barakken en op het *MS Suðurland* – het wrak dat u nu ziet. Het hotel was het vroegere onderkomen van de werkneemsters. Niet alleen de lokale arbeiders voorzagen hier in hun levensonderhoud, hoewel de lonen niet zo hoog als in Reykjavík waren, maar ook de boeren uit de omgeving die de mensen voorzagen van voedsel.

Toeristen in plaats van haring

Na het einde van de haringjaren viel de streek terug in een winterslaap en het grootste deel van de bevolking vertrok. Pas in 1986 begon met de opening van het hotel een nieuw avontuur. Jarenlang was het pand alleen bekend bij intimi, maar de omgeving met zijn vele wandelmogelijkheden trekt nu inmiddels regelmatig gasten aan. Zo kunt u langs de waterval de berg oplopen en vanaf daar genieten van de fjord en van Djúpavík (4 uur). Sinds 2003 zijn er tentoonstellingen en concerten in de voormalige fabriek. Niet alleen is de fototentoonstelling de moeite waard, maar ook de wisselende kunstpresentaties. Tijdens de zomermaanden is de plaats dan soms net zo levendig als in vroeger tijden.

IN EEN OOGOPSLAG

Het westen

Hoogtepunt ✸

Hraunfossar: talloze kleine cascades, die direct uit de lava naar beneden vallen – vooral in de herfst behoren deze watervallen tot de populairste fotomotieven van het land. Zie blz. 273.

Op ontdekkingsreis

Een tocht door het nationaal park Snæfellsjökull: niet alleen de perfect gevormde gletsjer fascineert, maar ook de kuststreek met zijn levendige geschiedenis. Hier waren vroeger belangrijke handelscentra. Zie blz. 260.

Schrijver en politicus – Snorri Sturluson in Reykholt: de schrijver en politicus Snorri Sturluson speelde in de 13e eeuw een belangrijke rol in IJsland. Nergens in het land is hij nog zo aanwezig als in Reykholt, zijn laatste en belangrijkste woonplaats. Nu is hier een centrum voor de studie van de middeleeuwse cultuur, geschiedenis en vooral literatuur te vinden. Zie blz. 270.

Bezienswaardigheden

Eiríksstaðir in Haukadalur: tijdens de levendige rondleidingen door een replica van een oud langhuis uit de 10e eeuw komt u veel te weten over het leven in die tijd. Zie blz. 255.

Landnámssetur in Borgarnes: de scenografisch ontworpen ruimtes van het centrum brengt de geschiedenis van de kolonisatie zonder lange teksten tot leven. Zie blz. 267.

Actief

Eeuwige sneeuw: in het nationale park Snæfellsjökull biedt de reisorganisator Snjófell sneeuwscootertochten op de gletsjer aan. Zie blz. 258 en 259.

Sfeervol genieten

Waterbibliotheek in Stykkishólmur: met gletsjerwater heeft de kunstenares Roni Horn een meditatieve ruimte gecreëerd. Zeer bezienswaardig, maar nog boeiender is het uitzicht langs de kust. Zie blz. 264.

Uitgaan

Steaks van de houtskoolgrill: het westen kent met zijn relatief kleine plaatsen niet het klassieke nachtleven, maar een grillparty, bijvoorbeeld op de camping van Húsafell heeft ook zo zijn charme en is bovendien typisch IJslands. Zie blz. 269.

Het westen combineert heel verschillende gebieden: het gebied tussen Borgarnes en de gletsjer Langjökull, het schiereiland Snæfellsnes en de regio Dalir, min of meer de verbinding tussen het noordwesten en Snæfellsnes. Dalir wordt doorkruist door talloze dalen, waaraan het landschap ook zijn naam te danken heeft. Enkele saga's spelen zich hier af, zoals de Laxdæla Saga, en een aantal bekende IJslandse mannen zijn uit dit gebied afkomstig, zoals de *goði* Sturla. Groene weiden en glooiende heuvels domineren het beeld.

Kijkend naar de kaart valt het schiereiland Snæfellsnes op door zijn speciale vorm: als een vinger steekt hij tussen de brede baaien Faxaflói en Breiðafjörður de zee in. De bergen vormen als het ware een ruggengraat over de gehele lengte en aan het uiteinde staat de 1446 m hoge stratovulkaan Snæfellsjökull. IJs, zee en vulkanische activiteiten hebben het schiereiland, dat is gelegen op een vulkanische zone buiten de riftzone, in de loop van millennia gevormd.

Borgarnes en het gebied tot aan het hoogland is rijk aan warmwaterbronnen, ideaal voor de tuinbouw. En zo ervaart u hier een stad aan zee zonder haven, maar rijk aan geschiedenis, vooral als speeltoneel van Egils Saga.

INFO

Toeristeninformatie West-IJsland

Borgarnes, Hyrnutorg, Borgarbraut 58-60, tel. 437 22 14, www.west.is, juni-aug. ma.-vr. 9-18, za. 10-16, zo. 12-16, sept.-mei ma.-vr. 10-18 uur.

Internet

www.west.is: website van de regio met alle belangrijke informatie.

Reizen van en naar het westen

Auto: vanuit het zuiden via weg 1 en daarna weg 54 rondom het schiereiland Snæfellsnes. Vanuit het noorden bereikt u Dalir via weg 1 en/of weg 60. **Bus:** dag. in de hele regio van/naar Reykjavík.

Dalir ▶ C/D 4

Wie zich voor de cultuur en kunst van de IJslanders interesseert, zal dol zijn op deze streek. Het stadje **Búðardalur** is het bestuurlijke centrum van Dalir en een goed uitgangspunt voor de verkenning van de streek. Ooit bevond de belangrijkste haven zich aan de Hvammsfjörður en daarom begon ook de 'Íslendingur', de natuurgetrouwe replica van een Vikingschip (zie blz. 125), in 2000 van hieruit aan een tocht via Groenland naar Amerika. De **Leifsbúð** niet ver van de haven huisvest een tentoonstelling over Leifur Eiríksson (juni-aug. dag. 10.30-21.30 uur).

De Laxdæla Saga speelde zich af in deze streken, zoals in **Hjarðarhólt**, de geboorteplaats van de sagaheld Kjartan Ólafsson, waar nu een kerk uit 1904 in tere roze kleuren staat. In het zich van het einde van de Hvammsfjörður naar het noordwesten uitstrekkende dal **Sælingsdal** bevonden zich de twee boerderijen **Laugar** en **Sælingsdalstunga.** Hier leefde Guðrún Ósvífursdóttir na de moord op Kjartan, later verhuisde ze naar Helgafell. Haar vader woonde op Laugar. Tegenwoordig staat hier een school – tevens zomerhotel – die verwarmd wordt door warme bronnen ter plaatse. In het streekmuseum van Dalir zijn tentoonstellingen over de omgeving te zien (juni-aug. dag. 13-18 uur). Van Laugar gaat een weg naar de rots **Tungustapi,** waar naar men beweert de elfen wonen.

Overnachten, eten

Idyllisch – **Hótel Edda Laugar:** Laugar, tel. 444 49 30, reserveren 444 40 00, www.hoteledda.is, 2 pk ISK 13.320-26.500, ontbijt ISK 1650. Landschappelijk mooi en rustig gelegen biedt het hotel slaapcomfort in iedere prijsklasse. Restaurant met IJslandse keuken. Ook is hier een camping te vinden.
Centraal – **Dalakot:** Búðardalur, Dalbraut 2, tel. 434 16 44, villi@aknet.is, 2 pk € 105. Eenvoudig ingerichte kamers, maar met een aangename lounge. In het restaurant vooral pizza's en grillgerechten.
Eenvoudig – **Camping:** in het stadje.

Informatie

Toeristenbureau: Búðardalur, Leifsbúð, tel. 434 14 41, www.dalir.is, juni-aug. dag. 10.30-21.30 uur. Informatie over de regio.
Bus: www.sternatravel.com, ma., wo., vr. en zo. van Reykjavík of Borgarnes naar Búðardalur.

Eiríksstaðir ▶ D 4

Tel. 434 11 18, www.leif.is, juni-aug. dag. 9-18 uur, ISK 1250, in de zomer vindt hier een Vikingfestival plaats
Sinds 2000 staat ten zuiden van Búðardalur in Eiríksstaðir in Haukadalur, de geboorteplaats van Leifur Eiriksson, een replica van een langhuis uit de 10e eeuw. Dit herinnert aan Leifs reis naar Vínland, aan de oostkust van Canada, in het jaar 1000. Terwijl zijn vader Eiríkur nog onvrijwillig naar Groenland zeilde, kon Leifur de Canadese kust vrijwillig verkennen. Bezoekers horen alles over de kundige Vikingvrouwen en -mannen en de manier waarop men toen leefde. Het huis heeft de klassieke afmetingen van een boerderij van eenvoudige, maar niet heel arme boeren in die tijd.

De zuidkust van Snæfellsnes

Om van Dalir naar de zuidkust van Snæfellsnes te geraken, rijdt u via weg 60, dan weg 54 en ten slotte weg 55. Weg 55 komt ter hoogte van de Eldborg weer samen met weg 54, die rondom het schiereiland loopt. Het zuiden van Snæfellsnes lijkt nog op het vlakke, zeer groene weidelandschap bij Borgarnes. Aan de kust rijgen de brede stranden zich aaneen, die vooral gevormd zijn door verlanding, zowel door de rivieren als door de zee.

Langs weg 54 ▶ C 5

Het eerste deel van de tocht over weg 54 gaat door het veengebied **Mýrar.** Hier gaat het onafgebroken groen van de weilanden geleidelijk over in een met okerbruine lavabrokken, lavavelden en kraters doorspekt kleurenmozaïek. Boven dat alles steekt de kegelvormige explosiekrater **Eldborg** uit.

Via een zijweg bereikt u de indrukwekkende basaltzuilenwand **Gerðuberg.** Van hier is het niet ver naar de twee rode koepels **Rauðukúlur**, die vooral opvallen door hun kleur en symmetrische vormen. In de buurt bevindt zich ook de grootste mineralenbron van IJsland, **Rauðamelsölkelda.** Het schiereiland staat bekend om zijn talrijke waterbronnen, met warm of koud water en een hoog gehalte aan ijzer. Een koude waterbron in de buurt is de **Ölkelda** (bierbron), een warme is de **Lýsuhólslaug.**

Voorbij de berg **Hafursfell** (759 m) verheft zich ten noorden van de weg

Arnarstapi is nog steeds een actieve vissershaven

de bergrug met talloze watervallen, en ten zuiden van de weg ziet u al de lichte zandstranden, waar u met een beetje geluk zeehonden ziet liggen rusten.

Búðir ▶ B 5

Een fraai en landschappelijk fascinerende plek aan de zuidkust is Búðir. Deze voormalige handelsplaats ligt direct langs een licht schelpenstrand aan de rand van het lavaveld Búðahraun. Tegenwoordig bestaat het uit een boerderij, een hotel en de goed gerestaureerde kerk uit 1848. Prachtige strandwandelingen – of tochten te paard – zijn hier mogelijk. Een gemarkeerd pad voert door het lavaveld **Búðahraun** tot aan de krater **Búðaklettur** (88 m). Tussen de lavabrokken gaan onder de weelderige vegetatie talrijke, spleten, gaten en grotten schuil. Een grot zou zich uitstrekken tot aan de Surtshellir bij de Eiríksjökull en met goud bekleed zijn. Mysterieus toont het lavaveld zich met zijn heuvels en kuilen, en afhankelijk van het weer en het licht gelooft u direct de verhalen over het verdwijnen van wandelaars.

Een ideale plek om wat langer te verblijven is **Hraunlandarif** aan de westelijke rand van het lavaveld. In het samenspel van licht en schaduw glinstert het schelpenzand in veel verschillende tinten rood.

Arnarstapi ▶ A 5

Langs de kust kunt u naar het oude vissersdorp Arnarstapi wandelen, dat tegenwoordig een klein toeristisch centrum is, met een groeiend aantal vakantiehuisjes. Van hieruit kunt u de **Snæfellsjökull** beklimmen, maar zoals altijd bij zulke tochten dient u over voldoende gletsjerervaring te beschikken en nooit alleen op pad te gaan.

Tussen Arnarstapi en het 3 km verderop gelegen vissersdorpje Hellnar steken talrijke fascinerende rotsformaties uit zee, zoals de rotsboog **Gatklettur.** Bezienswaardig zijn ook de grotten in de rotskust.

Overnachten

Rustiek – **Snjófell:** tel. 435 67 83, 865 34 59, www.snjofell.is, 2 pk € 80, slaapzakaccommodatie vanaf € 25, ontbijt € 13. Eenvoudige kamers met wasgelegenheid, slaapzakaccommodatie en een slaapzaal. Camping in de buurt.

Eten en drinken

Bijzonder schilderachtig – **Arnarbær:** behoort bij Snjófell, zie boven. Hier krijgt u heerlijke visgerechten en er is van 17 juni-aug. 's zondags een koffie-met-gebak-buffet.

Actief

Spannende tochten – **Snjófell:** zie boven. Gletsjertochten op de Snæfellsjökull met rupsvoertuigen en sneeuwscooters, laatste tocht eind juni. Ook alleen transport naar de gletsjer. Prijsvoorbeeld: met twee pers. op een sneeuwscooter ISK 10.500.

Informatie

Bus: www.sternatravel.com. Dag. georganiseerde bustochten met tussenstop in Arnarstapi.

Hellnar ▶ A 5

Hellnar is de geboorteplaats van **Guðríður Þorbjarnardóttir**, de eerste Europese vrouw die zich samen met haar man Þorfinnur Karlsefni in 1004/1005 in de Nieuwe Wereld – het tegenwoordige Canada – vestigde en daar ook een zoon ter wereld bracht. Het beeld dat u vanaf de weg kunt zien staan bij **Laugarbrekka**, herinnert aan die vrouw die in de middeleeuwen al acht oceaanreizen en twee reizen naar Europa ondernomen had. Het beeld is een kopie van een beeldhouwwerk van Ásmundur Sveinsson. Wie een imposant monument verwacht, zal teleurgesteld zijn, want het beeldje is slechts ca. 60 cm hoog.

Ten westen van Hellnar ziet u de rotskolommen **Lóndrangar** opsteken, waarschijnlijk oude vulkaanpijpen, waarop nu zeevogels broeden.

Overnachten

Ecologisch – **Hótel Hellnar:** Brekkubær, tel. 435 68 20, www.hellnar.is, 2 pk € 120-170. 'Groen en ecologisch' wordt dit gezellige hotel geleid. Ontbijtbuffet. Prachtig gelegen en ideaal voor een ontspannen verblijf. Het hotel is sinds 2002 gecertificeerd met de Green Globe 21.

Eten en drinken

Gezond – **Hótel Hellnar:** zie boven, alleen 's avonds. Fraai uitzicht op zee, IJslandse keuken met veel vis.
Heerlijk uitzicht – **Fjöruhúsið:** tel. 435 68 44, www.fjoruhusid.is. Van het terras van het kleine café kijkt u uit op de zee en de steile rotsen. Behalve koffie met gebak kunt u er ook kleine gerechten krijgen.

Actief

Gletsjertochten – **Hótel Hellnar:** zie boven. Het hotel kan ook gletsjertochten met Snjófell voor u boeken, die dan ook bij het hotel beginnen.

Informatie

Bezoekerscentrum Hellnar: tel. 436 68 88, www.ust.is/snaefellsjokull-nationalpark, 20 mei-10 sept. dag. 10-17, rest van het jaar 12-16 uur. Een tentoonstelling met interessante informatie over het nationale park Snæfellsjökull. Programma met wandeltochten in het nationale park. Ook in Hellissandur (zie rechts) is nog een bezoekerscentrum.

Nationaal park Snæfellsjökull ▶ A 4/5

Het 167 km² grote, in 2001 geopende nationale park Snæfellsjökull met zijn talrijke wandelmogelijkheden langs de kust en op de gletsjer ligt tussen Hellnar in het zuiden en Hellisandur in het noorden. In beide plaatsen vindt u een bezoekerscentrum.

Tot 1446 m hoogte verheft zich de vulkaankegel van de Snæfellsjökull, die op heldere dagen duidelijk zichtbaar is vanuit Reykjavík, ondanks de afstand van meer dan 100 km. Van de berg en zijn omgeving wordt gezegd dat er mystieke en magische krachten heersen. Wat men daar ook van mag denken, fascinerend is de vulkaan zeker. De activiteiten van deze stratovulkaan begonnen al tijdens de ijstijd en eindigden ongeveer tweeduizend jaar geleden. Een groot deel van de ijskap is in de 20e eeuw gesmolten en het met ijs bedekte deel meet nu nog slechts 11 km². Drie steile rotsen, waarvan **Þúfur** de hoogste is, torenen boven de kraterrand uit en steken in de late zomer meestal zwart af tegen het omringende ijs. Het is niet alleen de schoonheid van de gletsjer die fascineert in het nationale park, maar dat zijn ook de stranden met hun soms nog zichtbare geschiedenis (zie Op ontdekkingsreis blz. 260).

Hellissandur en Rif ▶ A 4

Het kleine vissersdorp **Hellissandur** is een goed uitgangspunt voor lange kustwandelingen. Zo kunt u van hier naar het westelijkste punt van het schiereiland Öndverðarnes lopen, waar zich het enige zoetwaterreservoir van de omgeving bevindt. Dit pad gaat voorbij aan de Gufuskálar, duidelijke herkenbaar aan de 412 m hoge mast (de hoogste in IJsland) van een Amerikaans radarstation voor de navigatie van schepen en vliegtuigen, die in 1959 werd opgericht. In Hellissandur loont een bezoek aan het scheepvaartmuseum (Sjómannagarðurinn), dat in een vissershuis is ondergebracht. Hier ziet u o.a. de bootjes waarmee nog in de 19e eeuw werd gevist (juni-15 aug. di.-vr. 9.30-12, 13-18, za./zo. 13-18, 16. aug.-15 sept. dag. 13-18 uur).

Als u naar het naastgelegen **Rif** wandelt, komt u langs de grootste kolonie Noordse sterns van IJsland met twintigduizend broedparen. Rif was in de middeleeuwen een belangrijke handelsplaats. In de laatste jaren probeert men door de bouw van een nieuwe haven de concurrentie aan te gaan met de grotere buurplaats Ólafsvík.

Overnachten, eten

Drie sterren – **Hótel Hellissandur:** Klettsbúð 9, tel. 430 86 00, www.hotelhellissandur.is, 2 pk ISK 24.900. Comfortabel hotel met fraai uitzicht op de gletsjer. Restaurant met gevarieerde keuken. Gratis entree tot het zwembad van Ólafsvík.

Duizend sterren – **Camping:** nieuw aangelegde camping langs de lava in de buurt van het scheepvaartmuseum.

Actief

Gletsjerbelevenis – **Hótel Hellissandur:** zie blz. 258. Regelt op verzoek tochten met de organisator Snjófell (zie blz. 258).

Informatie

Nationaal park Snæfellsjökull: kantoor in Hellissandur, Klettsbúð 7, tel. 436 68 60, www.ust.is/snaefellsjokull-national-park, 20 mei-10 sept. dag. 9-16 uur, tijden veranderen vaak, informatie en kaarten.
Bus: 's zomers dag. van Hellissandur naar Reykjavík en Stykkishólmur.

Ólafsvík ▶ A 4

Vanwege de gunstige havenlocatie was Ólafsvík van de 17e tot de 19e eeuw een belangrijke handelsplaats, waar schepen direct uit Denemarken en later ook uit Portugal aanliepen. De uitbreiding van de haven heeft de groei van de stad sterk bevorderd. De economie is – zoals in de meeste plaatsen op het schiereiland – afhankelijk van de visserijindustrie. Een steeds belangrijkere rol speelt het toerisme, omdat de stad zeer gunstig is gelegen ten opzichte van de gletsjer. U kunt vanaf hier naar boven wandelen en een tocht over weg 570 is ook de moeite waard. U vindt in Ólafsvík een zwembad en een golfbaan.

Bezienswaardig in de stad is naast de moderne kerk, gebouwd in 1967, met een preekstoel uit 1710, het oude pakhuis **Gamla Pakkhúsið**, dat in 1844 werd gebouwd door een Deense handelaar. De tentoonstellingen in het pakhuis geeft een levendig beeld van het leven in de 19e eeuw. (Ólafsbraut, juni-aug. dag. 9-19 uur).

Overnachten, eten

Solitair – **Hótel Ólafsvik:** Ólafsbraut 20, tel. 436 16 50, fax 436 16 51, www.hringhotels.is, 2 pk € 139 en studio € 160 (incl. ontbijt). Vriendelijke kamers met en zonder bad. Bovendien appartementen met zelfverzorging. Het restaurant biedt de vis van de dag tegen een aantrekkelijk tarief (ca. ISK 3000).
In het groen – **Camping:** aan de rand van de stad.

Info en festiviteiten

Toeristenbureau: Kirkjutún 2, tel. 433 99 30, www.west.is, juni-aug. ma.-vr. 9-12, 12.30-17 uur.
Bus: 's zomers dag. van Ólafsvík en Hellissandur naar Reykjavík en Stykkishólmur.
Færöerse dagen: juni of juli. Meerdaags festival met dans en muziek.

Grundarfjörður ▶ B 4

Het groeiende vissersdorp Grundarfjörður aan de gelijknamige fjord is een goed uitgangspunt voor bergtochten in de omgeving. Bij **Stöd** (268 m), een eenzame berg op een schiereiland aan de westelijke rand van de fjord, trof men sporen aan van elzen, wat suggereert dat er tussen de twee ijstijden een warmere interglaciale periode moet zijn geweest.

Als een van de mooiste bergen geldt de nabijgelegen **Kirkjufell** (463 m), die door de Denen 'Sukkertoppen' genoemd werd. De steile ▷ blz. 263

Een tocht door het nationaal park Snæfellsjökull

Het is niet alleen de perfect gevormde gletsjer die fascineert, maar ook het strand met zijn geschiedenis. Rondom het schiereiland waren vroeger veel belangrijke handelsplaatsen te vinden.

Uitneembare kaart: ▶ A 4/5

Bezoekerscentrum: Hellnar, tel. 436 68 88, www.ust.is/snaefellsjokull-national-park, 20 mei-10 sept. dag. 10-17 uur.

Duur: wandeling op de gletsjer ongeveer 4-6 uur, de autorit langs de kust afhankelijk van de pauzes 2-6 uur.

Organisatie: gletsjertochten worden aangeboden door Snjófell in Arnarstapi (zie blz. 257). Voor de autorit langs de kust is eigen vervoer nodig.

De charme van het 167 km² grote nationale park rond de Snæfellsjökull is te vinden in de unieke combinatie van uitzicht op zee en de gletsjer, die wordt omgeven door bizarre lavaformaties. In het midden van het park stijgt de vulkaan op mysterieuze wijze en welgevormd op. Bijzonder mystiek toont hij ook uit de verte, wanneer zijn witte top uit de wolken, die het omliggende land verhullen, tevoorschijn komt en hij boven het land lijkt te zweven. Het hoogste punt is slechts gedeeltelijk bedekt door de gletsjer, verder worden de noordelijke en oostelijke hellingen bedekt door tufsteen en postglaciale lava bedekt de zuidelijke en westelijke hellingen. De topkrater is 200 m diep en gevuld met ijs. Een gletsjertocht – zowel te voet als per sneeuwscooter — is een belevenis.

Rendez-vous met de vulkaan

De gemakkelijkste weg naar de Snæfellsjökull gaat via de onverharde weg 570, daar waar ook de **hut van Snjófell** 1, die de tochten organiseert, staat en waar de sneeuwscootertochten beginnen. U kunt ook vertrekken bij de Geldingafell aan de oostzijde. Het loont om ruim de tijd te nemen, zodat u goed weer voor de tocht kunt afwachten, want vaak gaat de gletsjer schuil onder grauwe wolken. Bij helder zicht hebt u tijdens de drie uur durende beklimming fantastische uitzichten op zee en half IJsland. Op de top aangekomen, kijkt u uit over de 1 km grote krater met de steile 200 m hoge kraterranden. Het hoogste punt is Þúfur. De klim vanaf de westzijde duurt langer en is niet in een dag te doen. In principe moet u verdacht zijn op gletsjerspleten en het is raadzaam om voordat u begint te informeren bij het bezoekerscentrum waar en wanneer de veiligste beklimming mogelijk is.

Op de top voelt u zich meteen als Prof. Lindenbrock en zijn neef Axel, die hun avontuurlijke 'Reis naar het middelpunt van de aarde' begonnen door af te dalen in de krater van de Snæfellsjökull. Niet alleen Jules Verne heeft de gletsjer een literair monument geschonken, ook Halldór Laxness – en die was zo gefascineerd dat hij twee keer de koele schoonheid beschreef. In de romancyclus *Heimsljós* (Het licht der wereld) beschrijft hij de Snæfellsjökull met de woorden: 'Waar de gletsjer verrijst, houdt het land op aarde te zijn, en de aarde heeft een aandeel in de hemel, daar zijn geen zorgen meer.' Vrijwel iedere IJslander kent deze poëtische regels die deze berg zo treffend karakteriseren.

Kliffen en krachtproefstenen langs de kust

Vanaf Hellnar gaat weg 574 langs de kust van het nationale park. **Svalþúfa** 2 op de klif Þúfubjarg is de plek waar de dichter Kolbeinn een dichtwedstrijd uitvocht met de duivel, die hij in zijn voordeel kon beslechten. Ook zonder dichtkunst is het uitzicht indrukwekkend met de talloze broedende vogels op de kliffen en de Lóndrangar, twee rotsnaalden van resp. 75 m en 61 m hoog. Het gaat om de restanten van een vulkaan met goed herkenbare basaltgrotten. Vanaf hier gaat een wandelpad naar het zuidelijkste punt van het schiereiland, naar Malarrif.

Op de tocht verder in noordelijke richting bereikt u de parkeerplaats bij **Djúpalónssandur** 3. Van Djúpalónssandur gaat een weggetje naar Dritvík, een beschutte baai met een zandstrand, zeer geschikt voor een korte pauze. Informatieborden bij de parkeerplaats verklaren het belang van de baai.

Talloze wrakdelen liggen er op het mooie kiezelstrand van Djúpalónssandur, waarvan de donkere lavastenen door de branding volkomen gladgeslepen zijn. De wrakstukken stammen van de Engelse trawler *Epine*, die op 13 maart 1948 ten oosten van Dritvík aan de grond liep. Slechts vijf van de negentien bemanningsleden konden tijdens het zeer slechte weer gered worden. Gezonken schepen behoren aan deze kusten tot de droeve geschiedenis, want vooral in de stormachtige jaargetijden liepen tal van schepen hier op de klippen. Opmerkelijk zijn de vier krachtproefstenen met gewichten van 155, 140,

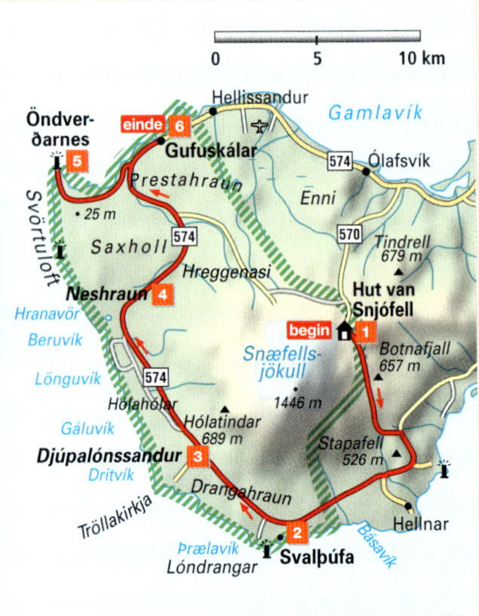

49 en 23 kg, die men moest kunnen optillen om aan te kunnen monsteren op een schip. Ideaal om zelf te testen hoe ver men het als visser geschopt zou hebben: ten minste 49 kg zou men moeten kunnen tillen om aangenomen te worden. Ook al zijn het niet meer de originele stenen, ze vertellen niettemin een verhaal uit vervlogen tijden.

De baai **Dritvík,** die u na een korte wandeling langs de kust bereikt, was eeuwenlang een van de belangrijkste plaatsen voor de IJslandse kustvisserij. In het seizoen leefden hier drie- tot vierhonderd mensen die in zo'n zestig roeiboten de zee opgingen. Bovendien waren er tien kampen voor de mannen. Sinds 1860 is de plaats verlaten.

Door de lava naar de noordwestelijke vuurtoren

De verdere tocht over weg 574 naar het noorden gaat voorbij de explosiekrater Hólarhólar. De weg ligt wat verder van de kust nu en gaat door het lavaveld **Neshraun** 4, waarin tal van kraters te zien zijn. Kort voordat u de kust weer nadert is er een onverharde zijweg naar het westelijkste punt van het schiereiland: **Öndverðarnes** 5. Op dat punt staat een oranje-rode vuurtoren. Niet ver daarvandaan leiden achttien treden naar de oude bron Fálki in de diepte. Het water zou bijzondere, heilzame krachten hebben. Er is echter ook een legende waarin verteld wordt dat hier drie bronnen zouden zijn: een met drinkwater, een met zeewater en een met wijn. Proberen kunt u het niet, want de bron is met een stenen plaat afgedekt.

Vanaf weg 574 ziet u de 420 m hoge mast van het voormalige Amerikaanse LORAN-station, **Gufuskálar** 6. Toen hij in 1963 werd opgericht, was hij het hoogste bouwwerk in Europa. Niet ver daarvandaan ziet u tussen de lava talrijke ruïnes, die soms moeilijk te herkennen zijn. Vermoedelijk zijn ze vijftot zevenhonderd jaar oud en waren het hutten om vis te drogen, mogelijk ook vissershuisjes. Sommige archeologen denken zelfs dat Ierse monniken zich hierin hadden teruggetrokken. De namen *Írskra brunnur* of *Írska kirkja* (Ierse bronnen of Ierse kerk) zouden daarop kunnen wijzen. De kust van het schiereiland was in ieder geval vanaf het begin van de kolonisatie tot in de late middeleeuwen relatief dicht bevolkt, omdat de visgronden hier uitstekend waren. Zelfs de Engelsen kwamen hier in de 15e en 16e eeuw heen, vooral als graag geziene handelslieden. Als concurrerende vissers waren ze minder populair.

piramide is voor bergbeklimmers een hele uitdaging. Aan de zeekant van de Grundarfjörður ligt het vogeleiland **Melrakkaey**, dat sinds 1974 een natuurreservaat is. Hier broeden naast papegaaiduikers, aalscholvers en grote burgemeesters heel veel eidereenden. Ook de geschiedenis van de regio is interessant. Op de eerste plaats kunt u in het teken van de Eyrbyggja Saga wandelen en op de tweede plaats in die van de Fransen, die zich in de 19e eeuw als vissers in Grundarkampur vestigden. Het was een van de zes eerste handelssteden van IJsland, gesticht in 1786. Boeiend is een bezoek aan het **Eyrbyggja geschiedeniscentrum**, waar u interessante oude dia's uit Grundarfjörður kunt bekijken, in een kleine bibliotheek rondsnuffelen en gezellig koffie drinken (Grundargata 35, tel. 438 18 81, 15 mei-15 sept. dag. 9-17 uur).

Overnachten

Maritiem – **Hótel Framnes:** Nesvegur 6-8, tel. 438 68 93, www.hotelframnes.is, 2 pk ca. ISK 24.210. In 1989 geopend hotel, ooit een onderkomen voor zeelieden. De kamers zijn eenvoudig, maar compleet ingericht, alle met een fraai uitzicht op zee of de bergen.
Ouderwets – **Jeugdherberg:** Hlíðarvegur 15, tel. 562 65 33, www.ubuntu65.com, slaapzakaccommodatie ISK 4000, 2 pk € 105-124, appartement voor 4 pers. vanaf € 170. Het rode huis huisvest de jeugdherberg, die gecertificeerd is als 'Green Hostel'. Vrolijke inrichting.
Voordelig – **Camping:** bij het zwembad en in Setberg, ca. 5 km oostelijker.

Eten en drinken

Voor vegetariërs – **Hótel Framnes:** zie boven, hoofdgerecht ca. ISK 3000. Naast de vanzelfsprekende vis zijn er ook lekkere vegetarische gerechten.
Typisch – **Samkaup Úrval:** Grundargata 38, tel. 438 67 00. Voor als u zelf kookt en voor fans van fast food. Ook typisch IJslands.

Actief

Fietstochten – **Hótel Framnes:** zie links. Fietsverhuur.
Boottochten – **Láki Tours:** hoort bij Hótel Framnes (tel. 438 68 93), naast boottochten voor vogelaars, worden er ook walvissafari's vanuit Ólafsvík aangeboden.

Info en festiviteiten

Toeristenbureau: in het Eyrbyggja Geschiedeniscentrum, Grundargata 35, tel. 438 18 81, www.grundarfjordur.is.
Bus: dag. naar Stykkishólmur en Ólafsvík.
Zomerfeest: eind juli. Voor het hele gezin.

Stykkishólmur en omgeving ▶ B 4

Bij de **Drápuhlíðarfjall** (527 m) buigt u af van Stykkishólmur, dat op de noordelijke punt van een landtong ligt. Lang nam men aan dat deze ryolietberg, waarop fossiele plantenresten werden aangetroffen, maar ook jaspis en andere mineralen, ook goud zou bevatten, maar de opbrengst was gering.

Naast Rif, Arnarstapi en Flatey behoorde Stykkishólmur in de 16e eeuw tot de handelsplaatsen van de Duitse Hanze. Met de komst van grotere schepen tot 400 ton aan het begin van de 19e eeuw werd de visserij steeds belangrijker voor de stad, die snel groeide.

Tip

Heerlijk uitzicht uit de waterbibliotheek

Boven de haven van Stykkishólmur staat een interessant gebouw uit 1961 met ronde ramen en een plat dak. Sinds mei 2007 is daarin de waterbibliotheek (Vatnasafn) te zien, een grote ruimtelijke installatie, ontworpen door de Amerikaanse kunstenares Roni Horn. Horn is al jaren verzot op IJsland en ze heeft met deze installatie een relatie tussen land, ruimte en element geschapen. De 24 glazen kolommen bevatten water van de gletsjers van IJsland. Ze staan in een met licht gevulde ruimte, de gele bodem met de IJslandse meteorologische termen versterkt het zonlicht en de bezoeker kan genieten van de uitgestrektheid van de lucht en de zee. De inval van het licht laat het water en de ruimte in steeds wisselende kleuren en reflecties glinsteren. Het is een meditatieve kunstkamer met een schaakbord, genoeg ruimte voor culturele evenementen en een fantastisch uitzicht over de eilanden (Bókhlöðustigur 17, juni-aug. dag. 13-18 uur, ISK 500, www.libraryofwater.is).

Een interessant huis uit die tijd is het **Norska húsið**, dat de ondernemer Árni Thorlacius in 1828 liet bouwen. Het was het eerste huis met een verdieping in het land. Nu is het streekmuseum erin ondergebracht met een leuke ouderwetse inrichting (juni-aug. dag. 12-17 uur, ISK 800). Árni hield de eerste regelmatige weerobverservaties op IJsland bij. In 1845 werd daarom in Stykkishólmur ook het eerste officiële weerstation van het land opgericht.

Hoewel de visindustrie een belangrijke economische rol speelt – het zwaartepunt ligt op de verwerking van mantelschelpen – is de grootste werkgever het katholieke klooster van de Nederlandse franciscaner zusters. Onder hun leiding staat niet alleen het in 1936 gebouwde ziekenhuis, maar ook een kleuterschool en een drukkerij. Architectonisch interessant is de pas in 1990 ingewijde kerk, waarvan de opmerkelijk gebogen witte toren hoog boven de stad uitsteekt.

Vulkaanmuseum

Aðalgata 8, tel. 433 81 54, www.eldfjallasafn.is, mei-sept. dag. 11-17 uur, ISK 800

In het voormalige parochiehuis uit 1901 is het Vulkaanmuseum (Eldfjallasafn) te vinden. De geoloog en vulkanoloog Haraldur Sigurðsson toont zijn grote collectie van allerlei kunstwerken met als thema vulkanische uitbarstingen. Meer dan veertig jaar heeft hij verzameld en onderzocht en de bibliotheek is daar een weerspiegeling van. Natuurlijk komt u er ook bijna alles te weten over vulkaanuitbarstingen en u kunt er de verschillende soorten lava bekijken. Regelmatig worden er lezingen gehouden en Haraldur geeft ook zelf rondleidingen door de tentoonstelling.

Overnachten

Gezellig – **Bed & Breakfast Höfðagata:** Höfðagata 11, tel. 694 65 69, www.hofdagata.is, 2 pk vanaf ISK 16.500. Nette kamers met een gezellige sfeer, donzen dekbedden, gebruik van de tuin.

Klein & keurig – **Heimagisting Ölmu:** Sundabakka 12, tel. 438 14 35, 848 98 33, 2 pk ISK 12 000, slaapzakaccommodatie ISK 5000, ontbijt ISK 1750. Slechts vier kamers, douche/wc op de gang; dicht bij zee.

Aangenaam – **Jeugdherberg Sjónarhóll:** Höfðagata 1, tel. 433 22 00, www.

hotelbreidafjordur.is, 2 pk ISK 9500, slaapzakaccommodatie ISK 3850. In een van de oudste huizen van de stad, maar alle kamers zijn gerenoveerd. Er worden ook boottochten georganiseerd.
Direct aan de haven – **Harbour Hostel:** Hafnargata 4, tel. 660 00 63, slaapzakaccommodatie in 12-bedskamers ISK 4190, in 4-bedskamers ISK 6190. Relatief nieuw hostel in het historische pand Sjávarborg.
Goede voorzieningen – **Camping:** Aðalgata, bij de sportvelden, tel. 438 11 50.

Eten en drinken

Verse vis – **Plássið:** Frúarstígur 1, tel. 438 16 00. Goede visgerechten vanaf ISK 3800, gegrilde kreeft ISK 7500. Regelmatig evenementen.
Historisch – **Narfeyrarstofa:** Aðalgata 3, tel. 438 11 19, www.narfeyrarstofa.is, dag. in het seizoen 's middags geopend, rest van het jaar vanaf 18 uur, mosselen en vis ca. ISK 3850. In het mooie oude huis is een gezellig café en restaurant, 's zomers zelfs met terras.

Actief

Boottochten – **Seatours:** Smiðjustígur 3, tel. 433 22 54, www.seatours.is, za. gesl. Alles wat met boottochten te maken heeft: diepzeevissen, mosselen vangen, vogeltochten, walvissafari's met partner Láki Tours (zie blz. 263), Tochten naar Flatey of naar andere eilanden, gourmet-tochten, raften op zee of bruiloft op zee. Ook individuele tochten zijn mogelijk.

Info en festiviteiten

Toeristenbureau: Borgabraut 4, tel. 433 81 20, http://visit.stykkisholmur.is, 's zomers dag. 8-22 uur.

Het moderne gezicht van Stykkishólmur – die nieuwe betonnen kerk

Bus: dag. van/naar Reykjavík en langs de noordelijke kust.
Veerboot: Seatours (zie blz. 265). De veerboot Baldur vaart van 7 juni-25 aug. vanuit Stykkishólmur om 9 en 15.45 uur, vanuit Brjánslækur om 12.15 en 19 uur, rest van het jaar zo.-vr. 1 x dag., za. geen veerdienst, ISK 5250. Op het eiland Flatey is een verblijf van enkele uren mogelijk. Wanneer u de bus van Reykjavík naar Stykkishólmur neemt, kunt u de boot van 15.45 uur halen.
Concerten: 's zomers vinden regelmatig concerten plaats in de nieuwe kerk. Zeer goede akoestiek.
Deense dagen: 3e weekend van aug. Meerdaags festival met dans, zang en kunsttentoonstellingen.

Þingvellir en Helgafell ▶ B 4

Bezienswaardigheden van historisch belang biedt de omgeving van Stykkishólmur ook. Ten zuiden van Nessvogur zijn de ruïnes te zien van de dingplaats **Þingvellir**, een voormalig regionaal Þing. In Hofsstaðir kwam al dertig jaar voor de oprichting van het Alþingi in Þingvellir bij Reykjavík het eerste 'ding' van IJsland bijeen.

Over de 73 m hoge heuvel **Helgafell** bij Þingvellir doen veel verhalen de ronde. Hier is het graf van Guðrun Ósvífursdóttir, de heldin van de Laxdæla Saga. Men zegt, dat een wens – sommigen spreken zelfs van drie wensen – vervuld wordt, als men het graf van Guðrun in oostelijke richting verlaat, zonder zich daarbij om te keren of te praten. Natuurlijk worden er alleen wensen vervuld, die niemand schade berokkenen. Waarschijnlijk is dat de les die uit het verhaal van Guðrun getrokken kan worden, dat haar wensen tot de dood van de enige door haar beminde man leidden.

Al voor de kerstening gold de Helgafell als heilige plaats, waarvan men aannam dat in de berg het toekomstige leven plaatsvond. Hier leefde de *goði* Snorri – hoofdrolspeler in de Eyrbyggja Saga – en tot haar dood ook Guðrun als koloniste en eerste non van IJsland. Van 1184 tot de reformatie stond er bij de heuvel een augustijnenklooster, waarvan nog wat sporen zijn te zien. Het witte kerkje werd in 1903 gebouwd.

Flatey ▶ B 3

Vanuit Stykkishólmur kunt u boottochten maken in de Breiðafjörður met zijn talloze eilanden – het zijn er ongeveer 2700. De fjord staat bekend om zijn vogelrijkdom en is ook het leefgebied van verschillende soorten zeehonden. Rond tachtigduizend eidereenden – 25% van de IJslandse populatie – broeden hier. Het beroemdste en tegenwoordig enige bewoonde eiland is Flatey. Er broeden zo'n twintig vogelssoorten op Flatey en een deel van eiland is sinds 1975 een natuurreservaat.

In 1172 werd op Flatey een augustijnenklooster gesticht, dat twaalf jaar later werd verplaatst naar Helgafell. Als handelsplaats was het eiland eeuwenland van betekenis. Bekend is het ook door het beroemde **Flateyjarbók**, dat tot 1647 in privébezit was en daarna aan de bisschop van Skálholt geschonken werd. Dit omvangrijke handschrift bevat naast de saga's over de Noorse koningen ook teksten over de ontdekking van Amerika, de Grænlendinga Saga. In de 19e eeuw werd het eiland opnieuw van cultureel en economisch belang door de landbouw en de visvangst, wat in de loop van de 20e eeuw duidelijk weer veranderde. Nu worden de meeste huizen op Flatey alleen als zomerhuis gebruikt.

Boeiend is een rondje door het oude dorp met zijn goed onderhouden houten huizen. De kerk werd enkele decennia geleden door een Spaanse schilder van wandschilderingen voorzien. Omdat er overnachtingsmogelijkheden op Flatey bestaan, is een rondje om het eiland door het in de late zomer voor bezoekers opengestelde broedgebied aan te bevelen. Bij elke stap die u zet krijgt u weer een ander uitzicht op het gevarieerde eilandlandschap van de Breiðafjörður en niet zelden ontdekt u daarbij zeehonden. Vanaf Flatey kunt u tochten ondernemen naar enkele van de andere eilanden in de omgeving.

Overnachten, eten

Luxueus – **Hótel Flatey:** in het oude Pakkhús, tel. 555 77 88, www.hotelflatey.is, 2 pk ISK 25 500. Een gezellige accommodatie met wat luxe. Het restaurant Samkomuhúsið hoort erbij.
Open lucht – **Camping:** Krákuvör. Eenvoudig, maar wel pal aan zee.

Informatie

Veerboot: Seatours, Stykkishólmur, Smiðjustígur 3, tel. 433 22 54, www.seatours.is. De veerboot Baldur vaart van juni-aug. zo.-vr. om 10.30 en 17.15 uur naar het zuiden. Za. wordt Flatey niet aangedaan. Seatours organiseert ook boottochten in de Breiðafjörður.

Borgarnes ▶ C 5

Borgarnes aan de Borgarfjörður werd in 1867 gesticht. De inwoners leven hoofdzakelijk van handel en de verwerking van landbouwproducten, zoals de zuivelindustrie, ondanks de voor de visindustrie voorbestemde ligging. De stad betrekt het hete water uit de 33 km verderop gelegen Deildartunguhver, de grootste heetwaterbron van de wereld. De opbrengst bedraagt 200 l/sec. De eerste kolonist hier was Skallagrímur Kveldúlfsson, vader van de beroemde Vikingdichter Egill Skallagrímsson, de held van Egils saga Skallagrímssonar. Dat Skallagrímur Kveldúlfsson zijn laatste rustplaats werkelijk in Borgarnes vond, is tot op heden niet aangetoond met archeologische vondsten. Niettemin is de **Vikinggrafheuvel** met het reliëf in het stadspark bezienswaardig. In het **museum** zijn naast het streekmuseum ook de bibliotheek, het archief, een natuurhistorische museum en een kunstverzameling ondergebracht (Bjarnarbraut 4-6, mei-aug. dag. 13-17 uur, ISK 1000).

Landnámssetur

Brákarbraut 13-15, www.landnamssetur.is, dag. 10-21 uur, ISK 2500
Het centrum werd in mei 2006 geopend en behelst twee tentoonstellingen: een over de kolonisatiegeschiedenis van IJsland en een over de Egils Saga. Beide afdelingen zijn zeer goed geënsceneerd en informatief. Met licht, geluiden en computeranimaties worden de verhalen tot leven gebracht.

Boerderij Borg á Mýrum

Langs weg 54 ten noorden van de stad ligt de boerderij Borg á Mýrum, waar Skallagrímur zich had gevestigd. Hier woonden Egill en talrijke verwanten en nakomelingen en ook Snorri Sturluson (van 1202 tot 1206, zie blz. 270). Nu staat er naast de boerderij een kerk, en daarvoor staat het beeldhouwwerk *Sonatorrek* van Ásmundur Sveinsson – de verbeelding van de klaagzang van Egill over de dood van zijn zoon Böðvar.

Overnachten

Villa – **Borgarnes B&B:** Skulagata 21, tel. 434 15 66, 842 58 66, www.borgarnesbb.is, 2 pk vanaf ISK 15.800. Mooi, centraal gelegen pand, niet ver van de zee. Netjes ingericht. Ontbijt wordt geserveerd, u kunt er ook gebruikmaken van de keuken.
Groene lava – **Camping:** in Granastaðir, direct langs weg 1, tel. 695 33 66, met veel groen, maar wel wat ver van het centrum.
Afgelegen – **Camping Hótel Brú:** ca. 4 km ten zuiden van Borgarnes langs weg 1, hoort bij het hotel, tel. 437 23 45. Idyllisch tussen bomen aan het strand met fraai utzicht over Borgarnes, hotpot en restaurant.

Eten en drinken

Cultureel – **Landnámssetur:** zie blz. 267, juni-aug. dag. 10-20.30 uur. Gezellige inrichting. Wisselende lunchgerechten, vis, pasta of soep met zelfgebakken brood vanaf ISK 1000. Theaterbezoekers krijgen korting op de gerechten, lunchbuffet voor ISK 2200 (tot 15 uur).
Cafetaria – **Hyrnan:** toeristenbureau, Brúartorg. Hotdog vanaf ISK 350. Alle gebruikelijke fastfood-gerechten tegen acceptabele prijzen.

Winkelen

Kunsthandwerk – **Kristy:** Borgarbraut 58, tel. 437 20 01. IJslandse mutsen, maar ook horloges, cadeau-artikelen, sieraden.
Huisgemaakt – **Ljómalind:** Brúartorg 4, 's zomers ma.-do. 10-18, vr. 10-19, za./zo. 11-16, 's winters vr.-zo. 13-18 uur. Van marmelade tot gebreide sokken, leuke spullen voor thuis.

Actief

Uitstapjes – **Hvítátravel:** tel. 661 71 73, www.hvitatravel.is. Tocht met gids door de omgeving – o.a. Reykholt, Húsafell, Hvanneyri – met een personenbusje. Thematische tocht 'In het spoor van Egils Saga' door de stad (ISK 4200).
Sightseeing – **Toeristenbureau:** zie hieronder. Saga-wandelingen met gids door de stad en in de omgeving, paardrij- en wandeltochten.

Info en festiviteiten

Toeristenbureau: in het shoppingcenter Hyrnutorg, tel. 437 22 14, www.west.is, juni-aug. ma.-vr. 9-18, za. 10-16, zo. 12-16, sept.-apr. ma.-vr. 9-17 uur.
Busstation.
Bus: dag. van/naar Reykjavík, Akureyri en Snæfellsnes. Enkele malen per week naar Reykhólar en in het weekend naar Reykholt.
Borgarfjörður-festival: juni. Groot feest voor de hele familie.
IsNord muziekfestival: zomer. Musici uit IJsland en Scandinavië. Ook openluchtconcerten.

Reykholtsdalur ▶ D 5

Im Reykholtsdalur zijn talloze hete bronnen. De grootste, de Deildartunguhver, heeft een opbrengst van 180-200 l per seconde en het water is 97 °C heet. Vanaf hier lopen heetwaterpijplijnen naar Akranes en Borgarnes. De grootste plaatsen in het dal zijn Reykholt en Húsafell.

Reykholt

De middeleeuwse schrijver en politicus Snorri Sturluson (1179-1241) bracht het grootste deel van zijn leven in Reykholt door, waar hij in 1241 werd vermoord. Een openluchtbad, het **Snorralaug**, en het woonhuis stammen uit deze tijd. Het organiseert tentoonstellingen over Snorri en over de regio in de middeleeuwen (zie Op ontdekkingsreis blz. 270).

Overnachten

Verrassend – **Hótel Reykholt:** tel. 435 12 60, fax 562 40 01, www.fosshotel.is, 2 pk € 163-214 (prijzen variëren dagelijks, zie internet). Met grote wellnessafdeling. Hier duikt men niet alleen in de hotpots, maar ook in de wereld van de Noordse mythologie. Met restaurant.

Info en festiviteiten

Toeristenbureau: in de Snorrastofa, mei-sept. dag. 10-18, okt.-apr. ma.-vr. 10-17 uur, tel. 433 80 08, www.reykholt.is.
Bus: www.straeto.is. Van/naar Borgarnes en Reykholt.
Reykholt-muziekfestival: laatste week in juli, www.reykholtshatid.is. Jaarlijks festival met klassieke muziek, internationale gasten.

Húsafell

Húsafell is een geliefde plek voor outdooractiviteiten. IJslanders houden vooral van de vele bomen en daarom staan er ook veel weekendhuisjes. Verschillende wandelpaden gaan in de omgeving naar watervallen en bronnen.

In de aangrenzende lavagebieden kunt u naar grotten toe. De beroemdste is **Surtshellir**, in het lavaveld Hallmundahraun gelegen, met een lengte van ca. 1,6 km ook de grootste. In nabijgelegen grotten trof men botresten aan die erop wijzen dat er in de 10e eeuw mensen woonden. **Víðgelmir** is met een lengte van 1585 m een van de langste grotten van IJsland en met een volume van 148.000 m³ een van de grootste ter wereld. Bij helder zicht is vergletsjerde tafelberg **Eiríksjökull** (1675 m) te zien. Over de onverharde weg door **Kaldidalur** kunt u van Húsafell naar Þingvellir rijden. Het stenige morenelandschap wordt gedomineerd door de schildvulkanen Skjaldbreiður en Ok en door de gletsjers Þórisjökull en Langjökull.

Overnachten

Alle accommodatie wordt via het toeristenbureau (zie blz. 273) verhuurd.
Luxueus – **Hótel Húsafell:** Borgarbyggd 311, tel. 435 15 51, http://hotelhusafell.com, 2 pk ca. ISK 30.000. Nieuw geopend viersterrenhotel met geothermisch bad en chic restaurant.
Boerderij – **Gamli bær:** tel. 895 13 42, half mei-sept., 2 pk zonder badkamer ISK 14.000, 2 pk met badkamer ISK 16.500. Het in 1908 gebouwde pand is een pension met vijf dubbele kamers, eetzaal en natuurlijk een hotpot.
Groot – **Camping:** van caravan tot bivak vindt iedereen hier een plaatsje. met rustige zone, goede voorzieningen.

Actief

Op de gletsjer – **Activity Group:** in Reykjavík, Tunguháls 8, tel. 580 99 00, www.activity.is. Dagtocht vanuit Reykjavík naar Húsafell met gletsjertocht (ISK 35 700).
In de gletsjer – **Into the Glacier:** www.intotheglacier.is. Vanuit Húsafell of Reykjavík gaat u een ijsgrot in de Langjökull binnen. ISK 17.900 (vanaf de gletsjerrand).

▷ blz. 273

Schrijver en politicus – Snorri Sturluson in Reykholt

De schrijver en politicus Snorri Sturluson speelde in de 13e eeuw in IJsland een rol van betekenis. Nergens in het land is men zo aan hem verknocht als in Reykholt, de laatste en belangrijkste plaats waar hij woonde. Tegenwoordig is hier een centrum voor het onderzoek van de middeleeuwse cultuur, geschiedenis en vooral literatur.

Uitneembare kaart: ▶ D 5

Duur: met museumbezoek en bezichtiging van de kerk hebt u ten minste 3 uur nodig.

Snorrastofa: mei-sept. dag. 10-18, okt.-apr. ma.-vr. 10-17 uur, ISK 1200.

Bij de tocht door Reykholtsdalur via weg 518 ziet u al van verre het grote witte schoolgebouw van Reykholt, de voormalige districtschool, en de helderrode daken van de nieuwe kerk en de Snorrastofa, het eind jaren 90 geopende centrum voor Europese en IJslandse middeleeuwse studies. De naamgever van de Snorrastofa was de zeker belangrijkste van alle IJslandse schrijvers en politicus van de 13e eeuw, Snorri Sturluson.

Monument of monster?

Voor de oude school, die ontworpen werd door de architect Guðjón Samúelsson (zie ook blz. 59), herinnert een monument aan de belangrijkste zoon van het dorp. Lang niet alle IJslanders zijn tevreden over de manier waarop de Noorse beeldhouwer Gustav Vigeland Snorri heeft weergegeven in 1947. Het treffends bespot Böðvar Guðmundsson in zijn amusante verhaal *Snorratorrek* (1988) het beeld. Hij laat daarin de herrezen Snorri 'voor het huis een machtig, groen monster van koper' ontdekken. Het zou gekleed zijn in een badjas en een boek onder zijn arm dragen, op zijn kop droeg hij een hoed als van Robin Hood en aan de voeten balletschoenen, die met linten aan zijn benen waren bevestigd, aldus beschrijft hij zijn held verder.

Een centrum voor Snorri – Snorrastofa

Van het Snorri-monument voert links een korte wandeling naar de Snorrastofa, die als cultureel en onderzoekscentrum verschillende wetenschappelijke projecten beheert en lezingen en rondleidingen organiseert. Informatie over Snorri en zijn tijd krijgt u in een tentoonstelling daar, waarna u de nieuwe kerk kunt bezichtigen.

Meedogenloos machtmens

Snorri Sturluson werd in 1179 (volgens sommigen in 1178) in Hvammur in Dalír geboren. Zijn vader was de invloedrijke en machtige *goði* Sturla Þórðarson, die zijn driejarige zoon ook uit politieke overwegingen door zijn zijn pleegvader Jón Loftsson op Oddi in Zuid-IJsland liet grootbrengen. Jón was in die tijd de invloedrijkste en belangrijkste *goði* van IJsland. Twintig jaar bleef Snorri in Oddi, een bekend cultureel centrum. Hier leerde hij Latijn, volgde theologisch onderwijs en las vooral oude en nieuwe IJslandse literatuur. Op zijn 19e trouwde hij met de enige dochter van de *goði* van Borg in Mýrar. Aanvankelijk woonde hij met zijn vrouw Herdís in Oddi, in 1202 nam hij Borg over en daarmee ook de *goði*-status. In 1206 verhuisde Snorri naar Reykholt en werd het huwelijk ontbonden. Het lukte Snorri binnen de kortste keren om nog meer *goði*-titels te verwerven en zo een van de machtigste en rijkste mannen van het land te worden.

Van 1215-1218 en van 1222-1231 was Snorri wetspreker op het Alþingi (zie blz. 114). De jaren tussendoor verbleef hij aan het Noorse hof. Daar behoorde hij tot de vertrouwelingen van de nog jonge koning Håkon Håkonson en van hertog Skúli Bárðarson. Maar zo positief als Snorri's relatie met de Noorse koning aanvankelijk was, zo slecht werd die eind 1239. Snorri mengde zich in het conflict tussen Skúli en Håkon. Tegelijk namen zijn vijanden in IJsland ook in aantal toe. Hoewel hij met zijn eigen huwelijksstrategie het doel nastreefde om de

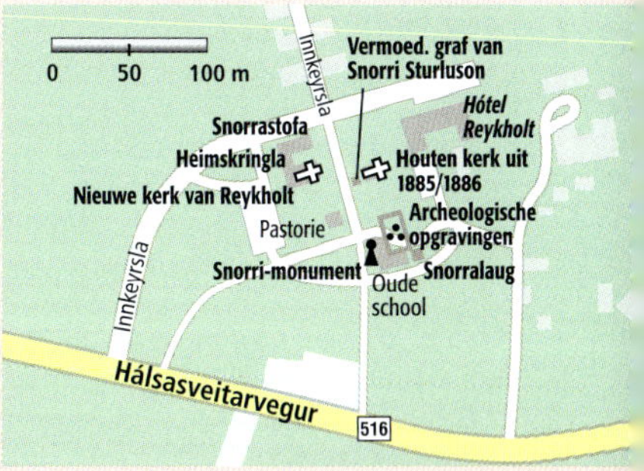

machtige families met de zijne te verbinden, zo faalde hij ten slotte, niet in de laatste plaats door zijn eigen meedogenloosheid. Hijzelf was in 1224 getrouwd met Hallveig Ormsdóttir, de rijkste weduwe van het land. Ze stierf in de zomer van 1241, wat voor hem een groot verlies was. Zijn rouwperiode duurde niet lang, want de Noorse koning gaf zijn volgeling Gissur Þorvaldsson de opdracht om Snorri naar Noorwegen te brengen of hem desnoods te doden. Gissur besloot voor de tweede optie en vermoordde Snorri op 23 september 1241 in Reykholt.

Snorri's literaire werk

Na zijn terugkeer uit Noorwegen in Reykholt in 1222 schreef Snorri verschillende gedichten ter ere van Skúli en Håkon, de bekendste daarvan heet *Háttatal*. Het *Háttatal*-gedicht waarin elk van de 102 verzen een ander metrum heeft, vormt het derde deel van de Snorra-Edda, een poëtisch leerboek met talloze voorbeelden van de skaldenpoezie en mythologische teksten. De andere grote werken die de dichter in Reykholt schreef zijn – mogelijkerwijs – Egils Saga en zeker de Heimskringla, de geschiedenis van de Noorse koningen. Deze historische werken spelen tot op de dag van vandaag ook een belangrijke rol in Noorwegen.

De vermoedelijk laatste rustplaats

Aan de achterkant van het gebouwencomplex met de Snorrastofa en de nieuwe kerk staat de houten kerk van 1885-1886, die na een zorgvuldige restauratie weer zijn oorspronkelijke uiterlijk heeft. Direct naast de kerk ligt het kerkhof waar Snorri waarschijnlijk werd begraven, daarom staat er een gedenksteen. Tegenover het kerkhof werden archeologische opgravingen uitgevoerd, waarbij een voormalige boerderij, de oude kerk en delen van een onderaardse gang die naar het bad Snorralaug leidt, werden blootgelegd. Een deel van de opgegraven fundamenten is nog steeds te zien in het groen. Al kort na de kerstening werd een kerk gebouwd in Reykholt, en archeologen hopen daar nog sporen van te vinden. Van 1297 tot de reformatie was de bisschop van Skálholt verantwoordelijk voor deze kerk en benoemde ook de priesters. Reykholt was een belangrijke en rijke parochie met een school. Niet alleen Snorri heeft bijgedragen aan de bekendheid van de plaats, maar ook een familie die daar vanaf 1567 woonde en die in de loop van 185 jaar verscheidene bekende predikanten voortbracht. Interessant is het feit dat het een enkele familie was die daar al die eeuwen woonde.

De plek van de moord

Ook Snorri wist een bad in warm water te waarderen, want hij liet het Snorralaug aanleggen (aan het einde van het opgravingsgebied). Het water komt door ondergrondse kanalen van de bron Skrifla, die ook nu nog het overdekte zwembad en de huizen van Reykholt verwarmt. Er is plaats voor ongeveer tien mensen in het bad met een diameter van bijna 4 m. Het is een van de oudste monumenten van het land. Tegen de wanden kunt u treden zien om op te zitten. Het huidige bad gaat terug op de vorm van het bad in de 18e eeuw. Achter de houten deur begint de ondergrondse passage, waar Snorri werd vermoord.

Van het Snorralaug loopt u om het voormalige schoolgebouw, waarin nu een bibliotheek is gevestigd met dertigduizend titels die deel uitmaakt van de Nationale Bibliotheek, terug naar het monument.

Informatie

Toeristenbureau: bij de camping, tel. 435 15 50, www.husafell.is. Hier vindt u alle informatie over activiteiten in de regio: wandelen, paardrijden, grotexpedities met gids, zwemmen enz.

Hraunfossar ✸ ▶ D 5

Bijzonder fraai zijn de direct uit de lava stromende Hraunfossar in de Hvítá niet ver van Húsafell (zie foto blz. 275). Hun kristalheldere water stroomt onder het lavaveld Hallmundarhraun door en valt in talloze cascades over een lengte van een kilometer via een lavarand in de troebele gletsjerrivier. Daarbij vormt zich een wonderlijke kleurenspel van blauw tot turkoois en in september verkleuren bovendien de struiken en bomen in prachtige herfstkleuren.

Akranes en omgeving ▶ C 6

Akranes aan de baai Faxaflói is een van de grootste en oudste vissersplaatsen van IJsland en heeft sinds 1942 stadsrechten. Een andere belangrijke economische factor is de sinds 1958 bestaande cementfabriek, waarvan de productie voorziet in de hele cementbehoefte van het land. Het IJslandse cement wordt gemaakt van schelpenzand.

In 880 vestigden de Ierse broers Þormóður en Ketill Bresason zich hier als de eerste kolonisten. Als bewijs van de nog steeds bestaande banden tussen IJsland en Ierland schonk de Ierse Republiek in 1974 de stad een granieten monument, dat nu aan de voorzijde van het museum staat. Belangrijk werd de plaats in de 17e eeuw als een handelscentrum, toen onder de naam Skipaskaga. Het zandstrand Langisandur nodigt in de zomer uit om te zonnen of in zee te zwemmen. Wie meer naar de bergen trekt, kan een wandeling naar de Akrafjall (643 m) maken, van waar u een prachtig uitzicht over de omgeving hebt.

Openluchtmuseum Garðar

www.museum.is, juni-aug. dag. 10-17, sept.-mei 13-17 uur, ISK 500

Op het museumterrein is het Garðahús met een historische verzameling interessant. Het biedt een goed overzicht van de geschiedenis van de stad en veel wetenswaardigheden over de scheepvaart. Ernaast staat de kotter *Sigurfari*, die in 1885 van eikenhout werd gebouwd. Boeiend zijn ook het mineralen- en tunnelmuseum.

Overnachten

Klein, maar fijn – **Pension Bed & Breakfast:** Háholti 11, tel. 431 14 08, www.haholt11.com, 2 pk ISK 7000, ontbijt ISK 1500. Centraal gelegen pension met eenvoudige kamers.

Kamperen aan de baai – **Camping:** bij het inrijden van het dorp aan de Kalmansvík, tel. 666 50 09.

Eten en drinken

Grote keuze aan pizzeria's, cafés en fastfoodcafetaria's.

Gewoon alles – **Gamla Kaupfélagid:** Kirkjubraut 11, tel. 431 43 43, ma.-vr. 11.45-21, za. 11.45-22, zo. 17-21 uur, hoofdgerecht vanaf ISK 1990. Hier komt men bij elkaar om voetbal te kijken, hamburgers mee te nemen of gezellig te eten. Mexicaans georiënteerd.

Gezellig – **Garðakaffi:** op het museumterrein van Garðar (zie boven), juni-aug. 9-17, mei-sept. 13-17 uur. Lekker gebak.

Info en festiviteiten

Toeristenbureau: Kirkjubraut 54, tel. 433 10 65, www.visitakranes.is. Wandelkaarten voor de omgeving.
Bus: dag. van/naar Reykjavík, bussen naar het noorden en naar Borgarnes.
Dag van de zee: 1e zaterdag in juni. Een dag voor het vissersfeest wordt deze dag gevierd op het museumterrein Garðar. In het middelpunt staan vooral culinaire genoegens, zoals de wedstrijd wie de beste IJslandse soep maakt.
Ierse dagen: 2e week van juli. Meerdaags festival met sport, drinken, eten, muziek, voorstellingen. Overheersende kleur: natuurlijk groen.

Hvalfjörður ▶ C 6

Zo'n 6 km lang is de in 1998 gebouwde tunnel onder het water van de Hvalfjörður. Hij verkort de afstand van Akranes naar Reykjavík met bijna 50 km. Het is het enige traject in IJsland waar tol wordt geheven; ideaal voor de ferrosiliciumfabriek en de aluminiumsmelterij in Grundartangi. Deze industrieën maken de nogal eenzijdige economie van IJsland minder afhankelijk van de visserij.

De langere tocht rondom de Hvalfjörður is landschappelijk bijzonder boeiend. Vanuit Akranes bereikt u weg 47 langs de fjord via weg 51. Ten noorden van de kruising van de twee wegen liggen naast de ringweg de boerderijen **Leirá** en **Beitistaðir**. Hier stichtte de toenmalige opperrechter en ondernemer Magnús Stephensen (1762-1835) in 1794 een nieuwe drukkerij, met onder meer de drukpersen uit Hólar. Voor het eerst werden nu ook wereldlijke teksten gedrukt, want tot 1773 was alleen het publiceren van geestelijke geschriften toegestaan. Stephensen geldt als de leidende vertegenwoordiger van de Verlichting in IJsland, die ook in de IJslandse taal geschreven tijdschriften uitgaf.

Op de pastorie van **Saurbær** aan de noordelijke oever van de fjord was de predikant en dichter Hallgrímur Pétursson (1614-1674) van 1651 tot 1669 werkzaam; uit die tijd stammen ook zijn passiepsalmen. Naast de witte hou-

Het water stroomt bij de Hraunfossar direct uit het lava

ten kerk met vensters van Gerður Helgadóttir, die ter nagedachtenis aan de dichter in 1957 werden geplaatst, ligt het kerkhof met Hallgrímurs graf.

Omdat sinds de opening van de tunnel nog maar weinig IJslanders de route rond de fjord kiezen, kunt u meestal ongestoord genieten van het schilderachtige landschap met zijn steile bergen, groene hellingen en talrijke watervallen. Volgt u bijvoorbeeld aan het einde van de fjord de rivier Botnsá, dan komt u uit bij de hoogste waterval van IJsland, **Glymur**, die meer dan 200 m in de diepte stort. Er gaan paden langs de oostelijke en de westelijke oever, maar de oostelijke is beter gemarkeerd en biedt beter zicht op Glymur.

IN EEN OOGOPSLAG

Het hoogland

Hoogtepunt ✸

Ódáðahraun: het is de grootste aaneengesloten lavawoestijn in IJsland en met zijn mysterieuze grijs-zwarte gesteente gelijk ook de mooiste. In het midden staan onderscheidende tafelbergen en de randen worden gekenmerkt door groene oases, zoals Herðubreiðarlindir. Zie blz. 283.

Bezienswaardigheden

Hveravellir: hier ziet u de mooiste warmwaterbronnen in verschillende kleuren. Fascinerend zijn de sinterafzettingen. Zie blz. 279.

Þjóðveldisbærinn: de reconstructie van een boerderij uit de kolonisatieperiode geeft een beeld van het benauwde leven van de eerste bewoners van IJsland. Zie blz. 281.

Actief

Kerlingarfjöll: een ideaal wandelgebied naar solfataren en ijsvelden of voor klimmers ook naar de top. Hier kunt u een aantal dagen doorbrengen om steeds weer andere routes te lopen. Zie blz. 280.

Nýidalur: goed uitgangspunt om de omgeving van de nabijgelegen gletsjer te verkennen. Vogelaars en geologen vinden hier waarnaar ze zoeken. Zie blz. 282.

Sfeervol genieten

Askja: de grote caldera met het diepste meer in het land, het Öskjuvatn, heeft een bijzondere charme. En op de bodem van het meer ligt al meer dan honderd jaar een triest geheim verborgen. Zie blz. 285.

Landmannalaugar: misschien wel de populairste 'badkuip' van het eiland, omringd door een prachtig berglandschap. Het beste duikt u al in de vroege ochtend in de warme bronnen, dan bent u bijna alleen. Zie blz. 286.

Uitgaan

Wandeling in de middernachtzon: het hoogland biedt voldoende ruimte voor romantische wandelingen in de lava of op de hoogvlaktes, bijvoorbeeld tijdens de middernachtzon in Landmannalaugar. Zie blz. 286.

Naast vulkanen en geisers is het vooral het onbewoonde, woestijnachtige binnenland, het hoogland of *hálendið*, dat veel reizigers naar IJsland trekt. Het gebied van lavavelden, gletsjers en steenvlaktes strekt zich uit over duizenden vierkante kilometers. Het wordt gedomineerd door enorme vulkanen en de machtige gletsjers Hofsjökull, Langjökull en Vatnajökull. Wanneer mist en zandstormen over de vlaktes trekken of wanneer het landschap gehuld gaat in laaghangende wolken, krijgt het gebied een mysterieus en mystiek karakter. Deze kale steenwoestijnen zouden ook nu nog worden bewoond door trollen en elfen. In vroeger eeuwen trokken bannelingen zich hier terug. Al in de middeleeuwen leidden de kortste routes tussen Noord-en Zuid-IJsland door het hoogland. De huidige wegen volgen die oude routes. Sprengisandsleið, Kjalvegur en Öskjuleið zijn zulke noord-zuidverbindingen. Ook de wegen Landmannaleið en Fjallabaksleið nyrðri ('het noordelijke pad achter de bergen') waren ooit belangrijke schakels tussen het zuidwesten en het zuidoosten van IJsland.

INFO

Tip

Slechts een paar kilometer van de toeristische centra van het hoogland, zoals Nýidalur en Hveravellir, bent u in volledige afzondering. Maar zo uitnodigend als het *hálendið* er vanuit de bus ook mag uitzien, wie zich daar alleen begeeft, te voet, per mountainbike of per jeep, moet goed voorbereid zijn. Er zijn nauwelijks benzinestations of winkels en de normale mobiele telefoon werkt niet altijd (zie blz. 37).

Internet

www.fi.is: de IJslandse wandelvereniging beheert niet alleen de meeste hutten in het hoogland, maar organiseert ook trektochten.

Reizen van en naar het hoogland

Auto: voor het *hálendið* hebt u altijd een terreinwagen nodig, met uitzondering van de Kjalvegur (weg 35), liefst met ruime ervaring in het rijden ermee, zoals het doorwaden van rivieren.
Bus: op de routes door het hoogland rijden ook bussen. De verbindingen worden beschreven bij de verschillende routes.

Kjalvegur (F35)

Deze route gaat over zandvlaktes en heidevelden, vanwaar u uitzicht hebt op de gletsjers Langjökull, de op een na grootste gletsjer van IJsland, en Hofsjökull. Te midden van lavawoestijnen strekt zich de fascinerende wereld van de geothermische gebieden Hveravellir en Kerlingarfjöll zich uit.

Kjölur, zoals het dal tussen de twee gletsjers Langjökull en Hofsjökull heet, ligt ongeveer 600 tot 700 m boven zeeniveau. Veel IJslanders kennen deze noord-zuidroute, die al in het Landnámabók wordt genoemd, onder de naam van het dal, en niet onder de de naam van de weg, Kjalvegur. De oorspronkelijke route liep dwars door de Kjalhraun, maar de route werd verlegd na een tragisch ongeval in 1780. Destijds stuurden de boeren uit het noorden drie mannen en een 11-jarige jongen naar het zuiden om daar schapen te kopen. Hun missie verliep succesvol en dus gingen ze op 28 oktober met een kudde van 180 schapen en 16 paarden op weg terug. Ze hadden het bevolkte gebied nog niet verlaten of ze werden verrast door een langdurige sneeuwstorm. Ze bereikten nog de noordoostelijke rand van de berg Kjalfell, waar ze van uitputting stierven. Het volgend voorjaar werden hun lichamen en de karkassen van de dode dieren daar gevonden. Door de vele botten werd de heuvel Beinahóll (bottenheuvel) genoemd. Ter herinnering aan deze ramp werd er in 1971 een gedenkteken op de plek onthuld.

Informatie

Bus: www.sba.is. Dag. busverbinding in de zomer tussen Reykjavík en Akureyri met langere stops bij Geysir, Gullfoss en Hveravellir. Bovendien is er een halte bij de kruising Kerlingarfjöll.

Hveravellir ▶ E 5

Aan de noordrand van het lavaveld Kjalhraun, dat zich over een oppervlakte van 450 km² uitstrekt, ligt het geothermische gebied Hveravellir. Het is niet alleen interessant door het fascinerende geothermische landschap, maar ook vanwege de mogelijkheden om in de omgeving te wandelen. Vooral de indrukwekkende sinterafzettingen bij de **Bláhver** (blauwe bron), de grootste bron van het gebied, zijn een geliefd onderwerp voor fotografen. De mooiste bron is de **Fagrihver**, die vooral indruk maakt door het heldere, turkooise water.

Wandelingen

Vanuit Hveravellir kunt u in de voetsporen treden van misschien wel de beroemdste banneling van IJsland, Fjalla-Eyvindur, die hier samen met zijn vrouw Halla leefde. U kunt hun grot **Eyvindarhellir** bezichtigen. Men beweert dat hij zijn vlees kookte door het direct in het hete bronwater van de nabij gelegen Eyvindarhver te hangen.

Een andere wandeling gaat door de Kjalhraun naar de schildvulkaan **Strýtur** met zijn opvallende krater. Een ander pad doorkruist de **Þjófadalir**, prachtige groene dalen aan de morenerand van de Langjökull. Van hieruit ging ooit een westelijkere route van de Kjalvegur naar het Hvítárvatn, waar de weg weer uitkwam op het oorspronkelijke traject. **Hvítárvatn** is een bijna 30 km² groot gletsjermeer, waarin een tong van de Langjökull afkalft. Aan de moerassige oevers kunt u kleine rietganzen en wilde zwanen waarnemen. Tegenwoordig is deze oude paardenroute door de op dagetappes van elkaar liggende hutten van de IJslandse wandelvereniging een geliefde wandelroute geworden.

Overnachten

Hooglandidylle – **Hutten Hveravellir:** tel. 452 42 00, www.hveravellir.is, bed ISK 1590, ontbijt ISK 1500. Twee hutten

Laat de stenen liggen en let op de markeringen

Sinds 1960 is Hveravellir een natuurreservaat, maar ook een geliefd reisdoel. Dit betekent dat elke bezoeker een bijzondere verantwoordelijkheid heeft om ervoor te zorgen dat het gebied niet wordt beschadigd. Helaas menen veel toeristen, dat een steen uit Hveravellir een mooi souvenir is. Zo'n aandenken kan u heel duur komen te staan, want het is bij wet verboden om stenen uit IJsland mee te nemen. Bovendien moeten de markeringen in thermische gebieden strikt worden nageleefd, omdat het water van sommige bronnen gloeiend heet is! Bij alle hutten zijn er voldoende mogelijkheden om veilig een bad te nemen.

met maximaal 55 slaapplaatsen, kookgelegenheid is aanwezig. U kunt ook kamperen op de camping.

Kerlingarfjöll ▶ E 5

Op een van de hoogste punten van de Kjalvegur bij **Geirsalda** (672 m), de waterscheiding tussen noord en zuid, herinnert een monument aan Geir G. Zoëga (1889-1959), die vermoedelijk als eerste voor de wegen van IJsland verantwoordelijk was. Van hieruit hebt u een goed uitzicht op de gletsjer en Kerlingarfjöll, een indrukwekkend bergmassief, dat zich utstrekt van het zuidoostelijke deel van Kjölur tot aan de zuidelijke rand van de gletsjer Hofsjökull.

De hoogste ryoliettoppen in dit deel van de vergletsjerde bergen zijn **Snækollur** (1477 m), **Loðmundur** (1432 m) en **Mænir** (1335 m). De naam Kerlingarfjöll betekent Wijvenbergen, want men beweert dat een van de rotstoppen een trollenvrouw zou zijn. In de dalen zijn talloze hete bronnen en solfataren te vinden, enkele daarvan liggen in de onmiddellijke nabijheid van het gletsjerijs. Talrijke goed gemarkeerde paden, van enkele kilometers tot een 50 km lange rondwandeling, ontsluiten het gebied.

Overnachten, eten

Veelzijdig – **Kerlingarfjöll:** tel. 664 70 00, 664 78 78, www.kerlingarfjoll.is, slaapzakaccommodatie vanaf € 44, 2 pk met ontbijt vanaf € 161-167, ontbijt € 10, maaltijden voor groepen vanaf € 22/pers. Outdoorcentrum met hutten, restaurant, jacuzzi en camping. Informatie over wandeltochten, want het is een uitstekende uitvalsbasis voor dag- en trektochten in het gebied.

Sprengisandsleið (F26)

Deze oude noord-zuidroute werd in de middeleeuwen voornamelijk gebruikt door de bisschop van Skálholt en zijn gevolg op weg naar Oost-IJsland. In de 18e en 19e eeuw werd hij opnieuw ontdekt als route door het land, maar er hangt altijd iets sinisters omheen, met name doordat het noordelijk deel dwars door de lavawoestijn Ódáðahraun loopt, waarin zich vaak struikrovers verborgen.

De oorspronkelijke route verliep verder naar het westen, maar als gevolg van de waterkrachtcentrales en de bijbehorende aanvoerwegen met bruggen verloopt de route nu ten oosten van de Þjórsá.

De dorre steenwoestijn **Sprengisandur** halverwege de route wordt gedomineerd door de twee gletsjers Vatnajökull en Hofsjökull. Slechts enkele alleenstaande bergen omzomen de route naar Nýidalur, zoals de Þveralda (728 m), waarvan u een goed uitzicht hebt op de ryolietbergen van **Hágöngur.** Als toefjes kleur in deze bijna grenzeloze uitgestrektheid lichten de roze pollen van de stengelloze silene op.

De naam Sprengisandur voor deze onherbergzame woestijn is afgeleid van het werkwoord *sprengja*, dat 'rap wegkomen' betekent, want de ruiters wilden dit gebied zo snel mogelijk weer verlaten. Indrukwekkend bracht **Grímur Thomsen** in de 19e eeuw deze stemming tot uitdrukking in het beroemde Sprengisandur-lied.

Informatie

Bus: Reykjavik Excursions, www.re.is, 27 juli-eind aug. Vanuit Landmannalaugar en Reykjavík via Sprengisandur

De wegwijzers in het hoogland lijken nergens naar te wijzen

naar Mývatn, heen op zo., di., do., terug op ma., wo., vr. Verschillende langere stops, ticket ISK 9000.

Stöng ▶ E/F 6

Bij de Hekla-uitbarsting in 1104 werd het vroeger agrarisch zeer vruchtbaar gebied verwoest door een dikke laag neerdalend puimsteenas. Tegenwoordig zijn hier slechts twee boerderijen te vinden, in de middeleeuwen waren er maar liefst twintig in bedrijf in Þjórsárdalur, zoals opgravingen bewijzen. Een van deze boerderijen is opgegraven in Stöng. Het opgravingsgebied is overdekt en kan worden bezocht.

Ten noordoosten van Stöng ligt de kloof **Gjá**, waar verschillende kleine watervallen naar beneden storten, waarvan de Gjáinfoss de grootste is. Langs de Fossadalur komt u aan de noordkant de op een na hoogste waterval van IJsland tegen, de Háifoss (122 m).

Energiecentrale Búrfell en omgeving ▶ E 7

De in 1969 in gebruik genomen energiecentrale Búrfell is de oudste van de drie waterkrachtcentrales die de rivieren Þjórsá en Tungnaá gebruiken. Het bedrijfsgebouw wordt opgesierd door een reliëf van de beeldhouwer Sigurjón Ólafsson (1908-1982). De Þjórsá, de langste rivier van IJsland, stroomt over een afstand van 230 km en voert 400 m^3 water per seconde af. Komende vanaf de Hofsjökull, heeft hij een totaal verval van 690 m. De Tungnaá komt voort uit de Vatnajökull en mondt bij Sultartangi uit in de Þjórsá.

In de buurt van de centrale zijn de door basaltkolommen omgeven waterval **Hjálparfoss** en de sagaboerderij **Þjóðveldisbærinn** aan weg 32 de moeite waard om er even te stoppen. De grote middeleeuwse boerderij geeft een goede indruk van het leven in de afgelopen eeuwen. Voor de reconstructie, waartoe in 1974 besloten werd om de 1100e verjaardag van de kolonisatie te markeren, stond de boerderij in Stöng model (www.thjodveldisbaer.is, juni-aug. dag. 10-17 uur, ISK 750).

Op weg naar het hoogland komt u nog voorbij twee andere centrales: **Hrauneyjarfoss**, ter hoogte van de gelijknamige waterval, en **Sigalda**.

Overnachten, eten

Het centrum van nergens – **Hooglandcentrum Hrauneyjar:** aan weg F 26, tel. 487 77 82, www.hrauneyjar.is, hele jaar, 2 pk € 120-170, slaapzakaccommodatie voor 2 pers. € 61-86. Accommodatie, benzinestation, winkel en restaurant. Hier kunt u wandelkaarten en visvergunningen kopen. Ideale uitvalsbasis voor tochten in de omgeving.

Sprengisandur ▶ G 4/5

Het dal **Nýidalur** ligt midden in Sprengisandur, een weidse woestenij, die zich meer dan 70 km in noord-zuidelijke richting uitstrekt. Het gebied werd in vroeger tijden niet alleen gevreesd vanwege de zandstormen, elfen, trollen en bandieten, maar ook omdat de weidegebieden voor de paarden langer dan een dagrit uit elkaar lagen. Indrukwekkend is het uitzicht vanuit de hut in Nýidalur, waarvan de omgeving ondanks de ligging op 800 m boven zeeniveau heerlijk groen is. De op twee na grootste gletsjer van IJsland, de Hofsjökull, domineert het landschap in het westen. De oppervlakte bedraagt 995 km², de hoogte 1760 m. Recent onderzoek heeft vastgesteld dat er zich een tot nu toe onbekende caldera onder de gletsjer bevindt.

Vanuit Nýidalur komt u aan in het natuurreservaat **Þjórsárver** aan de zuidoostelijke rand van de Hofsjökull, dat een oppervlakte heeft van 375 km². Het is een wetland met een kenmerkende moerasvegetatie, dat door de vele smeltwaterbeken van de Hofsjökull doortrokken wordt en waarin talrijke meren en poelen te vinden zijn. Bovendien is Þjórsárver een belangrijk broedgebied voor kleine rietganzen: ca. 60-75% van de totale IJslandse populatie leeft hier, bijna elfduizend broedparen.

Ook de regio rondom de gletsjer **Tungnafellsjökull** (oppervlakte 50 km², hoogte 1520 m) met een van de grootste geothermische gebieden van het land, is wel een wandeling waard.

Via de F26 verder naar het noorden komt u eerst langs het meer **Fjórðungsvatn**, dat 's zomers vaak is droog gevallen. Vlak bij deze plek bevindt zich ook het geometrische middelpunt van IJsland. Verder naar het noorden bereikt u de kloof **Kiðagil**, die 6 km westelijk van de Skálfandafljót verloopt. De kloof, waar in het 'Sprengisandur-lied' smachtend naar wordt verlangd, is het noordelijke grens van het gebied.

Overnachten

Rutsplaats – **Hutten Nýidalur:** tel. 860 33 34, www.fi.is, slaapzakaccommodatie ISK 7000. Twee hutten met in totaal 120 slaapplaatsen en kookgelegenheid. Douches en wc's zijn aanwezig, evenals een camping.

Aldeyarfoss ▶ H 3

Het eindpunt van de Sprengisandsleið is de schilderachtige waterval Aldeyjarfoss, waar de rivier Skálfandafljót 20 m diep in een smalle, uit fraai gevormde basaltzuilen bestaande kloof stort. Deze 4500 jaar oude zuilen stammen van een uitbarsting van de schildvulkaan Trölladyngja aan de noordrand van de Vatnajökull.

Öskjuleið (F88)

Bij het in 1875 ontstane lavaveld Nýjahraun met de oude explosiekrater Hrossaborg begint de bijna 90 km lange onverharde route Öskjuleið (Askja-route) naar het zuiden door de lavawoestijn Ódáðahraun (lavaveld van de misdadigers), met midden in de weidse leegte alleen de tafelbergen en schildvulkanen. Wie zich op deze route begeeft, moet voldoende water meenemen!

Informatie

Bus: SBA-Norðurleið, www.sba.is, juli-12 aug., ma., 3 dagen, alleen transport en gids ISK 40.500. Van Akureyri via Mývatn naar Herðubreiðarlindir, Askja, Kverkfjöll. Overnachting in hutten ISK 6500/pers.
Mývatn Tours, tel. 464 19 20, www.askjatours.is, 19 juni-aug. ma., wo., vr.; 10 juli-25 aug. dag. 8 uur vanaf Mývatn, Reykjahlíð, € 130. Dagtocht per bus van Mývatn naar Herðubreiðarlindir en Askja.

Ódáðahraun ✸ ▶ H/J 4

Tussen de rivieren Skálfandafljót en Jökulsá á Fjöllum strekt zich de 4550 km² grote lavawoestijn Ódáðahraun uit, het grootste samenhangende lavaveld van IJsland. Hij wordt gekenmerkt door lava, zand en palagonietbergen, zwart, afschrikwekkend en droog. In het losse en poreuze gesteente verdwijnt de regen zo snel, dat planten de vochtigheid niet kunnen gebruiken. Alleen aan de randen van de lavawoestijn, waar het grondwater als kleine bronnen naar buiten treedt, vormen zich groene en vruchtbare oases, zoals **Herðubreiðarlindir** en **Grafarlönd.** Naar deze woestenij vluchtten de misdadigers, want niemand ging vrijwillig naar dit gebied waar lavaformaties en vervormingen doen denken aan bedreigende geesten die plotseling lijken op te duiken uit de mist. Druilerige dagen komen hier in het hoogland vaak voor. Het lavaveld ligt op een hoogte van 500 tot 700 m, de meeste lava is ouder dan vijfduizend jaar.

Herðubreiðarlindir ▶ J 4

Herðubreiðarlindir is een lieflijke oase, die men op weg hiernaartoe nauwelijks zou verwachten. Uit de lava komen talrijke bronnen tevoorschijn, die zich verenigen tot de rivier Lindaá. Meer dan honderd verschillende plantensoorten gedijen hier en even veelzijdig

Tip

Woonplaats van een misdadiger

In Herðubreiðarlindir gaat een pad naar de lavagrot, waarin de wetteloze Fjalla-Eyvindur de winter van 1774/1775 doorbracht. Op het informatiebord bij de grot, dat de laatste jaren weer in ere is hersteld, is te lezen dat een paardenrug als dak diende en de hut met stenen en graszoden gecamoufleerd was. Het onderkomen ziet er heel gezellig uit, maar wel erg krap voor permanente bewoning. Eyvindur, die veroordeeld was vanwege enkele diefstallen, woonde meer dan twintig jaar in het hoogland en op verschillende plaatsen zijn zijn sporen te zien. Zijn doorzettingsvermogen maakte hem een IJslandse legende (zie blz. 58).

De meren Öskjuvatn (links) en Víti in de caldera van Askja

is ook het vogelleven. Via een gemarkeerd pad door het lavaveld komt u bij de voet van de 'koningin onder de bergen', de Herðubreið. De 1682 m hoge tafelberg met topkrater steekt meer dan 1000 m boven zijn omgeving uit. Hij werd in 1908 voor het eerst beklommen. Door de losse rotspartijen en het fijne glashoudende uitstootmateriaal op de hellingen is een beklimming niet alleen uiterst moeilijk, maar ook gevaarlijk door vallende stenen. De veiligste route naar de top is vanaf de westelijke kant, maar u dient zich vooraf te melden bij een van de parkopzichters in Herðubreiðarlindir.

Als u langs de 8 km lange bergrug Herðubreiðartögl loopt, krijgt u al snel zicht op de schildvulkaan **Vaðalda** (941 m) en westelijk daarvan ziet u het vulkaanmassief Dyngjufjöll. Eerst moet u nog een reusachtige vlakte van licht puimsteenas oversteken, dat door de uit het zuiden waaiende zandstormen meer dan 100 km ver getransporteerd kan worden.

Overnachten

Aan de bron – **Hut Þorsteinsskáli:** Ferðafélag Akureyrar, tel. 462 27 20, 822

51 91, www.ffa.is, slaapzakaccommodatie ISK 5000. Plaats voor 30 pers., hutbeheerder. De camping ernaast heeft goede voorzieningen en ligt idyllisch.

Askja ▶ H/J 4

Het vulkaanmassief **Dyngjufjöll** bestaat uit een groot aantal bergen dat de grote caldera Askja omgeeft en is in 1978 aangewezen als natuurreservaat. De toppen steken 600 tot 700 m boven de omgeving uit, met de Þorvaldstindur (1510 m) als hoogste in het zuiden van het massief.

De eerste bekende uitbarsting van **Askja** vond plaats in 1875, toen ontstond de **Víti-krater**. Een reusachtige hoeveelheid as bedekte het land ten oosten van de Askja, en veel bewoners van de regio Jökuldalsheiði verlieten hun boerderijen en emigreerden naar de VS. Door aanhoudende westelijke winden werd de as tot in Zweden meegevoerd. Enkele weken na de Víti-uitbarsting stortte het zuidoostelijk deel van de caldera in, waardoor het meer Öskjuvatn ontstond. De laatste eruptie vond plaats in 1961 en bedekte een oppervlakte van 11 km² met lava. Door dat jonge lavaveld **Vikrahraun** gaat nu een pad bijna tot aan de Víti, waar zich ook de grootste opening in de Dyngjufjöll bevindt, **Öskjuop**, die de gemakkelijkste toegang tot de caldera biedt.

Víti, aan de noordelijke oever van Öskjuvatn, heeft een diameter van ca. 100 m. Het water is weliswaar 40-50 °C warm, maar de opstijgende zwaveldampen nodigen niet bepaald uit tot een bad. In het **Öskjuvatn**, dat met 217 m het diepste meer van IJsland is, kwamen in 1907 op tot op heden onverklaarde wijze de uit Duitsland afkomstige geoloog Walther von Knebel en de schilder Max Rudloff om het leven. Aan de noordelijke oever, langs het pad vanaf Víti, herinnert een heuvel met een informatiebord aan het ongeluk. Het kleine kratereiland Eyja in het zuiden van het meer ontstond bij een uitbarsting in 1926.

Overnachten

Beschut – **Hut Dreki:** aan het begin van de kloof Drekagil aan de oostzijde van de Dyngjufjöll, Ferðafélag Akureyrar (zie links), slaapzakaccommodatie ISK 5500, hut (60 pers.) tel. 822 51 90. Hutbeheerder, camping met goede voorzieningen in de buurt.

Hvannalindir ▶ J 5

Weg F88 eindigt bij de Askja. Via weg F910 bereikt u een andere groene oase aan weg F903, **Hvannalindir.** Midden in het troosteloze landschap borrelen enkele rivieren op onder de lava. Hoewel Hvannalindir ca. 650 m boven zeeniveau ligt, is de rijkdom aan hogere planten indrukwekkend. Ook hier bevinden zich nog ruïnes in de lava die herinneren aan Fjalla-Eyvindur.

Kverkfjöll ▶ J 5

Kverkfjöll ligt aan de noordelijke rand van de Vatnajökull tussen de gletsjers Dyngjujökull en Brúarjökull, langs weg F902. Het is een vulkaan met onder de top een met ijs gevulde caldera. Aan de westelijke zijde ligt het geothermische gebied **Hveradalur.** Onder de gletsjer liggen tal van fascinerende ijsgrotten en -tunnels. Twee hutten, een aan de voet van de Kverkfjöll bij Biskupsfell en de andere direct bij de gletsjer, maken een langer verblijf mogelijk op deze plaats, waar vuur en ijs zo duidelijk met elkaar verbonden zijn.

Landmannaleið en Fjallabaksleið nyrðri (F225, F208)

Deze routes door het hoogland gaan door het geologisch fascinerende en door vulkanisme gevormde natuurreservaat **Fjallabak,** waar in het midden het 470 km² grote gebied Landmannalaugar ligt. Van de door kleurrijke ryolietbergen omringde 'warme bronnen van de landmannen' komt u door de kilometers lange spleetvulkaan Eldgjá in de lavawoestijn ten zuidwesten van de Vatnajökull. Het eerste deel van het traject verloopt via de Landmannaleið ten noorden van het Hekla-massief. De route Fjallabaksleið nyrðri begint verder naar het noorden in de buurt van de energiecentrale Sigalda. Beide routes komen ten oosten van Hekla weer bij elkaar.

Informatie

Bus: www.re.is, 13 juni-15 sept. dag. Reykjavík-Landmannalaugar v.v., 20 juni-8 sept. dag. Skaftafell-Landmannalaugar v.v. Langere tussenstops in Landmannalaugar en Eldgjá.

Ten noorden van de Hekla ▶ F 7

Het lavaveld **Sölvahraun** ten noorden van de Hekla was tot 1980 een idyllisch graslandschap, dat sinds de uitbarsting van de Hekla in dat jaar met zwarte as is bedekt. Dit lavalandschap met spleten en kraters toont daardoor min of meer apocalyptisch.

Na het doorkruisen van de Heklalava in oostelijke richting komt u in een dal, vanwaar u uitzicht hebt op de zuidelijker gelegen berg **Rauðufossafjöll,** die zijn naam kreeg vanwege de opvallend rood gekleurde waterval. De route vervolgt door het graslandschap **Kringla,** dat omgeven is door verschillende 1000 m hoge bergen, de hoogste daarvan is de Löðmundur (1074 m) in het noorden.

Landmannalaugar ▶ F 7

Kort voordat u aankomt bij het meer **Frostastaðavatn,** ziet u van verre al de kleurrijke bergen van Landmannalaugar. In de buurt van het meer komt de Landmannaleið samen met de Fjallabaksvegur nyrðri. Vanaf hier gaat ook een route naar de explosiekrater **Ljótipollur**, die een diameter van 1 km heeft en gevuld is met diepblauw water. Langs de groenblauwe gletsjerrivier Jökulgilskvísl bereikt u ten slotte Landmannalaugar.

Landmannalaugar ligt midden in het grootste ryolietgebergte van IJsland. Ryoliet is een kiezelhoudend, rood, geelbruin of groen vulkanisch gesteente. Afhankelijk van de stand van de zon en de vochtigheid gloeien de bergen in de schitterendste kleuren op. Naast het indrukwekkende berglandschap heeft deze plek, zoals de naam al aangeeft, ook warme bronnen te bieden, die de reizigers in het hoogland al eeuwenlang tot badplaats dienen.

Wandelingen

Van de **Bláhnúkur** (943 m), die opvalt door zijn blauwgroene kleur, hebt u een goed overzicht, net als van de **Brennisteinsalda** (881 m), met aan de voet een solfatarenveld. U bereikt dit veld via het labyrintische **Laugahraun**. Deze 30 tot 50 m hoge, afgekoelde lavastroom bestaat uit obsidiaan, een pikzwart, glazig en kiezelzuurhoudend lava, dat snel stolt. Als u zo'n stuk lava stukslaat, herkent u het aan de schelpachtig breukvlakken. In de imposante kloven zijn nog andere wandelingen mogelijk, of u begint hier aan de vierdaagse tocht naar **Þórsmörk** (zie blz. 162).

Overnachten

Verlangen – **Hut Landmannalaugar:** Ferðafélag Íslands, tel. 860 33 35, slaapzakaccommodatie ISK 7000. Plaats voor 75 pers., niettemin bijna altijd vol. Vooraf reserveren is absoluut noodzakelijk. In juli-aug. staat er een verkoopwagen met levensmiddelen.

Spleetvulkaan Eldgjá ▶ G 7

Vanaf de berg Herðubreiðarháls (769 m) hebt u een adembenemend uitzicht in alle richtingen en u krijgt er een goede indruk van de enorme afmetingen van de **Eldgjá** (vuurkloof), de grootste vulkaan ter wereld. Meer dan 30 km lang strekt hij zich uit van de Mýrdalsjökull in het zuidwesten tot de berg **Gjátindur** in het noordoosten, waar hij het indrukwekkendst is. Hier vormt hij een 5 km lange kloof, die 600 m breed en tot 270 m diep is. Ontdekt werd de spleet in 1893 door Þorvaldur Thoroddsen. Eldgjá ontstond door verscheidene uitbarstingen, waarvan de laatste in 938 was.

Op 15 minuten van de parkeerplaats ziet u de bekende waterval **Ófærufoss**, die zich via twee trappen in de kloof stort. Een uitstapje naar de **Gjátindur** (935 m) is ook de moeite waard. U volgt daarbij het verloop van de kloof en klimt aan het noordelijke uiteinde rechts over los gesteente naar boven. Boven aangekomen hebt u een fascinerend uitzicht. Langs de Eldgjá tot aan de top is het vanaf hier nog ca. 30 minuten lopen. Terug kunt u langs de bovenzijde van de kloof; u komt dan al gauw uit op een gemarkeerd pad en kunt in de buurt van de parkeerplaats aan de afdaling beginnen.

Overnachten

Ontspannend – **Hólaskjól:** 7 km ten zuiden van Eldgjá, tel. 855 58 12, 855 58 13, www.holaskjol.com, slaapzakaccommodatie vanaf ISK 4900. Camping/kookgelegenheid aanwezig.

Toeristische woordenlijst

Uitspraak

De 'á' wordt als 'au' uitgesproken; 'æ' als 'ei'; 'ð' als de Engelse 'th' in 'breathe'; 'þ' als de Engelse 'th' in 'thin'; 'au' als 'eui' in feuilleton. De 'r' is rollend. De klemtoon ligt altijd op de eerste lettergreep. Ook geografische (incl. plaats- en straatnamen) en persoonsnamen worden in het IJslands verbogen.

Algemeen

hallo	Hæ, sæl(l)
goedendag	Góðan daginn
goedenavond	Góða kvöldið
goedenacht	Góða nótt
dank	Takk fyrir
alstublieft	Gerðu svo vel
excuses	Afsakið
tot ziens	Bless, bless
tot gauw	Sjáumst
ja/nee	já/nei

Onderweg

rechtdoor	beint áfram
rechts	hægri
links	vinstri
bushalte	stoppistöð
benzinestation	bensínstöð
autoverhuur	bílaleiga
garage	(bíla)verkstæði
(bus)kaartje	miði
vliegveld	flugvöllur
zwembad	sundlaug(-ar)
veerboot	ferja
fiets	hjól
taxi	leigubíll
post	póstur
telefoon	sími
informatie	upplýsingar

Tijd

3 uur ('s morgens)	klukkan þrjú
15 uur ('s middags)	klukkan þrjú
vandaag	í dag
gisteren	í gær
morgen	á morgun
's morgens	á morgnana
's middags	hádegi, í hádeginu
's avonds	á kvöldin
vroeg/laat	tímanlega/seint
zondag	sunnudagur
maandag	mánudagur
dinsdag	þriðjudagur
woensdag	miðvikudagur
donderdag	fimmtudagur
vrijdag	föstudagur
zaterdag	laugardagur

Noodgevallen

help!	hjálp!
pech	óhapp
bergingsauto	björgunarbíl
ongeluk	slys
politie	lögregla
apotheek	apótek
arts	læknir
tandarts	tannlæknir
ziekenhuis	sjúkrahús
ik ben ...	ég er ...
... allergisch	... með ofnæmi
... diabeticus	... með sykursýki
... zwanger	... ólétt
maagpijn	magaverkur
hoofdpijn	hausverkur
keelpijn	hálsbólga
kiespijn	tannpína, tannverkur
verkouden	kvef
koorts	hiti
hoest	hósti
braken	kasta upp, æla
voet	fótur, fótleggur
arm	armur, handleggur

Overnachten

hotel	hótel
pension	gistiheimili
boerderij	bóndabær
jeugdherberg	farfuglaheimili
hut	kofi
noodhut	neyðarskýli
camping	tjaldsvæði, tjaldstæði
zomerhuis	sumarhús
1-persoonskamer	einkaherbergi

2-persoonskamer	tveggja manna herbergi
slaapzak-accommodatie	svefnpokaplás
douche/bad	sturta/bað

Winkelen

gesloten	lokað
geopend	opið
winkel	verslun
kleine winkel	búð
kiosk	sjoppa
vlooienmarkt	kolaportið
bank	banki
uitverkoop	útsala
creditkaart	kreditkort

Getallen

1	einn	17	sautján
2	tveir	18	átján
3	þrír	19	nítján
4	fjórir	20	tuttugu
5	fimm	21	tuttuguogeinn
6	sex	30	þrjátíu
7	sjö	40	fjörutíu
8	átta	50	fimmtíu
9	níu	60	sextíu
10	tíu	70	sjötíu
11	ellefu	80	áttatíu
12	tólf	90	níutíu
13	þrettán	100	hundrað
14	fjórtán	101	hundrað-ogeinn
15	fimmtán		
16	sextán	200	tvöhundruð

De belangrijkste zinnen

Algemeen

Ik heet ...	Ég heiti ...
Hoe heet u/heet je?	Hvað heitir þú?
Ik kom uit NL/B.	Ég er frá Hollandi, Belgía.
Spreekt u/spreek je Engels?	Talar þú ensku?
Ik versta je niet.	Ég skil ekki.
Hoe gaat het?	Hvað segir þú?
Dank u, goed.	Allt fínt.
Hoe laat is het?	Hvað er klukkan?
Dat geeft niet.	Allt í lagi.
Waar is ...?	Hvar fæst ...?

Onderweg

Hoe kom ik in/bij ...?	Hvar er til ...?
Waar vertrekt de bus?	Hvar er rúta?
Waar is ...?	Hvar er ...?
Waar zijn de toiletten?	Hvar er snyrting?
Kunt u/kun je me ... laten zien?	Gætir þú sýna mér ...?

Noodgevallen

Kunt u/kun je me helpen?	Gætir þú hjalpað mér?
Ik heb een dokter nodig.	Ég þarf að komast til læknis.

Overnachten

Heeft u nog een kamer vrij?	Ertu með laust herbergi?
Ik heb een kamer gereserveerd.	Ég pantaði herbergi.

In het restaurant

Kan ik de menukaart krijgen?	Gét ég fengið matseðilinn?
Mag ik altublieft de rekening?	Gét ég fengið reikninginn?
Ik zou graag ...	Má ég fá ...

Winkelen

Hoeveel kost ...?	Hvað kostar ...?
Wat is dat?	Hvað er þetta?
Wanneer opent/sluit ...?	Hvenær er opið/lokað ...?

Culinaire woordenlijst

Algemeen/bereiding

diskur	bord
gaffall	vork
grillaður, steiktur	gegrild
grófur, gróft	grof
heitur, heitt	heet
hita	verwarmen
hnífapar	bestek
hnífur	mes
hrá(r), hrátt	rauw
kaldur, kalt, köld	koud
krydd	gekruid
ofnbakaður	in de oven gebakken
ostur	kaas
pipar	peper
reyktur	gerookt
salt	zout
saltur	gezouten
sætur	zoet
skeið	lepel
smjör	boter
stappað	gestampt
steiktur	gebraden
soðinn	gekookt
súpa	soep
sykur	suiker

Vis en zeevruchten

bleikja	zeeforel
fiskur	vis
hákarl	haai
harðfiskur	stokvis
hrogn	rog
humar	kreeft
hvalur	walvis
karfi	roodbaars
krabbar	krab
lax	zalm
lúða	heilbot
makrill	makreel
rauðspretta	schol
rækjur	garnalen
sandhverfa	tarbot
síld	haring
silungur	forel
steinbítur	zeewolf
ýsa	schelvis
ufsi	koolvis
þorskur	kabeljauw

Vlees en gevogelte

beikon	bacon
blóðmör	bloedworst
folald	veulen
fuglakjöt	gevogelte
grís	varken
hangiálegg	lamsvees (plak)
hangikjöt	gerookt lam
hreindýr	rendier
hrossakjöt	paardenvlees
kálfakjöt	kalfsvlees
kindakjöt	schapenvlees
kjúklingur	haantje
kjötréttur	vleesgerecht
kótilettur	kotelet
lambakjöt	lamsvlees
lifrarkæfa	leverpastei
lifrarpylsa	leverworst
lund, lundir	filet
lundi	papegaaiduiker
nautakjöt	rundvlees
rjúpa	sneeuwhoen
svínakjöt	varkensvlees

Groente en bijgerechten

agúrka	augurk
baunir	bonen
blómkál	bloemkool
brauð	brood
ertur	erwten
franskar	frites
grænmeti	groente
hvítlaukur	knoflook
jöklasalat	ijsbergsla
kartöflur	aardappelen
kínakál	chinese kool
laukur	uien
rauðkál	rodekool
rúnnstykki	broodje
salat	salade
sveppur	paddenstoel
tómatur	tomaten

Fruit

appelsínur	sinaasappels
bananar	bananen
bláber	bosbessen
brómber	bramen
epli	appels
ferska	perszik
hindber	frambozen
hrútaber	aalbessen
jarðaber	aardbeien
kirsuber	kersen
pera	peer
rúsinur	rozijnen
sítróna	citroen
vínber	druif

Nagerechten en gebak

ábætisréttur	dessert
búðingur	pudding
eplakakka	appeltaart
ís	ijs
jógúrt	joghurt
jólakaka	rozijnenkoek
jurtaís	vruchtenijs
konfekt	snoep
krap	sorbet
kökur	koek, biscuit
ostaterta	kaastaart
pönnukaka	pannenkoeken
rjómi	slagroom
skyr	skyr
súkkulaðikaka	chocoladetaart

Dranken

bjór	bier
brennivín	borrel
djús	juice
glas	glas
gosdrykkur	limonade, softdrink
hvítvín	witte wijn
kaffi	koffie
kaffirjómi	koffieroom
kakó	cacao
kaldur	koud
klaki	ijsblokje
kók	cola
kókómjólk	chocolademelk
mjólk	melk
rauðvín	rode wijn
safi	sap
sódavatn	mineraalwater
te	thee
vatn	water

In het restaurant

mag ik alsublieft de menukaart?	gét ég fengið matseðilinn?
mag ik alstublieft de rekening?	gét ég fengið reikninginn?
ik zou graag ...	má ég fá ...
zelfbediening	sjálfsafgreiðsla
voorgerecht	forréttur
hoofdgetecht	aðalréttur
dessert	eftirréttur
ontbijt	morgunmatur
lunch	hádegismatur
avondeten	kvöldmatur
restaurant	veitingahús
snelrestaurant	veitingaskáli
cafetaria	matsölustaður
café	kaffihús
bar	bar
kroeg	krá
nee, dank u, niet meer.	nei, takk, ekki meira.
het was erg lekker.	þetta var mjög gott.
proost	skál
kellner	þjónn
serveerster	þjónustustulka, fröken
roken verboden	reykingar ban naðar, reyklaust svæði

Omslag: noorderlicht boven het gletsjermeer Jökulsárlón (shutterstock)

Gottfried Aigner, München: blz. 8, 9, 10. li.b., 11 li.b., 27, 53, 57, 58, 64, 67, 69, 75 re., 84/85, 90, 98 re., 103, 111, 120/121, 170, 229, 240, achterzijde omslag
Bildagentur Huber, München: blz. 237 (Huber); 99 li., 143 (Friedel); 144 re., 162 (Lubenow); 145 li., 166 (Penier)
DuMont Bildarchiv, Ostfildern: blz. 54, 62, 70/71, 128, 138, 186/187, 220 li., 232 (Bernhart); 38/39, 92, (Mosler)
Getty Images, München: blz. 51 (Tomlinson)
laif, Köln: blz. 21, 124 (Caputo); 72/73 (Celentano); 11 li.o., 254/255 (Gerber); 12/13 (Huber); 24, 144 li., 150/151, 172 li., 180/181, 272 (Kreuels)
Look, München: Omslag voor (Kiaulehn); 185 (Pompe)
Mauritius Images, Mittenwald: blz. 61, 176, 245 (CuboImages); 46 (imagesbroker); 172 re., 196 (Pigneter); 98 li., 106 (Ritsche); 74 li., 80 (Vedler)
Ger Meesters, Haarlem: blz. 5, 102, 212
dpa picture-plliance, Frankfurt a. M.: blz. 224/225 (akg-images/Eid); 220 re., 265 (ASA/dpa/Toniolo); 173 li., 214 (Kosecki); 74 re., 87 (Schiffmann); 35 (United Archives)
Thomas Rötting, Leipzig: blz. 10 re.b. +. li.o. + re., 11 li.b. + re., 48, 95, 115, 136, 154/155, 158, 200/201, 202, 206/207, 221 li., 248, 250, 262, 270
Visum, Hamburg: Omslag (Buellesbach)

Hulp gevraagd!
De informatie in deze reisgids is aan verandering onderhevig. Het kan dus wel eens gebeuren dat u ter plaatse een andere situatie aantreft dan de auteur.
Is de tekst niet meer helemaal correct, laat ons dat dan even weten. Ons adres is:

Uitgeverij ANWB
Redactie KBG
Postbus 93200
2509 BA Den Haag
anwbmedia@anwb.nl

Productie: ANWB Media
Coördinatie: Els Andriesse
Tekst: Sabine Barth
Vertaling: Ger Meesters, Haarlem
Eindredactie: Willemien Werkman, Ouderkerk aan de Amstel
Opmaak: Hubert Bredt, Amsterdam
Ontwerp binnenwerk: Jan Brand, Diemen
Ontwerp omslag: DPS, Amsterdam
Concept: DuMont Reiseverlag, Ostfildern
Grafisch concept: Groschwitz/Blachnierek, Hamburg
Cartografie: DuMont Reisekartografie, Fürstenfeldbruck

Eerste druk
ISBN: 978-90-18-04099-4